THÉATRE CLASSIQUE
DES FRANÇAIS.
TOME IV.

ŒUVRES
DE MOLIÈRE.
TOME QUATRIÈME.

OEUVRES
DE MOLIÈRE.

TOME QUATRIÈME.

PARIS,

CHEZ TREUTTEL ET WÜRTZ, RUE DE LILLE, N° 17;

ET MÊME MAISON DE COMMERCE,

A STRASBOURG, GRAND'RUE, N° 15. — LONDRES, 30, SOHO-SQUARE.

1831.

LE MISANTHROPE,

COMÉDIE EN CINQ ACTES.

1666.

PERSONNAGES.

ALCESTE, amant de Célimène.
PHILINTE, ami d'Alceste.
ORONTE, amant de Célimène.
CÉLIMÈNE.
ÉLIANTE, cousine de Célimène.
ARSINOÉ, amie de Célimène.
ACASTE,
CLITANDRE, } marquis.
BASQUE, valet de Célimène.
Un garde de la maréchaussée de France.
DUBOIS, valet d'Alceste.

La scène est à Paris, dans la maison de Célimène.

LE MISANTHROPE,

COMÉDIE.

ACTE PREMIER.

SCÈNE I.

PHILINTE, ALCESTE.

PHILINTE.

Qu'est-ce donc? qu'avez-vous?

ALCESTE, *assis.*

Laissez-moi, je vous prie.

PHILINTE.

Mais encor, dites-moi, quelle bizarrerie...

ALCESTE.

Laissez-moi là, vous dis-je, et courez vous cacher.

PHILINTE.

Mais on entend les gens, au moins, sans se fâcher.

ALCESTE.

Moi, je veux me fâcher, et ne veux point entendre.

PHILINTE.

Dans vos brusques chagrins je ne puis vous comprendre;
Et, quoique amis, enfin, je suis tout des premiers...

ALCESTE, *se levant brusquement.*

Moi, votre ami! rayez cela de vos papiers.
J'ai fait jusques ici profession de l'être;
Mais, après ce qu'en vous je viens de voir paroître,
Je vous déclare net que je ne le suis plus,
Et ne veux nulle place en des cœurs corrompus.

PHILINTE.

Je suis donc bien coupable, Alceste, à votre compte?

ALCESTE.

Allez, vous devriez mourir de pure honte;
Une telle action ne sauroit s'excuser,
Et tout homme d'honneur s'en doit scandaliser.
Je vous vois accabler un homme de caresses,
Et témoigner pour lui les dernières tendresses;
De protestations, d'offres et de serments,
Vous chargez la fureur de vos embrassements :
Et quand je vous demande après quel est cet homme,
A peine pouvez-vous dire comme il se nomme;
Votre chaleur pour lui tombe en vous séparant,
Et vous me le traitez, à moi, d'indifférent!
Morbleu! c'est une chose indigne, lâche, infame,
De s'abaisser ainsi jusqu'à trahir son ame;
Et si, par un malheur, j'en avois fait autant,
Je m'irois, de regret, pendre tout à l'instant.

PHILINTE.

Je ne vois pas, pour moi, que le cas soit pendable;
Et je vous supplierai d'avoir pour agréable
Que je me fasse un peu grâce sur votre arrêt,
Et ne me pende pas pour cela, s'il vous plaît.

ACTE I, SCÈNE I.

ALCESTE.

Que la plaisanterie est de mauvaise grâce!

PHILINTE.

Mais, sérieusement, que voulez-vous qu'on fasse?

ALCESTE.

Je veux qu'on soit sincère, et qu'en homme d'honneur
On ne lâche aucun mot qui ne parte du cœur.

PHILINTE.

Lorsqu'un homme vous vient embrasser avec joie,
Il faut bien le payer de la même monnoie,
Répondre, comme on peut, à ses empressements,
Et rendre offre pour offre, et serments pour serments.

ALCESTE.

Non, je ne puis souffrir cette lâche méthode
Qu'affectent la plupart de vos gens à la mode;
Et je ne hais rien tant que les contorsions
De tous ces grands faiseurs de protestations,
Ces affables donneurs d'embrassades frivoles,
Ces obligeants diseurs d'inutiles paroles,
Qui de civilités avec tous font combat,
Et traitent du même air l'honnête homme et le fat.
Quel avantage a-t-on qu'un homme vous caresse,
Vous jure amitié, foi, zèle, estime, tendresse,
Et vous fasse de vous un éloge éclatant,
Lorsqu'au premier faquin il court en faire autant?
Non, non, il n'est point d'ame un peu bien située
Qui veuille d'une estime ainsi prostituée;
Et la plus glorieuse a des régals peu chers,
Dès qu'on voit qu'on nous mêle avec tout l'univers.
Sur quelque préférence une estime se fonde;

Et c'est n'estimer rien qu'estimer tout le monde.
Puisque vous y donnez, dans ces vices du temps,
Morbleu! vous n'êtes pas pour être de mes gens;
Je refuse d'un cœur la vaste complaisance
Qui ne fait de mérite aucune différence :
Je veux qu'on me distingue; et, pour le trancher net,
L'ami du genre humain n'est point du tout mon fait.

PHILINTE.

Mais, quand on est du monde, il faut bien que l'on rende
Quelques dehors civils que l'usage demande.

ALCESTE.

Non, vous dis-je, on devroit châtier sans pitié
Ce commerce honteux de semblants d'amitié.
Je veux que l'on soit homme, et qu'en toute rencontre
Le fond de notre cœur dans nos discours se montre,
Que ce soit lui qui parle, et que nos sentiments
Ne se masquent jamais sous de vains compliments.

PHILINTE.

Il est bien des endroits où la pleine franchise
Deviendroit ridicule, et seroit peu permise;
Et, parfois, n'en déplaise à votre austère honneur,
Il est bon de cacher ce qu'on a dans le cœur.
Seroit-il à propos et de la bienséance
De dire à mille gens tout ce que d'eux on pense?
Et quand on a quelqu'un qu'on hait, ou qui déplaît,
Lui doit-on déclarer la chose comme elle est?

ALCESTE.

Oui.

PHILINTE.

Quoi! vous iriez dire à la vieille Emilie

ACTE I, SCÈNE I.

Qu'à son âge il sied mal de faire la jolie,
Et que le blanc qu'elle a scandalisé chacun?

ALCESTE.

Sans doute.

PHILINTE.

A Dorilas, qu'il est trop importun,
Et qu'il n'est, à la cour, oreille qu'il ne lasse
A conter sa bravoure et l'éclat de sa race?

ALCESTE.

Fort bien.

PHILINTE.

Vous vous moquez.

ALCESTE.

Je ne me moque point;
Et je vais n'épargner personne sur ce point :
Mes yeux sont trop blessés; et la cour et la ville
Ne m'offrent rien qu'objets à m'échauffer la bile.
J'entre en une humeur noire, en un chagrin profond,
Quand je vois vivre entre eux les hommes comme ils font.
Je ne trouve partout que lâche flatterie,
Qu'injustice, intérêt, trahison, fourberie :
Je n'y puis plus tenir, j'enrage; et mon dessein
Est de rompre en visière à tout le genre humain.

PHILINTE.

Ce chagrin philosophe est un peu trop sauvage.
Je ris des noirs accès où je vous envisage;
Et crois voir en nous deux, sous mêmes soins nourris,
Ces deux frères que peint l'Ecole des Maris,
Dont...

ALCESTE.
Mon Dieu! laissons là vos comparaisons fades.
PHILINTE.
Non : tout de bon, quittez toutes ces incartades;
Le monde par vos soins ne se changera pas.
Et, puisque la franchise a pour vous tant d'appas,
Je vous dirai tout franc que cette maladie,
Partout où vous allez, donne la comédie;
Et qu'un si grand courroux contre les mœurs du temps
Vous tourne en ridicule auprès de bien des gens.
ALCESTE.
Tant mieux, morbleu! tant mieux; c'est ce que je demande:
Ce m'est un fort bon signe, et ma joie en est grande.
Tous les hommes me sont à tel point odieux,
Que je serois fâché d'être sage à leurs yeux.
PHILINTE.
Vous voulez un grand mal à la nature humaine!
ALCESTE.
Oui, j'ai conçu pour elle une effroyable haine.
PHILINTE.
Tous les pauvres mortels, sans nulle exception,
Seront enveloppés dans cette aversion?
Encore en est-il bien dans le siècle où nous sommes...
ALCESTE.
Non, elle est générale, et je hais tous les hommes :
Les uns, parce qu'ils sont méchants et malfaisants;
Et les autres, pour être aux méchants complaisants,
Et n'avoir pas pour eux ces haines vigoureuses
Que doit donner le vice aux ames vertueuses.
De cette complaisance on voit l'injuste excès,

Pour le franc scélérat avec qui j'ai procès.
Au travers de son masque on voit à plein le traître,
Partout il est connu pour tout ce qu'il peut être;
Et ses roulements d'yeux, et son ton radouci,
N'imposent qu'à des gens qui ne sont point d'ici.
On sait que ce pied-plat, digne qu'on le confonde,
Par de sales emplois s'est poussé dans le monde;
Et que par eux son sort, de splendeur revêtu,
Fait gronder le mérite et rougir la vertu.
Quelques titres honteux qu'en tous lieux on lui donne,
Son misérable honneur ne voit pour lui personne :
Nommez-le fourbe, infame, et scélérat maudit,
Tout le monde en convient, et nul n'y contredit.
Cependant sa grimace est partout bien venue,
On l'accueille, on lui rit, partout il s'insinue;
Et s'il est, par la brigue, un rang à disputer,
Sur le plus honnête homme on le voit l'emporter.
Têtebleu! ce me sont de mortelles blessures
De voir qu'avec le vice on garde des mesures;
Et parfois il me prend des mouvements soudains
De fuir dans un désert l'approche des humains.

PHILINTE.

Mon dieu! des mœurs du temps mettons-nous moins en peine,
Et faisons un peu grâce à la nature humaine;
Ne l'examinons point dans la grande rigueur,
Et voyons ses défauts avec quelque douceur.
Il faut parmi le monde une vertu traitable;
A force de sagesse on peut être blâmable :
La parfaite raison fuit toute extrémité,
Et veut que l'on soit sage avec sobriété.

Cette grande roideur des vertus des vieux âges
Heurte trop notre siècle et les communs usages ;
Elle veut aux mortels trop de perfection :
Il faut fléchir au temps sans obstination ;
Et c'est une folie à nulle autre seconde,
De vouloir se mêler de corriger le monde.
J'observe, comme vous, cent choses tous les jours,
Qui pourroient mieux aller, prenant un autre cours ;
Mais, quoi qu'à chaque pas je puisse voir paroître,
En courroux, comme vous, on ne me voit point être.
Je prends tout doucement les hommes comme ils sont,
J'accoutume mon ame à souffrir ce qu'ils font ;
Et je crois qu'à la cour, de même qu'à la ville,
Mon flegme est philosophe autant que votre bile.

ALCESTE.

Mais ce flegme, monsieur, qui raisonnez si bien,
Ce flegme pourra-t-il ne s'échauffer de rien ?
Et s'il faut par hasard qu'un ami vous trahisse,
Que, pour avoir vos biens, on dresse un artifice,
Ou qu'on tâche à semer de méchants bruits sur vous,
Verrez-vous tout cela sans vous mettre en courroux ?

PHILINTE.

Oui : je vois ces défauts dont votre ame murmure,
Comme vices unis à l'humaine nature ;
Et mon esprit enfin n'est pas plus offensé
De voir un homme fourbe, injuste, intéressé,
Que de voir des vautours affamés de carnage,
Des singes malfaisants, et des loups pleins de rage.

ALCESTE.

Je me verrai trahir, mettre en pièces, voler.

Sans que je sois... Morbleu! je ne veux point parler,
Tant ce raisonnement est plein d'impertinence!
PHILINTE.
Ma foi, vous ferez bien de garder le silence.
Contre votre partie éclatez un peu moins,
Et donnez au procès une part de vos soins.
ALCESTE.
Je n'en donnerai point, c'est une chose dite.
PHILINTE.
Mais qui voulez-vous donc qui pour vous sollicite?
ALCESTE.
Qui je veux? La raison, mon bon droit, l'équité.
PHILINTE.
Aucun juge par vous ne sera visité?
ALCESTE.
Non. Est-ce que ma cause est injuste ou douteuse?
PHILINTE.
J'en demeure d'accord : mais la brigue est fâcheuse,
Et...
ALCESTE.
Non, j'ai résolu de n'en pas faire un pas.
J'ai tort, ou j'ai raison.
PHILINTE.
Ne vous y fiez pas.
ALCESTE.
Je ne remuerai point.
PHILINTE.
Votre partie est forte,
Et peut, par sa cabale, entraîner...

ALCESTE.

Il n'importe.

PHILINTE.

Vous vous tromperez.

ALCESTE.

Soit. J'en veux voir le succès.

PHILINTE.

Mais...

ALCESTE.

J'aurai le plaisir de perdre mon procès.

PHILINTE.

Mais enfin...

ALCESTE.

Je verrai dans cette plaiderie
Si les hommes auront assez d'effronterie,
Seront assez méchants, scélérats et pervers,
Pour me faire injustice aux yeux de l'univers.

PHILINTE.

Quel homme!

ALCESTE.

Je voudrois, m'en coutât-il grand'chose,
Pour la beauté du fait, avoir perdu ma cause.

PHILINTE.

On se riroit de vous, Alceste, tout de bon,
Si l'on vous entendoit parler de la façon.

ALCESTE.

Tant pis pour qui riroit.

PHILINTE.

Mais cette rectitude
Que vous voulez en tout avec exactitude,

Cette pleine droiture où vous vous renfermez,
La trouvez-vous ici dans ce que vous aimez?
Je m'étonne, pour moi, qu'étant, comme il le semble,
Vous et le genre humain si fort brouillés ensemble,
Malgré tout ce qui peut vous le rendre odieux,
Vous ayez pris chez lui ce qui charme vos yeux;
Et ce qui me surprend encore davantage,
C'est cet étrange choix où votre cœur s'engage.
La sincère Eliante a du penchant pour vous,
La prude Arsinoé vous voit d'un œil fort doux;
Cependant à leurs vœux votre ame se refuse,
Tandis qu'en ses liens Célimène l'amuse,
De qui l'humeur coquette et l'esprit médisant
Semblent si fort donner dans les mœurs d'à présent.
D'où vient que, leur portant une haine mortelle,
Vous pouvez bien souffrir ce qu'en tient cette belle?
Ne sont-ce plus défauts dans un objet si doux?
Ne les voyez-vous pas? ou les excusez-vous?

ALCESTE.

Non : l'amour que je sens pour cette jeune veuve
Ne ferme point mes yeux aux défauts qu'on lui treuve*;
Et je suis, quelque ardeur qu'elle m'ait pu donner,
Le premier à les voir, comme à les condamner.
Mais, avec tout cela, quoi que je puisse faire,
Je confesse mon foible; elle a l'art de me plaire :
J'ai beau voir ses défauts, et j'ai beau l'en blâmer,
En dépit qu'on en ait, elle se fait aimer,
Sa grâce est la plus forte; et sans doute ma flamme
De ces vices du temps pourra purger son ame.

* On disoit encore *treuve* au lieu de *trouve*.

PHILINTE.

Si vous faites cela, vous ne ferez pas peu.
Vous croyez être donc aimé d'elle?

ALCESTE.

Oui, parbleu!
Je ne l'aimerois pas, si je ne croyois l'être.

PHILINTE.

Mais, si son amitié pour vous se fait paroître,
D'où vient que vos rivaux vous causent de l'ennui?

ALCESTE.

C'est qu'un cœur bien atteint veut qu'on soit tout à lui;
Et je ne viens ici qu'à dessein de lui dire
Tout ce que là-dessus ma passion m'inspire.

PHILINTE.

Pour moi, si je n'avois qu'à former des desirs,
Sa cousine Eliante auroit tous mes soupirs;
Son cœur, qui vous estime, est solide et sincère,
Et ce choix plus conforme étoit mieux votre affaire.

ALCESTE.

Il est vrai; ma raison me le dit chaque jour :
Mais la raison n'est pas ce qui règle l'amour.

PHILINTE.

Je crains fort pour vos feux; et l'espoir où vous êtes
Pourroit...

SCÈNE II.

ORONTE, ALCESTE, PHILINTE.

ORONTE, *à Alceste.*

J'ai su là-bas que, pour quelques emplettes,
Eliante est sortie, et Célimène aussi;

ACTE I, SCÈNE II.

Mais, comme l'on m'a dit que vous étiez ici,
J'ai monté pour vous dire, et d'un cœur véritable,
Que j'ai conçu pour vous une estime incroyable,
Et que depuis long-temps cette estime m'a mis
Dans un ardent desir d'être de vos amis.
Oui, mon cœur au mérite aime à rendre justice,
Et je brûle qu'un nœud d'amitié nous unisse.
Je crois qu'un ami chaud, et de ma qualité,
N'est pas assurément pour être rejeté.

(Pendant le discours d'Oronte, Alceste est rêveur, et semble ne pas entendre que c'est à lui qu'on parle. Il ne sort de sa rêverie que quand Oronte lui dit :)

C'est à vous, s'il vous plaît, que ce discours s'adresse.

ALCESTE.

A moi, monsieur ?

ORONTE.

    A vous. Trouvez-vous qu'il vous blesse ?

ALCESTE.

Non pas. Mais la surprise est fort grande pour moi ;
Et je n'attendois pas l'honneur que je reçoi.

ORONTE.

L'estime où je vous tiens ne doit point vous surprendre,
Et de tout l'univers vous la pouvez prétendre.

ALCESTE.

Monsieur...

ORONTE.

   L'Etat n'a rien qui ne soit au-dessous
Du mérite éclatant que l'on découvre en vous.

ALCESTE.

Monsieur...

ORONTE.

Oui, de ma part, je vous tiens préférable
A tout ce que j'y vois de plus considérable.

ALCESTE.

Monsieur...

ORONTE.

Sois-je du ciel écrasé si je mens!
Et pour vous confirmer ici mes sentiments,
Souffrez qu'à cœur ouvert, monsieur, je vous embrasse,
Et qu'en votre amitié je vous demande place.
Touchez-là, s'il vous plaît. Vous me la promettez,
Votre amitié?

ALCESTE.

Monsieur...

ORONTE.

Quoi! vous y résistez?

ALCESTE.

Monsieur, c'est trop d'honneur que vous me voulez faire:
Mais l'amitié demande un peu plus de mystère;
Et c'est assurément en profaner le nom
Que de vouloir le mettre à toute occasion.
Avec lumière et choix cette union veut naître.
Avant que nous lier, il faut nous mieux connoître;
Et nous pourrions avoir telles complexions,
Que tous deux du marché nous nous repentirions.

ORONTE.

Parbleu! c'est là-dessus parler en homme sage,
Et je vous en estime encore davantage :
Souffrons donc que le temps forme des nœuds si doux.
Mais cependant je m'offre entièrement à vous :

ACTE I, SCÈNE II.

S'il faut faire à la cour pour vous quelque ouverture,
On sait qu'auprès du roi je fais quelque figure;
Il m'écoute; et dans tout il en use, ma foi,
Le plus honnêtement du monde avecque moi.
Enfin, je suis à vous de toutes les manières;
Et, comme votre esprit a de grandes lumières,
Je viens, pour commencer entre nous ce beau nœud,
Vous montrer un sonnet que j'ai fait depuis peu,
Et savoir s'il est bon qu'au public je l'expose.

ALCESTE.

Monsieur, je suis mal propre à décider la chose.
Veuillez m'en dispenser.

ORONTE.

        Pourquoi?

ALCESTE.

                      J'ai le défaut
D'être un peu plus sincère en cela qu'il ne faut.

ORONTE.

C'est ce que je demande; et j'aurois lieu de plainte
Si, m'exposant à vous pour me parler sans feinte,
Vous alliez me trahir, et me déguiser rien.

ALCESTE.

Puisqu'il vous plaît ainsi, monsieur, je le veux bien.

ORONTE.

Sonnet. C'est un sonnet. *L'espoir...* C'est une dame
Qui de quelque espérance avoit flatté ma flamme.
L'espoir... Ce ne sont point de ces grands vers pompeux,
Mais de petits vers doux, tendres et langoureux.

ALCESTE.

Nous verrons bien.

ORONTE.

    L'espoir... Je ne sais si le style
Pourra vous en paroître assez net et facile,
Et si du choix des mots vous vous contenterez.

ALCESTE.

Nous allons voir, monsieur.

ORONTE.

       Au reste, vous saurez
Que je n'ai demeuré qu'un quart d'heure à le faire.

ALCESTE.

Voyons, monsieur; le temps ne fait rien à l'affaire.

ORONTE *lit.*

« L'espoir, il est vrai, nous soulage,
« Et nous berce un temps notre ennui :
« Mais, Philis, le triste avantage,
« Lorsque rien ne marche après lui !

PHILINTE.

Je suis déjà charmé de ce petit morceau.

ALCESTE, *bas, à Philinte.*

Quoi ! vous avez le front de trouver cela beau !

ORONTE.

« Vous eûtes de la complaisance;
« Mais vous en deviez moins avoir,
« Et ne vous pas mettre en dépense,
« Pour ne me donner que l'espoir.

PHILINTE.
Ah! qu'en termes galants ces choses-là sont mises!
ALCESTE, *bas, à Philinte.*
Morbleu! vil complaisant, vous louez des sottises!

ORONTE.

« S'il faut qu'une attente éternelle
« Pousse à bout l'ardeur de mon zèle,
« Le trépas sera mon recours.

« Vos soins ne m'en peuvent distraire :
« Belle Philis, on désespère
« Alors qu'on espère toujours. »

PHILINTE.
La chute en est jolie, amoureuse, admirable.
ALCESTE, *bas, à part.*
La peste de ta chute, empoisonneur au diable!
En eusses-tu fait une à te casser le nez!
PHILINTE.
Je n'ai jamais ouï de vers si bien tournés.
ALCESTE, *bas, à part.*
Morbleu!
ORONTE, *à Philinte.*
Vous me flattez, et vous croyez peut-être...
PHILINTE.
Non, je ne flatte point.
ALCESTE, *bas, à part.*
Hé! que fais-tu donc, traître?

LE MISANTHROPE.

ORONTE, *à Alceste.*

Mais, pour vous, vous savez quel est notre traité :
Parlez-moi, je vous prie, avec sincérité.

ALCESTE.

Monsieur, cette matière est toujours délicate,
Et sur le bel-esprit nous aimons qu'on nous flatte.
Mais un jour, à quelqu'un, dont je tairai le nom,
Je disois, en voyant des vers de sa façon,
Qu'il faut qu'un galant homme ait toujours grand empire
Sur les démangeaisons qui nous prennent d'écrire ;
Qu'il doit tenir la bride aux grands empressements
Qu'on a de faire éclat de tels amusements ;
Et que, par la chaleur de montrer ses ouvrages,
On s'expose à jouer de mauvais personnages.

ORONTE.

Est-ce que vous voulez me déclarer par-là
Que j'ai tort de vouloir...

ALCESTE.

Je ne dis pas cela.
Mais je lui disois, moi, qu'un froid écrit assomme ;
Qu'il ne faut que ce foible à décrier un homme ;
Et qu'eût-on d'autre part cent belles qualités,
On regarde les gens par leurs méchants côtés.

ORONTE.

Est-ce qu'à mon sonnet vous trouvez à redire ?

ALCESTE.

Je ne dis pas cela. Mais, pour ne point écrire,
Je lui mettois aux yeux comme, dans notre temps,
Cette soif a gâté de fort honnêtes gens.

ACTE I, SCÈNE II.

ORONTE.

Est-ce que j'écris mal? et leur ressemblerois-je?

ALCESTE.

Je ne dis pas cela. Mais enfin, lui disois-je,
Quel besoin si pressant avez-vous de rimer?
Et qui diantre vous pousse à vous faire imprimer?
Si l'on peut pardonner l'essor d'un mauvais livre,
Ce n'est qu'aux malheureux qui composent pour vivre.
Croyez-moi, résistez à vos tentations;
Dérobez au public ces occupations;
Et n'allez point quitter, de quoi que l'on vous somme,
Le nom que, dans la cour, vous avez d'honnête homme,
Pour prendre de la main d'un avide imprimeur
Celui de ridicule et misérable auteur.
C'est ce que je tâchai de lui faire comprendre.

ORONTE.

Voilà qui va fort bien, et je crois vous entendre.
Mais ne puis-je savoir ce que dans mon sonnet...

ALCESTE.

Franchement, il est bon à mettre au cabinet.
Vous-vous êtes réglé sur de méchants modèles,
Et vos expressions ne sont point naturelles.

Qu'est-ce que nous berce un temps notre ennui?
   Et que, rien ne marche après lui?
   Que, ne vous pas mettre en dépense,
   Pour ne me donner que l'espoir?
   Et que, Philis, on désespère
   Alors qu'on espère toujours?

Ce style figuré, dont on fait vanité
Sort du bon caractère et de la vérité;
Ce n'est que jeu de mots, qu'affectation pure,
Et ce n'est point ainsi que parle la nature.
Le méchant goût du siècle en cela me fait peur :
Nos pères, tout grossiers, l'avoient beaucoup meilleur;
Et je prise bien moins tout ce que l'on admire,
Qu'une vieille chanson que je m'en vais vous dire :

« Si le roi m'avoit donné
 Paris sa grand'ville,
Et qu'il me fallût quitter
 L'amour de ma mie!
Je dirois au roi Henri :
Reprenez votre Paris,
J'aime mieux ma mie, oh gay!
 J'aime mieux ma mie. »

La rime n'est pas riche, et le style en est vieux :
Mais ne voyez-vous pas que cela vaut bien mieux
Que ces colifichets dont le bon sens murmure,
Et que la passion parle là toute pure?

« Si le roi m'avoit donné
 Paris sa grand'ville
Et qu'il me fallût quitter
 L'amour de ma mie!
Je dirois au roi Henri :
Reprenez votre Paris,
J'aime mieux ma mie, oh gay!
 J'aime mieux ma mie. »

Voilà ce que peut dire un cœur vraiment épris.
(*à Philinte, qui rit.*)
Oui, monsieur le rieur, malgré vos beaux-esprits,
J'estime plus cela que la pompe fleurie
De tous ces faux brillants, où chacun se récrie.

ORONTE.
Et moi, je vous soutiens que mes vers sont fort bons.

ALCESTE.
Pour les trouver ainsi, vous avez vos raisons :
Mais vous trouverez bon que j'en puisse avoir d'autres,
Qui se dispenseront de se soumettre aux vôtres.

ORONTE.
Il me suffit de voir que d'autres en font cas.

ALCESTE.
C'est qu'ils ont l'art de feindre; et moi, je ne l'ai pas.

ORONTE.
Croyez-vous donc avoir tant d'esprit en partage?

ALCESTE.
Si je louois vos vers j'en aurois davantage.

ORONTE.
Je me passerai fort que vous les approuviez.

ALCESTE.
Il faut bien, s'il vous plaît, que vous vous en passiez.

ORONTE.
Je voudrois bien, pour voir, que de votre manière
Vous en composassiez sur la même matière.

ALCESTE.
J'en pourrois, par malheur, faire d'aussi méchants;
Mais je me garderois de les montrer aux gens.

ORONTE.

Vous me parlez bien ferme ; et cette suffisance...

ALCESTE.

Autre part que chez moi cherchez qui vous encense.

ORONTE.

Mais, mon petit monsieur, prenez-le un peu moins haut.

ALCESTE.

Ma foi, mon grand monsieur, je le prends comme il faut.

PHILINTE, *se mettant entre eux.*

Hé ! messieurs, c'en est trop. Laissez cela, de grâce.

ORONTE.

Ah ! j'ai tort, je l'avoue, et je quitte la place.
Je suis votre valet, monsieur, de tout mon cœur.

ALCESTE.

Et moi, je suis, monsieur, votre humble serviteur.

SCÈNE III.

PHILINTE, ALCESTE.

PHILINTE.

Hé bien ! vous le voyez : pour être trop sincère,
Vous voilà sur les bras une fâcheuse affaire ;
Et j'ai bien vu qu'Oronte, afin d'être flatté...

ALCESTE.

Ne me parlez pas.

PHILINTE.

Mais...

ALCESTE.

Plus de société.

ACTE I, SCÈNE III.

PHILINTE.

C'est trop...

ALCESTE.

Laissez-moi là.

PHILINTE.

Si je...

ALCESTE.

Point de langage.

PHILINTE.

Mais quoi!..

ALCESTE.

Je n'entends rien.

PHILINTE.

Mais...

ALCESTE.

Encore!

PHILINTE.

On outrage...

ALCESTE.

Ah! parbleu! c'en est trop. Ne suivez point mes pas.

PHILINTE.

Vous vous moquez de moi, je ne vous quitte pas.

FIN DU PREMIER ACTE.

ACTE SECOND.

SCÈNE I.
ALCESTE, CÉLIMÈNE.

ALCESTE.

Madame, voulez-vous que je vous parle net ?
De vos façons d'agir je suis mal satisfait ;
Contre elles dans mon cœur trop de bile s'assemble,
Et je sens qu'il faudra que nous rompions ensemble.
Oui, je vous tromperois de parler autrement :
Tôt ou tard nous romprons indubitablement ;
Et je vous promettrois mille fois le contraire,
Que je ne serois pas en pouvoir de le faire.

CÉLIMÈNE.

C'est pour me quereller donc, à ce que je voi,
Que vous avez voulu me ramener chez moi ?

ALCESTE.

Je ne querelle point. Mais votre humeur, madame,
Ouvre au premier venu trop d'accès dans votre ame ;
Vous avez trop d'amants qu'on voit vous obséder ;
Et mon cœur de cela ne peut s'accommoder.

CÉLIMÈNE.

Des amants que je fais me rendez-vous coupable ?
Puis-je empêcher les gens de me trouver aimable ?
Et lorsque pour me voir ils font de doux efforts,
Dois-je prendre un bâton pour les mettre dehors ?

ALCESTE.

Non, ce n'est pas, madame, un bâton qu'il faut prendre,
Mais un cœur, à leurs vœux, moins facile et moins tendre.
Je sais que vos appas vous suivent en tous lieux ;
Mais votre accueil retient ceux qu'attirent vos yeux ;
Et sa douceur, offerte à qui vous rend les armes,
Achève sur les cœurs l'ouvrage de vos charmes.
Le trop riant espoir que vous leur présentez
Attache autour de vous leurs assiduités ;
Et votre complaisance, un peu moins étendue,
De tant de soupirants chasseroit la cohue.
Mais, au moins, dites-moi, madame, par quel sort
Votre Clitandre a l'heur de vous plaire si fort ?
Sur quel fonds de mérite et de vertu sublime
Appuyez-vous en lui l'honneur de votre estime ?
Est-ce par l'ongle long qu'il porte au petit doigt
Qu'il s'est acquis chez vous l'estime où l'on le voit ?
Vous êtes-vous rendue, avec tout le beau monde,
Au mérite éclatant de sa perruque blonde ?
Sont-ce ses grands canons qui vous le font aimer ?
L'amas de ses rubans a-t-il su vous charmer ?
Est-ce par les appas de sa vaste rhingrave *
Qu'il a gagné votre ame en faisant votre esclave ?
Ou sa façon de rire et son ton de fausset
Ont-ils de vous toucher su trouver le secret ?

CÉLIMÈNE.

Qu'injustement de lui vous prenez de l'ombrage !
Ne savez-vous pas bien pourquoi je le ménage,

---

* Ample haut-de-chausse.

Et que, dans mon procès, ainsi qu'il m'a promis,
Il peut intéresser tout ce qu'il a d'amis?
ALCESTE.
Perdez votre procès, madame, avec constance;
Et ne ménagez point un rival qui m'offense.
CÉLIMÈNE.
Mais de tout l'univers vous devenez jaloux!
ALCESTE.
C'est que tout l'univers est bien reçu de vous.
CÉLIMÈNE.
C'est ce qui doit rasseoir votre ame effarouchée,
Puisque ma complaisance est sur tous épanchée;
Et vous auriez plus lieu de vous en offenser
Si vous me la voyiez sur un seul ramasser.
ALCESTE.
Mais moi, que vous blâmez de trop de jalousie,
Qu'ai-je de plus qu'eux tous, madame, je vous prie?
CÉLIMÈNE.
Le bonheur de savoir que vous êtes aimé.
ALCESTE.
Et quel lieu de le croire, a mon cœur enflammé?
CÉLIMÈNE.
Je pense qu'ayant pris le soin de vous le dire,
Un aveu de la sorte a de quoi vous suffire.
ALCESTE.
Mais qui m'assurera que, dans le même instant,
Vous n'en disiez, peut-être, aux autres tout autant?
CÉLIMÈNE.
Certes, pour un amant, la fleurette est mignonne,
Et vous me traitez là de gentille personne!

ACTE II, SCÈNE I.

Eh bien! pour vous ôter d'un semblable souci,
De tout ce que j'ai dit, je me dédis ici,
Et rien ne sauroit plus vous tromper que vous-même :
Soyez content.

ALCESTE.

Morbleu! faut-il que je vous aime!
Ah! que si de vos mains je rattrape mon cœur,
Je bénirai le ciel de ce rare bonheur!
Je ne le cèle pas, je fais tout mon possible
A rompre de ce cœur l'attachement terrible;
Mais les plus grands efforts n'ont rien fait jusqu'ici,
Et c'est pour mes péchés que je vous aime ainsi.

CÉLIMÈNE.

Il est vrai, votre ardeur est pour moi sans seconde.

ALCESTE.

Oui, je puis là-dessus défier tout le monde.
Mon amour ne se peut concevoir; et jamais
Personne n'a, madame, aimé comme je fais.

CÉLIMÈNE.

En effet, la méthode en est toute nouvelle,
Car vous aimez les gens pour leur faire querelle;
Ce n'est qu'en mots fâcheux qu'éclate votre ardeur,
Et l'on n'a vu jamais un amour si grondeur.

ALCESTE.

Mais il ne tient qu'à vous que son chagrin ne passe.
A tous nos démêlés coupons chemin, de grâce;
Parlons à cœur ouvert, et voyons d'arrêter...

SCÈNE II.

CÉLIMÈNE, ALCESTE, BASQUE.

CÉLIMÈNE.

Qu'est-ce?

BASQUE.

Acaste est là bas.

CÉLIMÈNE.

Hé bien! faites monter.

SCÈNE III.

CÉLIMÈNE, ALCESTE.

ALCESTE.

Quoi! l'on ne peut jamais vous parler tête à tête!
A recevoir le monde on vous voit toujours prête!
Et vous ne pouvez pas, un seul moment de tous,
Vous résoudre à souffrir de n'être pas chez vous!

CÉLIMÈNE.

Voulez-vous qu'avec lui je me fasse une affaire?

ALCESTE.

Vous avez des égards qui ne sauroient me plaire.

CÉLIMÈNE.

C'est un homme à jamais ne me le pardonner,
S'il savoit que sa vue eût pu m'importuner.

ALCESTE.

Et que vous fait cela, pour vous gêner de sorte...

CÉLIMÈNE.

Mon dieu! de ses pareils la bienveillance importe;

ACTE II, SCÈNE III.

Et ce sont de ces gens qui, je ne sais comment,
Ont gagné, dans la cour, de parler hautement.
Dans tous les entretiens on les voit s'introduire :
Ils ne sauroient servir, mais ils peuvent vous nuire ;
Et jamais, quelque appui qu'on puisse avoir d'ailleurs,
On ne doit se brouiller avec ces grands brailleurs.

ALCESTE.

Enfin, quoi qu'il en soit, et sur quoi qu'on se fonde,
Vous trouvez des raisons pour souffrir tout le monde ;
Et les précautions de votre jugement...

SCÈNE IV.

ALCESTE, CÉLIMÈNE, BASQUE.

BASQUE.

Voici Clitandre encor, madame.

ALCESTE.

                    Justement.

CÉLIMÈNE.

Où courez-vous ?

ALCESTE.

      Je sors.

CÉLIMÈNE.

            Demeurez.

ALCESTE.

                    Pourquoi faire ?

CÉLIMÈNE.

Demeurez.

ALCESTE.

     Je ne puis.

CÉLIMÈNE.

Je le veux.

ALCESTE.

Point d'affaire :
Ces conversations ne font que m'ennuyer,
Et c'est trop que vouloir me les faire essuyer.

CÉLIMÈNE.

Je le veux, je le veux.

ALCESTE.

Non, il m'est impossible.

CÉLIMÈNE.

Eh bien! allez, sortez, il vous est tout loisible.

SCÈNE V.

ÉLIANTE, PHILINTE, ACASTE, CLITANDRE, ALCESTE, CÉLIMÈNE, BASQUE.

ÉLIANTE, *à Célimène.*

Voici les deux marquis qui montent avec nous.
Vous l'est-on venu dire?

CÉLIMÈNE.

(*à Basque.*)

Oui. Des siéges pour tous.

(*Basque donne des siéges, et sort.*)

(*à Alceste.*)

Vous n'êtes pas sorti?

ALCESTE.

Non; mais je veux, madame,
Ou pour eux, ou pour moi, faire expliquer votre ame.

ACTE II, SCÈNE V.

CÉLIMÈNE.

Taisez-vous.

ALCESTE.

Aujourd'hui, vous vous expliquerez.

CÉLIMÈNE.

Vous perdez le sens.

ALCESTE.

Point. Vous vous déclarerez.

CÉLIMÈNE.

Ah!

ALCESTE.

Vous prendrez parti.

CÉLIMÈNE.

Vous vous moquez, je pense.

ALCESTE.

Non : mais vous choisirez. C'est trop de patience.

CLITANDRE.

Parbleu! je viens du Louvre, où Cléonte, au levé,
Madame, a bien paru ridicule achevé.
N'a-t-il point quelque ami qui pût, sur ses manières,
D'un charitable avis lui prêter les lumières?

CÉLIMÈNE.

Dans le monde, à vrai dire, il se barbouille fort :
Partout il porte un air qui saute aux yeux d'abord;
Et lorsqu'on le revoit après un peu d'absence,
On le retrouve encor plus plein d'extravagance.

ACASTE.

Parbleu! s'il faut parler de gens extravagants,
Je viens d'en essuyer un des plus fatigants;

Damon le raisonneur, qui m'a, ne vous déplaise,
Une heure au grand soleil tenu hors de ma chaise.
CÉLIMÈNE.
C'est un parleur étrange, et qui trouve toujours
L'art de ne vous rien dire avec de grands discours :
Dans les propos qu'il tient on ne voit jamais goutte;
Et ce n'est que du bruit que tout ce qu'on écoute.
ÉLIANTE, *à Philinte*.
Ce début n'est pas mal; et contre le prochain
La conversation prend un assez bon train.
CLITANDRE.
Timanthe encor, madame, est un bon caractère.
CÉLIMÈNE.
C'est, de la tête aux pieds, un homme tout mystère,
Qui vous jette, en passant, un coup-d'œil égaré,
Et, sans aucune affaire, est toujours affairé.
Tout ce qu'il vous débite en grimaces abonde;
A force de façons il assomme le monde;
Sans cesse il a, tout bas, pour rompre l'entretien,
Un secret à vous dire, et ce secret n'est rien;
De la moindre vétille il fait une merveille,
Et, jusques au bonjour, il dit tout à l'oreille.
ACASTE.
Et Géralde, madame?
CÉLIMÈNE.
O l'ennuyeux conteur!
Jamais on ne le voit sortir du grand seigneur.
Dans le brillant commerce il se mêle sans cesse,
Et ne cite jamais que duc, prince, ou princesse.
La qualité l'entête; et tous ses entretiens

Ne sont que de chevaux, d'équipage et de chiens :
Il tutaye*, en parlant, ceux du plus haut étage,
Et le nom de monsieur est chez lui hors d'usage.

CLITANDRE.

On dit qu'avec Bélise il est du dernier bien.

CÉLIMÈNE.

Le pauvre esprit de femme, et le sec entretien !
Lorsqu'elle vient me voir, je souffre le martyre :
Il faut suer sans cesse à chercher que lui dire ;
Et la stérilité de son expression
Fait mourir à tous coups la conversation.
En vain, pour attaquer son stupide silence,
De tous les lieux-communs vous prenez l'assistance ;
Le beau temps et la pluie, et le froid et le chaud,
Sont des fonds qu'avec elle on épuise bientôt.
Cependant sa visite, assez insupportable,
Traîne en une longueur encore épouvantable ;
Et l'on demande l'heure, et l'on bâille vingt fois,
Qu'elle s'émeut autant qu'une pièce de bois.

ACASTE.

Que vous semble d'Adraste ?

CÉLIMÈNE.

Ah ! quel orgueil extrême !
C'est un homme gonflé de l'amour de soi-même :
Son mérite jamais n'est content de la cour ;
Contre elle il fait métier de pester chaque jour ;
Et l'on ne donne emploi, charge, ni bénéfice,
Qu'à tout ce qu'il se croit on ne fasse injustice.

---

* On prononçoit ainsi ce mot à la cour.

CLITANDRE.

Mais le jeune Cléon, chez qui vont aujourd'hui
Nos plus honnêtes gens, que dites-vous de lui?

CÉLIMÈNE.

Que de son cuisinier il s'est fait un mérite,
Et que c'est à sa table à qui l'on rend visite.

ÉLIANTE.

Il prend soin d'y servir des mets fort délicats.

CÉLIMÈNE.

Oui; mais je voudrois bien qu'il ne s'y servît pas:
C'est un fort méchant plat que sa sotte personne,
Et qui gâte, à mon goût, tous les repas qu'il donne!

PHILINTE.

On fait assez de cas de son oncle Damis;
Qu'en dites-vous, madame?

CÉLIMÈNE.

Il est de mes amis.

PHILINTE.

Je le trouve honnête homme, et d'un air assez sage.

CÉLIMÈNE.

Oui; mais il veut avoir trop d'esprit, dont j'enrage.
Il est guindé sans cesse; et, dans tous ses propos,
On voit qu'il se travaille à dire de bons mots.
Depuis que dans la tête il s'est mis d'être habile,
Rien ne touche son goût, tant il est difficile!
Il veut voir des défauts à tout ce qu'on écrit,
Et pense que louer n'est pas d'un bel-esprit,
Que c'est être savant que trouver à redire,
Qu'il n'appartient qu'aux sots d'admirer et de rire,

ACTE II, SCÈNE V.

Et qu'en n'approuvant rien des ouvrages du temps
Il se met au-dessus de tous les autres gens.
Aux conversations même il trouve à reprendre :
Ce sont propos trop bas pour y daigner descendre ;
Et, les deux bras croisés, du haut de son esprit
Il regarde en pitié tout ce que chacun dit.

ACASTE.

Dieu me damne ! voilà son portrait véritable.

CLITANDRE, *à Célimène.*

Pour bien peindre les gens vous êtes admirable.

ALCESTE.

Allons, ferme ! poussez, mes bons amis de cour.
Vous n'en épargnez point, et chacun a son tour :
Cependant aucun d'eux à vos yeux ne se montre,
Qu'on ne vous voie, en hâte, aller à sa rencontre,
Lui présenter la main, et d'un baiser flatteur
Appuyer les serments d'être son serviteur.

CLITANDRE.

Pourquoi s'en prendre à nous ? Si ce qu'on dit vous blesse,
Il faut que le reproche à madame s'adresse.

ALCESTE.

Non, morbleu ! c'est à vous ; et vos ris complaisants
Tirent de son esprit tous ces traits médisants.
Son humeur satirique est sans cesse nourrie
Par le coupable encens de votre flatterie ;
Et son cœur à railler trouveroit moins d'appas
S'il avoit observé qu'on ne l'applaudît pas.
C'est ainsi qu'aux flatteurs on doit partout se prendre
Des vices où l'on voit les humains se répandre.

PHILINTE.

Mais pourquoi pour ces gens un intérêt si grand,
Vous qui condamneriez ce qu'en eux on reprend ?

CÉLIMÈNE.

Et ne faut-il pas bien que monsieur contredise ?
A la commune voix veut-on qu'il se réduise,
Et qu'il ne fasse pas éclater en tous lieux
L'esprit contrariant qu'il a reçu des cieux ?
Le sentiment d'autrui n'est jamais pour lui plaire :
Il prend toujours en main l'opinion contraire,
Et penseroit paroître un homme du commun
Si l'on voyoit qu'il fût de l'avis de quelqu'un.
L'honneur de contredire a pour lui tant de charmes,
Qu'il prend, contre lui-même, assez souvent les armes;
Et ses vrais sentiments sont combattus par lui,
Aussitôt qu'il les voit dans la bouche d'autrui.

ALCESTE.

Les rieurs sont pour vous, madame, c'est tout dire;
Et vous pouvez pousser contre moi la satire.

PHILINTE.

Mais il est véritable aussi que votre esprit
Se gendarme toujours contre tout ce qu'on dit;
Et que, par un chagrin que lui-même il avoue,
Il ne sauroit souffrir qu'on blâme ni qu'on loue.

ALCESTE.

C'est que jamais, morbleu ! les hommes n'ont raison ;
Que le chagrin contre eux est toujours de saison,
Et que je vois qu'ils sont, sur toutes les affaires,
Loueurs impertinents, ou censeurs téméraires.

ACTE II, SCÈNE V.

CÉLIMÈNE.

Mais...

ALCESTE.

Non, madame, non, quand j'en devrois mourir,
Vous avez des plaisirs que je ne puis souffrir ;
Et l'on a tort ici de nourrir dans votre ame
Ce grand attachement aux défauts qu'on y blâme.

CLITANDRE.

Pour moi, je ne sais pas ; mais j'avoûrai tout haut
Que j'ai cru jusqu'ici madame sans défaut.

ACASTE.

De grâces et d'attraits je vois qu'elle est pourvue ;
Mais les défauts qu'elle a ne frappent point ma vue.

ALCESTE.

Ils frappent tous la mienne ; et, loin de m'en cacher,
Elle sait que j'ai soin de les lui reprocher.
Plus on aime quelqu'un, moins il faut qu'on le flatte :
A ne rien pardonner le pur amour éclate ;
Et je bannirois, moi, tous ces lâches amants
Que je verrois soumis à tous mes sentiments,
Et dont, à tout propos, les molles complaisances
Donneroient de l'encens à mes extravagances.

CÉLIMÈNE.

Enfin, s'il faut qu'à vous s'en rapportent les cœurs,
On doit, pour bien aimer, renoncer aux douceurs,
Et du parfait amour mettre l'honneur suprême
A bien injurier les personnes qu'on aime.

ÉLIANTE.

L'amour, pour l'ordinaire, est peu fait à ces lois ;
Et l'on voit les amants vanter toujours leur choix.

Jamais leur passion n'y voit rien de blâmable,
Et dans l'objet aimé tout leur devient aimable;
Ils comptent les défauts pour des perfections,
Et savent y donner de favorables noms.
La pâle est au jasmin en blancheur comparable;
La noire à faire peur, une brune adorable;
La maigre a de la taille et de la liberté;
La grasse est, dans son port, pleine de majesté;
La malpropre sur soi, de peu d'attraits chargée,
Est mise sous le nom de beauté négligée;
La géante paroît une déesse aux yeux;
La naine un abrégé des merveilles des cieux;
L'orgueilleuse a le cœur digne d'une couronne;
La fourbe a de l'esprit; la sotte est toute bonne;
La trop grande parleuse est d'agréable humeur;
Et la muette garde une honnête pudeur.
C'est ainsi qu'un amant dont l'ardeur est extrême
Aime jusqu'aux défauts des personnes qu'il aime.

ALCESTE.

Et moi, je soutiens, moi...

CÉLIMÈNE.

Brisons-là ce discours,
Et dans la galerie allons faire deux tours.
Quoi! vous vous en allez, messieurs?

CLITANDRE ET ACASTE.

Non pas, madame.

ALCESTE.

La peur de leur départ occupe fort votre ame!
Sortez quand vous voudrez, messieurs, mais j'avertis
Que je ne sors qu'après que vous serez sortis.

ACASTE.

A moins de voir madame en être importunée,
Rien ne m'appelle ailleurs de toute la journée.

CLITANDRE.

Moi, pourvu que je puisse être au petit couché,
Je n'ai point d'autre affaire où je sois attaché.

CÉLIMÈNE, *à Alceste.*

C'est pour rire, je crois.

ALCESTE.

Non, en aucune sorte.
Nous verrons si c'est moi que vous voudrez qui sorte.

SCÈNE VI.

ALCESTE, CÉLIMÈNE, ÉLIANTE, ACASTE, PHILINTE, CLITANDRE, BASQUE.

BASQUE, *à Alceste.*

Monsieur, un homme est là, qui voudroit vous parler
Pour affaire, dit-il, qu'on ne peut reculer.

ALCESTE.

Dis-lui que je n'ai point d'affaires si pressées.

BASQUE.

Il porte une jaquette à grand'basques plissées,
Avec du d'or dessus.

CÉLIMÈNE, *à Alceste.*

Allez voir ce que c'est,
Ou bien faites-le entrer.

SCÈNE VII.

ALCESTE, CÉLIMÈNE, ÉLIANTE, ACASTE, PHILINTE, CLITANDRE, UN GARDE DE LA MARÉCHAUSSÉE.

ALCESTE, *allant au-devant du garde.*
Qu'est-ce donc qu'il vous plaît?
Venez, monsieur.

LE GARDE.
Monsieur, j'ai deux mots à vous dire.

ALCESTE.
Vous pouvez parler haut, monsieur, pour m'en instruire.

LE GARDE.
Messieurs les maréchaux, dont j'ai commandement,
Vous mandent de venir les trouver promptement,
Monsieur.

ALCESTE.
Qui? moi, monsieur?

LE GARDE.
Vous-même.

ALCESTE.
Et pourquoi faire?

PHILINTE, *à Alceste.*
C'est d'Oronte et de vous la ridicule affaire.

CÉLIMÈNE, *à Philinte.*
Comment?

PHILINTE.
Oronte et lui se sont tantôt bravés
Sur certains petits vers qu'il n'a pas approuvés;
Et l'on veut assoupir la chose en sa naissance.

ACTE II, SCÈNE VII.

ALCESTE.
Moi, je n'aurai jamais de lâche complaisance.
PHILINTE.
Mais il faut suivre l'ordre : allons, disposez-vous.
ALCESTE.
Quel accommodement veut-on faire entre nous ?
La voix de ces messieurs me condamnera-t-elle
A trouver bons les vers qui font notre querelle ?
Je ne me dédis point de ce que j'en ai dit ;
Je les trouve méchants.
PHILINTE.
Mais, d'un plus doux esprit...
ALCESTE.
Je n'en démordrai point; les vers sont exécrables.
PHILINTE.
Vous devez faire voir des sentiments traitables.
Allons, venez.
ALCESTE.
J'irai, mais rien n'aura pouvoir
De me faire dédire.
PHILINTE.
Allons vous faire voir.
ALCESTE.
Hors qu'un commandement exprès du roi me vienne
De trouver bons les vers dont on se met en peine,
Je soutiendrai toujours, morbleu! qu'ils sont mauvais,
Et qu'un homme est pendable après les avoir faits.
(*à Clitandre et Acaste, qui rient.*)
Par la sambleu! messieurs, je ne croyois pas être
Si plaisant que je suis.

CÉLIMÈNE.

Allez vite paroître
Où vous devez.

ALCESTE.

J'y vais, madame; et, sur mes pas,
Je reviens en ce lieu pour vider nos débats.

FIN DU SECOND ACTE.

ACTE TROISIÈME.

SCÈNE I.

CLITANDRE, ACASTE.

CLITANDRE.

Cher marquis, je te vois l'ame bien satisfaite;
Toute chose t'égaie, et rien ne t'inquiète.
En bonne foi, crois-tu, sans t'éblouir les yeux,
Avoir de grands sujets de paroître joyeux?

ACASTE.

Parbleu! je ne vois pas, lorsque je m'examine,
Où prendre aucun sujet d'avoir l'ame chagrine.
J'ai du bien, je suis jeune, et sors d'une maison
Qui se peut dire noble avec quelque raison;
Et je crois, par le rang que me donne ma race,
Qu'il est fort peu d'emplois dont je ne sois en passe.
Pour le cœur, dont surtout nous devons faire cas,
On sait, sans vanité, que je n'en manque pas;
Et l'on m'a vu pousser, dans le monde, une affaire
D'une assez vigoureuse et gaillarde manière.
Pour de l'esprit, j'en ai, sans doute, et du bon goût,
A juger sans étude, et raisonner de tout;
A faire aux nouveautés, dont je suis idolâtre,
Figure de savant, sur les bancs du théâtre;
Y décider en chef, et faire du fracas
A tous les beaux endroits qui méritent des *Ah!*

Je suis assez adroit; j'ai bon air, bonne mine,
Les dents belles surtout et la taille fort fine.
Quant à se mettre bien, je crois, sans me flatter,
Qu'on seroit mal venu de me le disputer.
Je me vois dans l'estime autant qu'on y puisse être,
Fort aimé du beau sexe, et bien auprès du maître.
Je crois qu'avec cela, mon cher marquis, je croi
Qu'on peut, par tout pays, être content de soi.

CLITANDRE.

Oui. Mais, trouvant ailleurs des conquêtes faciles,
Pourquoi pousser ici des soupirs inutiles?

ACASTE.

Moi? parbleu! je ne suis de taille ni d'humeur
A pouvoir d'une belle essuyer la froideur.
C'est aux gens mal tournés, aux mérites vulgaires,
A brûler constamment pour des beautés sévères,
A languir à leurs pieds et souffrir leurs rigueurs,
A chercher le secours des soupirs et des pleurs,
Et tâcher, par des soins d'une très-longue suite,
D'obtenir ce qu'on nie à leur peu de mérite.
Mais les gens de mon air, marquis, ne sont pas faits
Pour aimer à crédit, et faire tous les frais.
Quelque rare que soit le mérite des belles,
Je pense, Dieu merci, qu'on vaut son prix comme elles;
Que, pour se faire honneur d'un cœur comme le mien,
Ce n'est pas la raison qui ne leur coûte rien;
Et qu'au moins, à tout mettre en de justes balances,
Il faut qu'à frais communs se fassent les avances.

CLITANDRE.

Tu penses donc, marquis, être fort bien ici?

ACTE III, SCÈNE I.

ACASTE.

J'ai quelque lieu, marquis de le penser ainsi.

CLITANDRE.

Crois-moi, détache-toi de cette erreur extrême :
Tu te flattes, mon cher, et t'aveugles toi-même.

ACASTE.

Il est vrai, je me flatte, et m'aveugle en effet.

CLITANDRE.

Mais qui te fait juger ton bonheur si parfait?

ACASTE.

Je me flatte.

CLITANDRE.

Sur quoi fonder tes conjectures?

ACASTE.

Je m'aveugle.

CLITANDRE.

En as-tu des preuves qui soient sûres?

ACASTE.

Je m'abuse, te dis-je.

CLITANDRE.

Est-ce que, de ses vœux,
Célimène t'a fait quelques secrets aveux?

ACASTE.

Non, je suis maltraité.

CLITANDRE.

Réponds-moi, je te prie.

ACASTE.

Je n'ai que des rebuts.

CLITANDRE.

Laissons la raillerie,

Et me dis quel espoir on peut t'avoir donné.
ACASTE.
Je suis le misérable, et toi le fortuné;
On a pour ma personne une aversion grande,
Et quelqu'un de ces jours il faut que je me pende.
CLITANDRE.
Oh çà, veux-tu, marquis, pour ajuster nos vœux,
Que nous tombions d'accord d'une chose tous deux?
Que, qui pourra montrer une marque certaine
D'avoir meilleure part au cœur de Célimène,
L'autre ici fera place au vainqueur prétendu,
Et le délivrera d'un rival assidu?
ACASTE.
Ah! parbleu! tu me plais avec un tel langage,
Et, du bon de mon cœur, à cela je m'engage.
Mais, chut...

SCÈNE II.

CÉLIMÈNE, ACASTE, CLITANDRE.

CÉLIMÈNE.
Encore ici?
CLITANDRE.
L'amour retient nos pas.
CÉLIMÈNE.
Je viens d'ouïr entrer un carrosse là-bas.
Savez-vous qui c'est?
CLITANDRE.
Non.

SCÈNE III.

CÉLIMÈNE, ACASTE, CLITANDRE, BASQUE.

BASQUE.

Arsinoé, madame,
Monte ici pour vous voir.

CÉLIMÈNE.

Que me veut cette femme ?

BASQUE.

Eliante là-bas est à l'entretenir.

CÉLIMÈNE.

De quoi s'avise-t-elle ? et qui la fait venir ?

ACASTE.

Pour prude consommée en tous lieux elle passe ;
Et l'ardeur de son zèle...

CÉLIMÈNE.

Oui, oui, franche grimace !
Dans l'ame elle est du monde ; et ses soins tentent tout
Pour accrocher quelqu'un, sans en venir à bout.
Elle ne sauroit voir qu'avec un œil d'envie
Les amants déclarés dont une autre est suivie ;
Et son triste mérite, abandonné de tous,
Contre le siècle aveugle est toujours en courroux.
Elle tâche à couvrir d'un faux voile de prude
Ce que chez elle on voit d'affreuse solitude ;
Et, pour sauver l'honneur de ses foibles appas,
Elle attache du crime au pouvoir qu'ils n'ont pas.
Cependant un amant plairoit fort à la dame ;
Et même, pour Alceste, elle a tendresse d'ame.

Ce qu'il me rend de soins outrage ses attraits,
Elle veut que ce soit un vol que je lui fais,
Et son jaloux dépit, qu'avec peine elle cache,
En tous endroits, sous main, contre moi se détache.
Enfin je n'ai rien vu de si sot, à mon gré;
Elle est impertinente au suprême degré.
Et...

SCÈNE IV.

ARSINOÉ, CÉLIMÈNE, CLITANDRE, ACASTE.

CÉLIMÈNE.

Ah! quel heureux sort en ce lieu vous amène?
Madame, sans mentir, j'étois de vous en peine.

ARSINOÉ.

Je viens pour quelque avis que j'ai cru vous devoir.

CÉLIMÈNE.

Ah! mon dieu! que je suis contente de vous voir!

(*Clitandre et Acaste sortent en riant.*)

SCÈNE V.

ARSINOÉ, CÉLIMÈNE.

ARSINOÉ.

Leur départ ne pouvoit plus à propos se faire.

CÉLIMÈNE.

Voulons-nous nous asseoir?

ARSINOÉ.

                Il n'est pas nécessaire.
Madame, l'amitié doit surtout éclater

ACTE III, SCÈNE V.

Aux choses qui le plus nous peuvent importer :
Et, comme il n'en est point de plus grande importance
Que celles de l'honneur et de la bienséance,
Je viens, par un avis qui touche votre honneur,
Témoigner l'amitié que pour vous a mon cœur.
Hier j'étois chez des gens de vertu singulière,
Où, sur vous, du discours on tourna la matière ;
Et là, votre conduite, avec ses grands éclats,
Madame, eut le malheur qu'on ne la loua pas.
Cette foule de gens dont vous souffrez visite,
Votre galanterie, et les bruits qu'elle excite,
Trouvèrent des censeurs plus qu'il n'auroit fallu,
Et bien plus rigoureux que je n'eusse voulu.
Vous pouvez bien penser quel parti je sus prendre ;
Je fis ce que je pus pour vous pouvoir défendre ;
Je vous excusai fort sur votre intention,
Et voulus de votre ame être la caution.
Mais vous savez qu'il est des choses dans la vie
Qu'on ne peut excuser, quoiqu'on en ait envie ;
Et je me vis contrainte à demeurer d'accord
Que l'air dont vous vivez vous faisoit un peu tort,
Qu'il prenoit dans le monde une méchante face,
Qu'il n'est conte fâcheux que partout on n'en fasse,
Et que, si vous vouliez, tous vos déportements
Pourroient moins donner prise aux mauvais jugements.
Non que j'y croie au fond l'honnêteté blessée :
Me préserve le ciel d'en avoir la pensée !
Mais aux ombres du crime on prête aisément foi,
Et ce n'est pas assez de bien vivre pour soi.
Madame, je vous crois l'ame trop raisonnable

Pour ne pas prendre bien cet avis profitable,
Et pour l'attribuer* qu'aux mouvements secrets
D'un zèle qui m'attache à tous vos intérêts.

CÉLIMÈNE.

Madame, j'ai beaucoup de grâces à vous rendre.
Un tel avis m'oblige; et, loin de le mal prendre,
J'en prétends reconnoître à l'instant la faveur,
Par un avis aussi qui touche votre honneur :
Et, comme je vous vois vous montrer mon amie
En m'apprenant les bruits que de moi l'on publie,
Je veux suivre à mon tour un exemple si doux,
En vous avertissant de ce qu'on dit de vous.
   En un lieu, l'autre jour, où je faisois visite,
Je trouvai quelques gens d'un très-rare mérite,
Qui, parlant des vrais soins d'une ame qui vit bien,
Firent tomber sur vous, madame, l'entretien.
Là, votre pruderie et vos éclats de zèle
Ne furent pas cités comme un fort bon modèle;
Cette affectation d'un grave extérieur,
Vos discours éternels de sagesse et d'honneur,
Vos mines et vos cris aux ombres d'indécence
Que d'un mot ambigu peut avoir l'innocence,
Cette hauteur d'estime où vous êtes de vous,
Et ces yeux de pitié que vous jetez sur tous,
Vos fréquentes leçons et vos aigres censures
Sur des choses qui sont innocentes et pures;
Tout cela, si je puis vous parler franchement,
Madame, fut blâmé d'un commun sentiment.

---

* Sous-entendu, *à d'autre cause*.

ACTE III, SCÈNE V.

« A quoi bon, disoient-ils, cette mine modeste,
« Et ce sage dehors que dément tout le reste?
« Elle est à bien prier exacte au dernier point;
« Mais elle bat ses gens, et ne les paye point.
« Dans tous les lieux dévots elle étale un grand zèle;
« Mais elle met du blanc, et veut paroître belle.
« Elle fait des tableaux couvrir les nudités;
« Mais elle a de l'amour pour les réalités. »
Pour moi, contre chacun je pris votre défense,
Et leur assurai fort que c'étoit médisance :
Mais tous les sentiments combattirent le mien,
Et leur conclusion fut que vous feriez bien
De prendre moins de soin des actions des autres,
Et de vous mettre un peu plus en peine des vôtres;
Qu'on doit se regarder soi-même un fort long-temps
Avant que de songer à condamner les gens;
Qu'il faut mettre le poids d'une vie exemplaire
Dans les corrections qu'aux autres on veut faire;
Et qu'encor vaut-il mieux s'en remettre, au besoin,
A ceux à qui le ciel en a commis le soin.
Madame, je vous crois aussi trop raisonnable
Pour ne pas prendre bien cet avis profitable,
Et pour l'attribuer qu'aux mouvements secrets
D'un zèle qui m'attache à tous vos intérêts.

ARSINOÉ.

A quoi qu'en reprenant on soit assujettie,
Je ne m'attendois pas à cette repartie,
Madame; et je vois bien, par ce qu'elle a d'aigreur,
Que mon sincère avis vous a blessée au cœur.

CÉLIMÈNE.
Au contraire, madame; et, si l'on étoit sage,
Ces avis mutuels seroient mis en usage.
On détruiroit par-là, traitant de bonne-foi,
Ce grand aveuglement où chacun est pour soi.
Il ne tiendra qu'à vous qu'avec le même zèle
Nous ne continuions cet office fidèle,
Et ne prenions grand soin de nous dire entre nous
Ce que nous entendrons, vous de moi, moi de vous.

ARSINOÉ.
Ah! madame, de vous je ne puis rien entendre;
C'est en moi que l'on peut trouver fort à reprendre.

CÉLIMÈNE.
Madame, on peut, je crois, louer et blâmer tout;
Et chacun a raison, suivant l'âge ou le goût.
Il est une saison pour la galanterie;
Il en est une aussi propre à la pruderie.
On peut, par politique, en prendre le parti,
Quand de nos jeunes ans l'éclat est amorti.
Cela sert à couvrir de fâcheuses disgraces.
Je ne dis pas qu'un jour je ne suive vos traces :
L'âge amènera tout; et ce n'est pas le temps,
Madame, comme on sait, d'être prude à vingt ans.

ARSINOÉ.
Certes, vous vous targuez d'un bien foible avantage,
Et vous faites sonner terriblement votre âge.
Ce que de plus que vous on en pourroit avoir
N'est pas un si grand cas, pour s'en tant prévaloir;
Et je ne sais pourquoi votre ame ainsi s'emporte,
Madame, à me pousser de cette étrange sorte.

CÉLIMÈNE.

Et moi, je ne sais pas, madame, aussi pourquoi
On vous voit en tous lieux vous déchaîner sur moi.
Faut-il de vos chagrins sans cesse à moi vous prendre?
Et puis-je mais des soins qu'on ne va pas vous rendre?
Si ma personne aux gens inspire de l'amour,
Et si l'on continue à m'offrir chaque jour
Des vœux que votre cœur peut souhaiter qu'on m'ôte,
Je n'y saurois que faire, et ce n'est pas ma faute;
Vous avez le champ libre, et je n'empêche pas
Que, pour les attirer, vous n'ayez des appas.

ARSINOÉ.

Hélas! et croyez-vous que l'on se mette en peine
De ce nombre d'amants dont vous faites la vaine,
Et qu'il ne nous soit pas fort aisé de juger
A quel prix aujourd'hui l'on peut les engager?
Pensez-vous faire croire, à voir comme tout roule,
Que votre seul mérite attire cette foule?
Qu'ils ne brûlent pour vous que d'un honnête amour,
Et que pour vos vertus ils vous font tous la cour?
On ne s'aveugle point par de vaines défaites;
Le monde n'est point dupe; et j'en vois qui sont faites
A pouvoir inspirer de tendres sentiments,
Qui chez elles pourtant ne fixent point d'amants :
Et de là nous pouvons tirer des conséquences
Qu'on n'acquiert point leurs cœurs sans de grandes avances;
Qu'aucun, pour nos beaux yeux, n'est notre soupirant,
Et qu'il faut acheter tous les soins qu'on nous rend.
Ne vous enflez donc point d'une si grande gloire
Pour les petits brillants d'une foible victoire;

Et corrigez un peu l'orgueil de vos appas
De traiter pour cela les gens de haut en bas.
Si nos yeux envioient les conquêtes des vôtres,
Je pense qu'on pourroit faire comme les autres,
Ne se point ménager, et vous faire bien voir
Que l'on a des amants quand on en veut avoir.

CÉLIMÈNE.

Ayez-en donc, madame, et voyons cette affaire :
Par ce rare secret efforcez-vous de plaire ;
Et sans...

ARSINOÉ.

Brisons, madame, un pareil entretien,
Il pousseroit trop loin votre esprit et le mien ;
Et j'aurois pris déjà le congé qu'il faut prendre,
Si mon carrosse encor ne m'obligeoit d'attendre.

CÉLIMÈNE.

Autant qu'il vous plaira, vous pouvez arrêter,
Madame, et là-dessus rien ne doit vous hâter.
Mais, sans vous fatiguer de ma cérémonie,
Je m'en vais vous donner meilleure compagnie ;
Et monsieur, qu'à propos le hasard fait venir,
Remplira mieux ma place à vous entretenir.

SCÈNE VI.
ALCESTE, CÉLIMÈNE, ARSINOÉ.
CÉLIMÈNE.

Alceste, il faut que j'aille écrire un mot de lettre,
Que, sans me faire tort, je ne saurois remettre.
Soyez avec madame ; elle aura la bonté
D'excuser aisément mon incivilité.

SCÈNE VII.

ALCESTE, ARSINOE.

ARSINOÉ.

Vous voyez, elle veut que je vous entretienne,
Attendant un moment que mon carrosse vienne ;
Et jamais tous ses soins ne pouvoient m'offrir rien
Qui me fût plus charmant qu'un pareil entretien.
En vérité, les gens d'un mérite sublime
Entraînent de chacun et l'amour et l'estime ;
Et le vôtre, sans doute, a des charmes secrets
Qui font entrer mon cœur dans tous vos intérêts.
Je voudrois que la cour, par un regard propice,
A ce que vous valez rendît plus de justice :
Vous avez à vous plaindre ; et je suis en courroux
Quand je vois, chaque jour, qu'on ne fait rien pour vous.

ALCESTE.

Moi, madame ? Et sur quoi pourrois-je en rien prétendre ?
Quel service à l'Etat est-ce qu'on m'a vu rendre ?
Qu'ai-je fait, s'il vous plaît, de si brillant de soi,
Pour me plaindre à la cour qu'on ne fait rien pour moi ?

ARSINOÉ.

Tous ceux sur qui la cour jette des yeux propices
N'ont pas toujours rendu de ces fameux services :
Il faut l'occasion ainsi que le pouvoir ;
Et le mérite enfin que vous nous faites voir
Devroit...

ALCESTE.

Mon dieu ! laissons mon mérite, de grâce ;

De quoi voulez-vous là que la cour s'embarrasse?
Elle auroit fort à faire, et ses soins seroient grands
D'avoir à déterrer le mérite des gens.

ARSINOÉ.

Un mérite éclatant se déclare lui-même.
Du vôtre, en bien des lieux, on fait un cas extrême;
Et vous saurez de moi qu'en deux forts bons endroits
Vous fûtes hier loué par des gens d'un grand poids.

ALCESTE.

Hé! madame, l'on loue aujourd'hui tout le monde,
Et le siècle par-là n'a rien qu'on ne confonde.
Tout est d'un grand mérite également doué;
Ce n'est plus un honneur que de se voir loué :
D'éloges on regorge, à la tête on les jette,
Et mon valet-de-chambre est mis dans la gazette.

ARSINOÉ.

Pour moi, je voudrois bien que, pour vous montrer mieux
Une charge à la cour vous pût frapper les yeux.
Pour peu que d'y songer vous nous fassiez les mines,
On peut, pour vous servir, remuer des machines;
Et j'ai des gens en main que j'emploîrai pour vous,
Qui vous feront à tout un chemin assez doux.

ALCESTE.

Et que voudriez-vous, madame, que j'y fisse?
L'humeur dont je me sens veut que je m'en bannisse;
Le ciel ne m'a point fait, en me donnant le jour,
Une ame compatible avec l'air de la cour.
Je ne me trouve point les vertus nécessaires
Pour y bien réussir et faire mes affaires.

Etre franc et sincère est mon plus grand talent :
Je ne sais point jouer les hommes en parlant;
Et qui n'a pas le don de cacher ce qu'il pense
Doit faire en ce pays fort peu de résidence.
Hors de la cour, sans doute, on n'a pas cet appui
Et ces titres d'honneur qu'elle donne aujourd'hui;
Mais on n'a pas aussi, perdant ces avantages,
Le chagrin de jouer de fort sots personnages :
On n'a point à souffrir mille rebuts cruels;
On n'a point à louer les vers de messieurs tels,
A donner de l'encens à madame une telle,
Et de nos francs marquis essuyer la cervelle.

ARSINOÉ.

Laissons, puisqu'il vous plaît, ce chapitre de cour :
Mais il faut que mon cœur vous plaigne en votre amour;
Et, pour vous découvrir là-dessus mes pensées,
Je souhaiterois fort vos ardeurs mieux placées.
Vous méritez, sans doute, un sort beaucoup plus doux;
Et celle qui vous charme est indigne de vous.

ALCESTE.

Mais, en disant cela, songez-vous, je vous prie,
Que cette personne est, madame, votre amie?

ARSINOÉ.

Oui. Mais ma conscience est blessée en effet
De souffrir plus long-temps le tort que l'on vous fait.
L'état où je vous vois afflige trop mon ame;
Et je vous donne avis qu'on trahit votre flamme.

ALCESTE.

C'est me montrer, madame, un tendre mouvement;
Et de pareils avis obligent un amant.

LE MISANTHROPE.

ARSINOÉ.

Oui, toute mon amie, elle est, et je la nomme,
Indigne d'asservir le cœur d'un galant homme;
Et le sien n'a pour vous que de feintes douceurs.

ALCESTE.

Cela se peut, madame; on ne voit pas les cœurs :
Mais votre charité se seroit bien passée
De jeter dans le mien une telle pensée.

ARSINOÉ.

Si vous ne voulez pas être désabusé,
Il faut ne vous rien dire; il est assez aisé.

ALCESTE.

Non. Mais sur ce sujet, quoi que l'on nous expose,
Les doutes sont fâcheux plus que toute autre chose;
Et je voudrois, pour moi, qu'on ne me fît savoir
Que ce qu'avec clarté l'on peut me faire voir.

ARSINOÉ.

Hé bien! c'est assez dit; et, sur cette matière,
Vous allez recevoir une pleine lumière.
Oui, je veux que de tout vos yeux vous fassent foi.
Donnez-moi seulement la main jusque chez moi :
Là, je vous ferai voir une preuve fidèle
De l'infidélité du cœur de votre belle;
Et, si pour d'autres yeux le vôtre peut brûler,
On pourra vous offrir de quoi vous consoler.

FIN DU TROISIÈME ACTE.

ACTE QUATRIÈME.

SCÈNE I.

ÉLIANTE, PHILINTE.

PHILINTE.

Non, l'on n'a point vu d'ame à manier si dure,
Ni d'accommodement plus pénible à conclure :
En vain de tous côtés on l'a voulu tourner,
Hors de son sentiment on n'a pu l'entraîner;
Et jamais différend si bizarre, je pense,
N'avoit de ces messieurs occupé la prudence.
« Non messieurs, disoit-il, je ne me dédis point,
« Et tomberai d'accord de tout, hors de ce point.
« De quoi s'offense-t-il? et que veut-il me dire?
« Y va-t-il de sa gloire à ne pas bien écrire?
« Que lui fait mon avis qu'il a pris de travers?
« On peut être honnête homme, et faire mal des vers:
« Ce n'est point à l'honneur que touchent ces matières.
« Je le tiens galant homme en toutes les manières,
« Homme de qualité, de mérite et de cœur,
« Tout ce qu'il vous plaira, mais fort méchant auteur.
« Je louerai, si l'on veut, son train et sa dépense,
« Son adresse à cheval, aux armes, à la danse :
« Mais, pour louer ses vers, je suis son serviteur;
« Et, lorsque d'en mieux faire on n'a pas le bonheur,
« On ne doit de rimer avoir aucune envie,

« Qu'on n'y soit condamné sur peine de la vie. »
Enfin toute la grâce et l'accommodement
Où s'est avec effort plié son sentiment,
C'est de dire, croyant adoucir bien son style :
« Monsieur, je suis fâché d'être si difficile,
« Et, pour l'amour de vous, je voudrois, de bon cœur,
« Avoir trouvé tantôt votre sonnet meilleur. »
Et dans une embrassade on leur a, pour conclure,
Fait vite envelopper toute la procédure.

ÉLIANTE.

Dans ses façons d'agir il est fort singulier :
Mais j'en fais, je l'avoue, un cas particulier ;
Et la sincérité dont son ame se pique
A quelque chose en soi de noble et d'héroïque.
C'est une vertu rare au siècle d'aujourd'hui,
Et je la voudrois voir partout comme chez lui.

PHILINTE.

Pour moi, plus je le vois, plus surtout je m'étonne
De cette passion où son cœur s'abandonne.
De l'humeur dont le ciel a voulu le former,
Je ne sais pas comment il s'avise d'aimer ;
Et je sais moins encor comment votre cousine
Peut être la personne où son penchant l'incline.

ÉLIANTE.

Cela fait assez voir que l'amour, dans les cœurs,
N'est pas toujours produit par un rapport d'humeurs ;
Et toutes ces raisons de douces sympathies,
Dans cet exemple-ci, se trouvent démenties.

PHILINTE.

Mais croyez-vous qu'on l'aime, aux choses qu'on peut voir?

ACTE IV, SCÈNE I.

ÉLIANTE.

C'est un point qu'il n'est pas fort aisé de savoir.
Comment pouvoir juger s'il est vrai qu'elle l'aime?
Son cœur, de ce qu'il sent, n'est pas bien sûr lui-même;
Il aime quelquefois sans qu'il le sache bien,
Et croit aimer aussi, parfois, qu'il n'en est rien.

PHILINTE.

Je crois que notre ami, près de cette cousine,
Trouvera des chagrins plus qu'il ne s'imagine;
Et, s'il avoit mon cœur, à dire vérité,
Il tourneroit ses vœux tout d'un autre côté;
Et, par un choix plus juste, on le verroit, madame,
Profiter des bontés que lui montre votre ame.

ÉLIANTE.

Pour moi, je n'en fais point de façons; et je croi
Qu'on doit, sur de tels points, être de bonne-foi.
Je ne m'oppose point à toute sa tendresse :
Au contraire, mon cœur pour elle s'intéresse;
Et, si c'étoit qu'à moi la chose pût tenir,
Moi-même à ce qu'il aime on me verroit l'unir.
Mais si, dans un tel choix, comme tout se peut faire,
Son amour éprouvoit quelque destin contraire,
S'il falloit que d'un autre on couronnât les feux,
Je pourrois me résoudre à recevoir ses vœux;
Et le refus souffert en pareille occurrence
Ne m'y feroit trouver aucune répugnance.

PHILINTE.

Et moi, de mon côté, je ne m'oppose pas,
Madame, à ces bontés qu'ont pour lui vos appas;
Et lui-même, s'il veut, il peut bien vous instruire

De ce que là-dessus j'ai pris soin de lui dire.
Mais si, par un hymen qui les joindroit eux deux,
Vous étiez hors d'état de recevoir ses vœux,
Tous les miens tenteroient la faveur éclatante
Qu'avec tant de bonté votre ame lui présente :
Heureux si, quand son cœur s'y pourra dérober,
Elle pouvoit sur moi, madame, retomber.

ÉLIANTE.

Vous vous divertissez, Philinte.

PHILINTE.

Non, madame,
Et je vous parle ici du meilleur de mon ame.
J'attends l'occasion de m'offrir hautement ;
Et, de tous mes souhaits, j'en presse le moment.

SCÈNE II.

ALCESTE, ÉLIANTE, PHILINTE.

ALCESTE.

Ah ! faites-moi raison, madame, d'une offense
Qui vient de triompher de toute ma constance.

ÉLIANTE.

Qu'est-ce donc? Qu'avez-vous qui vous puisse émouvoir?

ALCESTE.

J'ai ce que, sans mourir, je ne puis concevoir ;
Et le déchaînement de toute la nature
Ne m'accableroit pas comme cette aventure.
C'en est fait... Mon amour... Je ne saurois parler.

ÉLIANTE.

Que votre esprit, un peu, tâche à se rappeler.

ALCESTE.

O juste ciel! faut-il qu'on joigne à tant de grâces
Les vices odieux des ames les plus basses!

ÉLIANTE.

Mais encor, qui vous peut...

ALCESTE.

Ah! tout est ruiné;
Je suis, je suis trahi, je suis assassiné!
Célimène... eût-on pu croire cette nouvelle?
Célimène me trompe, et n'est qu'une infidèle.

ÉLIANTE.

Avez-vous pour le croire, un juste fondement?

PHILINTE.

Peut-être est-ce un soupçon conçu légèrement;
Et votre esprit jaloux prend parfois des chimères...

ALCESTE.

Ah! morbleu! mêlez-vous, monsieur, de vos affaires.

(*à Éliante.*)

C'est de sa trahison n'être que trop certain,
Que l'avoir, dans ma poche, écrite de sa main.
Oui, madame, une lettre écrite pour Oronte
A produit à mes yeux ma disgrace et sa honte;
Oronte, dont j'ai cru qu'elle fuyoit les soins,
Et que de mes rivaux je redoutois le moins!

PHILINTE.

Une lettre peut bien tromper par l'apparence,
Et n'est pas quelquefois si coupable qu'on pense.

ALCESTE.

Monsieur, encore un coup, laissez-moi, s'il vous plaît,
Et ne prenez souci que de votre intérêt.

ÉLIANTE.

Vous devez modérer vos transports; et l'outrage...

ALCESTE.

Madame, c'est à vous qu'appartient cet ouvrage;
C'est à vous que mon cœur a recours aujourd'hui
Pour pouvoir s'affranchir de son cuisant ennui :
Vengez-moi d'une ingrate et perfide parente
Qui trahit lâchement une ardeur si constante;
Vengez-moi de ce trait qui doit vous faire horreur.

ÉLIANTE.

Moi, vous venger! comment?

ALCESTE.

En recevant mon cœur.
Acceptez-le, madame, au lieu de l'infidèle :
C'est par-là que je puis prendre vengeance d'elle;
Et je la veux punir par les sincères vœux,
Par le profond amour, les soins respectueux,
Les devoirs empressés, et l'assidu service,
Dont ce cœur va vous faire un ardent sacrifice.

ÉLIANTE.

Je compatis, sans doute, à ce que vous souffrez,
Et ne méprise point le cœur que vous m'offrez;
Mais peut-être le mal n'est pas si grand qu'on pense,
Et vous pourrez quitter ce desir de vengeance.
Lorsque l'injure part d'un objet plein d'appas,
On fait force desseins qu'on n'exécute pas :
On a beau voir, pour rompre, une raison puissante;
Une coupable aimée est bientôt innocente :
Tout le mal qu'on lui veut, se dissipe aisément,
Et l'on sait ce que c'est qu'un courroux d'un amant.

ALCESTE.

Non, non, madame, non; l'offense est trop mortelle,
Il n'est point de retour, et je romps avec elle;
Rien ne sauroit changer le dessein que j'en fais,
Et je me punirois de l'estimer jamais.
La voici. Mon courroux redouble à cette approche.
Je vais de sa noirceur lui faire un vif reproche,
Pleinement la confondre, et vous porter, après,
Un cœur tout dégagé de ses trompeurs attraits.

SCÈNE III.

CÉLIMÈNE, ALCESTE.

ALCESTE, *à part.*

O ciel! de mes transports puis-je être ici le maître?

CÉLIMÈNE.

(*à part.*)   (*à Alceste.*)
Ouais! Quel est donc le trouble où je vous vois paroître?
Et que me veulent dire et ces soupirs poussés,
Et ces sombres regards que sur moi vous lancez?

ALCESTE.

Que toutes les horreurs dont une ame est capable
A vos déloyautés n'ont rien de comparable;
Que le sort, les démons, et le ciel en courroux,
N'ont jamais rien produit de si méchant que vous.

CÉLIMÈNE.

Voilà certainement des douceurs que j'admire.

ALCESTE.

Ah! ne plaisantez point; il n'est pas temps de rire.
Rougissez bien plutôt, vous en avez raison;

Et j'ai de sûrs témoins de votre trahison.
Voilà ce que marquoient les troubles de mon ame :
Ce n'étoit pas en vain que s'alarmoit ma flamme.
Par ces fréquents soupçons qu'on trouvoit odieux,
Je cherchois le malheur qu'ont rencontré mes yeux;
Et, malgré tous vos soins et votre adresse à feindre,
Mon astre me disoit ce que j'avois à craindre.
Mais ne présumez pas que, sans être vengé,
Je souffre le dépit de me voir outragé.
Je sais que sur les vœux on n'a point de puissance,
Que l'amour veut partout naître sans dépendance,
Que jamais par la force on n'entra dans un cœur,
Et que toute ame est libre à nommer son vainqueur :
Aussi ne trouverois-je aucun sujet de plainte,
Si pour moi votre bouche avoit parlé sans feinte;
Et, rejetant mes vœux dès le premier abord,
Mon cœur n'auroit eu droit de s'en prendre qu'au sort.
Mais d'un aveu trompeur voir ma flamme applaudie,
C'est une trahison, c'est une perfidie,
Qui ne sauroit trouver de trop grands châtiments;
Et je puis tout permettre à mes ressentiments.
Oui, oui, redoutez tout après un tel outrage;
Je ne suis plus à moi, je suis tout à la rage :
Percé du coup mortel dont vous m'assassinez,
Mes sens par la raison ne sont plus gouvernés;
Je cède aux mouvements d'une juste colère,
Et je ne réponds pas de ce que je puis faire.

CÉLIMÈNE.

D'où vient donc, je vous prie, un tel emportement?
Avez-vous, dites-moi, perdu le jugement?

ALCESTE.
Oui, oui, je l'ai perdu, lorsque dans votre vue
J'ai pris, pour mon malheur, le poison qui me tue,
Et que j'ai cru trouver quelque sincérité
Dans les traîtres appas dont je fus enchanté.

CÉLIMÈNE.
De quelle trahison pouvez-vous donc vous plaindre?

ALCESTE.
Ah! que ce cœur est double, et sait bien l'art de feindre!
Mais, pour le mettre à bout, j'ai des moyens tout prêts.
Jetez ici les yeux, et connoissez vos traits;
Ce billet découvert suffit pour vous confondre,
Et, contre ce témoin, on n'a rien à répondre.

CÉLIMÈNE.
Voilà donc le sujet qui vous trouble l'esprit?

ALCESTE.
Vous ne rougissez pas en voyant cet écrit!

CÉLIMÈNE.
Et par quelle raison faut-il que j'en rougisse?

ALCESTE.
Quoi! vous joignez ici l'audace à l'artifice!
Le désavoûrez-vous, pour n'avoir point de seing?

CÉLIMÈNE.
Pourquoi désavouer un billet de ma main?

ALCESTE.
Et vous pouvez le voir, sans demeurer confuse
Du crime dont, vers moi *, son style vous accuse!

---

* Envers moi.

CÉLIMÈNE.

Vous êtes, sans mentir, un grand extravagant!

ALCESTE.

Quoi! vous bravez ici ce témoin convaincant!
Et ce qu'il m'a fait voir de douceur pour Oronte,
N'a donc rien qui m'outrage, et qui vous fasse honte?

CÉLIMÈNE.

Oronte! qui vous dit que la lettre est pour lui?

ALCESTE.

Les gens qui dans mes mains l'ont remise aujourd'hui.
Mais je veux consentir qu'elle soit pour un autre,
Mon cœur en a-t-il moins à se plaindre du vôtre?
En serez-vous vers moi moins coupable en effet?

CÉLIMÈNE.

Mais si c'est une femme à qui va ce billet,
En quoi vous blesse-t-il, et qu'a-t-il de coupable?

ALCESTE.

Ah! le détour est bon, et l'excuse admirable.
Je ne m'attendois pas, je l'avoue, à ce trait;
Et me voilà par-là convaincu tout-à-fait.
Osez-vous recourir à ces ruses grossières?
Et croyez-vous les gens si privés de lumières?
Voyons, voyons un peu par quel biais, de quel air,
Vous voulez soutenir un mensonge si clair;
Et comment vous pourrez tourner pour une femme
Tous les mots d'un billet qui montre tant de flamme.
Ajustez, pour couvrir un manquement de foi,
Ce que je m'en vais lire...

CÉLIMÈNE.

Il ne me plaît pas, moi.

ACTE IV, SCÈNE III.

Je vous trouve plaisant d'user d'un tel empire,
Et de me dire au nez ce que vous m'osez dire.

ALCESTE.

Non, non, sans s'emporter, prenez un peu souci
De me justifier les termes que voici.

CÉLIMÈNE.

Non, je n'en veux rien faire; et, dans cette occurrence,
Tout ce que vous croirez m'est de peu d'importance.

ALCESTE.

De grâce, montrez-moi, je serai satisfait,
Qu'on peut pour une femme expliquer ce billet.

CÉLIMÈNE.

Non, il est pour Oronte; et je veux qu'on le croie.
Je reçois tous ses soins avec beaucoup de joie;
J'admire ce qu'il dit, j'estime ce qu'il est,
Et je tombe d'accord de tout ce qu'il vous plaît.
Faites, prenez parti, que rien ne vous arrête,
Et ne me rompez pas davantage la tête.

ALCESTE, *à part*.

Ciel! rien de plus cruel peut-il être inventé?
Et jamais cœur fut-il de la sorte traité?
Quoi! d'un juste courroux je suis ému contre elle,
C'est moi qui me viens plaindre; et c'est moi qu'on querelle!
On pousse ma douleur et mes soupçons à bout;
On me laisse tout croire; on fait gloire de tout :
Et cependant mon cœur est encore assez lâche
Pour ne pouvoir briser la chaîne qui l'attache,
Et pour ne pas s'armer d'un généreux mépris
Contre l'ingrat objet dont il est trop épris!

(à Célimène.)
Ah! que vous savez bien ici, contre moi-même,
Perfide, vous servir de ma foiblesse extrême,
Et ménager pour vous l'excès prodigieux
De ce fatal amour né de vos traîtres yeux!
Défendez-vous au moins d'un crime qui m'accable,
Et cessez d'affecter d'être envers moi coupable.
Rendez-moi, s'il se peut, ce billet innocent;
A vous prêter les mains ma tendresse consent :
Efforcez-vous ici de paroître fidèle,
Et je m'efforcerai, moi, de vous croire telle.

CÉLIMÈNE.

Allez, vous êtes fou dans vos transports jaloux,
Et ne méritez pas l'amour qu'on a pour vous.
Je voudrois bien savoir qui pourroit me contraindre
A descendre pour vous aux bassesses de feindre,
Et pourquoi, si mon cœur penchoit d'autre côté,
Je ne le diroîs pas avec sincérité!
Quoi! de mes sentiments l'obligeante assurance
Contre tous vos soupçons ne prend pas ma défense!
Auprès d'un tel garant, sont-ils de quelque poids?
N'est-ce pas m'outrager que d'écouter leur voix?
Et puisque notre cœur fait un effort extrême
Lorsqu'il peut se résoudre à confesser qu'il aime,
Puisque l'honneur du sexe, ennemi de nos feux,
S'oppose fortement à de pareils aveux;
L'amant qui voit pour lui franchir un tel obstacle
Doit-il impunément douter de cet oracle?
Et n'est-il pas coupable en ne s'assurant pas
A ce qu'on ne dit point qu'après de grands combats?

ACTE IV, SCÈNE III.

Allez, de tels soupçons méritent ma colère,
Et vous ne valez pas que l'on vous considère.
Je suis sotte, et veux mal à ma simplicité
De conserver encor pour vous quelque bonté;
Je devrois autre part attacher mon estime,
Et vous faire un sujet de plainte légitime.

ALCESTE.

Ah! traîtresse, mon foible est étrange pour vous :
Vous me trompez, sans doute, avec des mots si doux.
Mais il n'importe, il faut suivre ma destinée :
A votre foi mon ame est toute abandonnée;
Je veux voir jusqu'au bout quel sera votre cœur,
Et si de me trahir il aura la noirceur.

CÉLIMÈNE.

Non, vous ne m'aimez point comme il faut que l'on aime.

ALCESTE.

Ah! rien n'est comparable à mon amour extrême;
Et, dans l'ardeur qu'il a de se montrer à tous,
Il va jusqu'à former des souhaits contre vous.
Oui, je voudrois qu'aucun ne vous trouvât aimable;
Que vous fussiez réduite en un sort misérable;
Que le ciel, en naissant, ne vous eût donné rien;
Que vous n'eussiez ni rang, ni naissance, ni bien;
Afin que de mon cœur l'éclatant sacrifice
Vous pût, d'un pareil sort, réparer l'injustice,
Et que j'eusse la joie et la gloire en ce jour
De vous voir tenir tout des mains de mon amour.

CÉLIMÈNE.

C'est me vouloir du bien d'une étrange manière!
Me préserve le ciel que vous ayez matière...!
Voici monsieur Dubois plaisamment figuré.

SCÈNE IV.

CÉLIMÈNE, ALCESTE, DUBOIS.

ALCESTE.

Que veut cet équipage et cet air effaré ?
Qu'as-tu ?

DUBOIS.

Monsieur...

ALCESTE.

Hé bien ?

DUBOIS.

Voici bien des mystères.

ALCESTE.

Qu'est-ce ?

DUBOIS.

Nous sommes mal, monsieur, dans nos affaires.

ALCESTE.

Quoi ?

DUBOIS.

Parlerai-je haut ?

ALCESTE.

Oui, parle, et promptement.

DUBOIS.

N'est-il point là quelqu'un ?

ALCESTE.

Ah ! que d'amusement !
Veux-tu parler ?

DUBOIS.

Monsieur, il faut faire retraite.

ACTE IV, SCÈNE IV.

ALCESTE.

Comment?

DUBOIS.

Il faut d'ici déloger sans trompette.

ALCESTE.

Et pourquoi?

DUBOIS.

Je vous dis qu'il faut quitter ce lieu.

ALCESTE.

La cause?

DUBOIS.

Il faut partir, monsieur, sans dire adieu.

ALCESTE.

Mais par quelle raison me tiens-tu ce langage?

DUBOIS.

Par la raison, monsieur, qu'il faut plier bagage.

ALCESTE.

Ah! je te casserai la tête assurément
Si tu ne veux, maraud, t'expliquer autrement.

DUBOIS.

Monsieur, un homme noir et d'habit et de mine
Est venu nous laisser, jusque dans la cuisine,
Un papier griffonné d'une telle façon,
Qu'il faudroit, pour le lire, être pis qu'un démon.
C'est de votre procès, je n'en fais aucun doute;
Mais le diable d'enfer, je crois, n'y verroit goutte.

ALCESTE.

Eh bien! quoi? Ce papier, qu'a-t-il à démêler,
Traître, avec le départ dont tu viens me parler?

DUBOIS.

C'est pour vous dire ici, monsieur, qu'une heure ensuite
Un homme qui souvent vous vient rendre visite,
Est venu vous chercher avec empressement,
Et, ne vous trouvant pas, m'a chargé doucement,
Sachant que je vous sers avec beaucoup de zèle,
De vous dire... Attendez, comme est-ce qu'il s'appelle?

ALCESTE.

Laisse-là son nom, traître, et dis ce qu'il t'a dit.

DUBOIS.

C'est un de vos amis enfin, cela suffit.
Il m'a dit que d'ici votre péril vous chasse,
Et que d'être arrêté le sort vous y menace.

ALCESTE.

Mais quoi! n'a-t-il voulu te rien spécifier?

DUBOIS.

Non. Il m'a demandé de l'encre et du papier,
Et vous a fait un mot, où vous pourrez, je pense,
Du fond de ce mystère avoir la connoissance.

ALCESTE.

Donne-le donc.

CÉLIMÈNE.

Que peut envelopper ceci?

ALCESTE.

Je ne sais; mais j'aspire à m'en voir éclairci.
Auras-tu bientôt fait, impertinent au diable?

DUBOIS, *après avoir long-temps cherché le billet.*

Ma foi, je l'ai, monsieur, laissé sur votre table.

ALCESTE.

Je ne sais qui me tient...

ACTE IV, SCÈNE IV.

CÉLIMÈNE.

Ne vous emportez pas,
Et courez démêler un pareil embarras.

ALCESTE.

Il semble que le sort, quelque soin que je prenne,
Ait juré d'empêcher que je vous entretienne :
Mais, pour en triompher, souffrez à mon amour
De vous revoir, madame, avant la fin du jour.

FIN DU QUATRIÈME ACTE.

ACTE CINQUIÈME.

SCÈNE I.

ALCESTE, PHILINTE.

ALCESTE.

La résolution en est prise, vous dis-je?
PHILINTE.
Mais, quel que soit ce coup, faut-il qu'il vous oblige...
ALCESTE.
Non, vous avez beau faire et beau me raisonner,
Rien de ce que je dis ne peut me détourner;
Trop de perversité règne au siècle où nous sommes,
Et je veux me tirer du commerce des hommes.
Quoi! contre ma partie on voit tout-à-la-fois
L'honneur, la probité, la pudeur, et les lois;
On publie en tous lieux l'équité de ma cause;
Sur la foi de mon droit mon ame se repose :
Cependant je me vois trompé par le succès,
J'ai pour moi la justice, et je perds mon procès!
Un traître, dont on sait la scandaleuse histoire,
Est sorti triomphant d'une fausseté noire!
Toute la bonne-foi cède à sa trahison!
Il trouve, en m'égorgeant, moyen d'avoir raison!
Le poids de sa grimace, où brille l'artifice,
Renverse le bon droit, et tourne la justice!

Il fait par un arrêt couronner son forfait!
Et, non content encor du tort que l'on me fait,
Il court parmi le monde un livre abominable,
Et de qui la lecture est même condamnable;
Un livre à mériter la dernière rigueur,
Dont le fourbe a le front de me faire l'auteur!
Et là-dessus on voit Oronte qui murmure,
Et tâche méchamment d'appuyer l'imposture!
Lui, qui d'un honnête homme à la cour tient le rang,
A qui je n'ai rien fait qu'être sincère et franc,
Qui me vient, malgré moi, d'une ardeur empressée,
Sur des vers qu'il a faits demander ma pensée;
Et parce que j'en use avec honnêteté,
Et ne le veux trahir, lui ni la vérité,
Il aide à m'accabler d'un crime imaginaire!
Le voilà devenu mon plus grand adversaire!
Et jamais de son cœur je n'aurai de pardon,
Pour n'avoir pas trouvé que son sonnet fût bon!
Et les hommes, morbleu! sont faits de cette sorte!
C'est à ces actions que la gloire les porte!
Voilà la bonne-foi, le zèle vertueux,
La justice et l'honneur que l'on trouve chez eux!
Allons, c'est trop souffrir les chagrins qu'on nous forge:
Tirons-nous de ce bois et de ce coupe-gorge.
Puisque entre humains ainsi vous vivez en vrais loups,
Traîtres, vous ne m'aurez de ma vie avec vous.

PHILINTE.

Je trouve un peu bien prompt le dessein où vous êtes;
Et tout le mal n'est pas si grand que vous le faites.
Ce que votre partie ose vous imputer

N'a point eu le crédit de vous faire arrêter;
On voit son faux rapport lui-même se détruire,
Et c'est une action qui pourroit bien lui nuire.

ALCESTE.

Lui! de semblables tours il ne craint point l'éclat :
Il a permission d'être franc scélérat;
Et, loin qu'à son crédit nuise cette aventure,
On l'en verra demain en meilleure posture.

PHILINTE.

Enfin il est constant qu'on n'a point trop donné
Au bruit que contre vous sa malice a tourné;
De ce côté déjà vous n'avez rien à craindre :
Et pour votre procès, dont vous pouvez vous plaindre,
Il vous est en justice aisé d'y revenir,
Et contre cet arrêt...

ALCESTE.

Non, je veux m'y tenir.
Quelque sensible tort qu'un tel arrêt me fasse,
Je me garderai bien de vouloir qu'on le casse;
On y voit trop à plein le bon droit maltraité,
Et je veux qu'il demeure à la postérité,
Comme une marque insigne, un fameux témoignage
De la méchanceté des hommes de notre âge.
Ce sont vingt mille francs qu'il m'en pourra coûter;
Mais pour vingt mille francs j'aurai droit de pester
Contre l'iniquité de la nature humaine,
Et de nourrir pour elle une immortelle haine.

PHILINTE.

Mais enfin...

ALCESTE.

Mais enfin vos soins sont superflus.
Que pouvez-vous, monsieur, me dire là-dessus?
Aurez-vous bien le front de me vouloir, en face,
Excuser les horreurs de tout ce qui se passe?

PHILINTE.

Non, je tombe d'accord de tout ce qu'il vous plaît :
Tout marche par cabale et par pur intérêt;
Ce n'est plus que la ruse aujourd'hui qui l'emporte,
Et les hommes devroient être faits d'autre sorte.
Mais est-ce une raison que leur peu d'équité,
Pour vouloir se tirer de leur société?
Tous ces défauts humains nous donnent, dans la vie,
Des moyens d'exercer notre philosophie;
C'est le plus bel emploi que trouve la vertu :
Et si de probité tout étoit revêtu,
Si tous les cœurs étoient francs, justes et dociles,
La plupart des vertus nous seroient inutiles,
Puisqu'on en met l'usage à pouvoir, sans ennui,
Supporter dans nos droits l'injustice d'autrui;
Et de même qu'un cœur d'une vertu profonde...

ALCESTE.

Je sais que vous parlez, monsieur, le mieux du monde;
En beaux raisonnements vous abondez toujours :
Mais vous perdez le temps et tous vos beaux discours.
La raison, pour mon bien, veut que je me retire :
Je n'ai point sur ma langue un assez grand empire;
De ce que je dirois je ne répondrois pas;
Et je me jetterois cent choses sur les bras.
Laissez-moi, sans dispute, attendre Célimène.

Il faut qu'elle consente au dessein qui m'amène ;
Je vais voir si son cœur a de l'amour pour moi ;
Et c'est ce moment-ci qui doit m'en faire foi.

PHILINTE.

Montons chez Eliante, attendant sa venue.

ALCESTE.

Non : de trop de soucis je me sens l'ame émue.
Allez-vous-en la voir, et me laissez enfin
Dans ce petit coin sombre avec mon noir chagrin.

PHILINTE.

C'est une compagnie étrange pour attendre ;
Et je vais obliger Eliante à descendre.

SCÈNE II.

CÉLIMÈNE, ORONTE, ALCESTE.

ORONTE.

Oui, c'est à vous de voir si, par des nœuds si doux,
Madame, vous voulez m'attacher tout à vous.
Il me faut de votre ame une pleine assurance :
Un amant là-dessus n'aime point qu'on balance.
Si l'ardeur de mes feux a pu vous émouvoir,
Vous ne devez point feindre à me le faire voir ;
Et la preuve, après tout, que je vous en demande,
C'est de ne plus souffrir qu'Alceste vous prétende ;
De le sacrifier, madame, à mon amour,
Et de chez vous enfin le bannir dès ce jour.

CÉLIMÈNE.

Mais quel sujet si grand contre lui vous irrite,
Vous à qui j'ai tant vu parler de son mérite ?

ORONTE.

Madame, il ne faut point ces éclaircissements ;
Il s'agit de savoir quels sont vos sentiments.
Choisissez, s'il vous plaît, de garder l'un ou l'autre ;
Ma résolution n'attend rien que la vôtre.

ALCESTE, *sortant du coin où il étoit.*

Oui, monsieur a raison ; madame, il faut choisir ;
Et sa demande ici s'accorde à mon desir.
Pareille ardeur me presse, et même soin m'amène ;
Mon amour veut du vôtre une marque certaine :
Les choses ne sont plus pour traîner en longueur,
Et voici le moment d'expliquer votre cœur.

ORONTE.

Je ne veux point, monsieur, d'une flamme importune
Troubler aucunement votre bonne fortune.

ALCESTE.

Je ne veux point, monsieur, jaloux ou non jaloux,
Partager de son cœur rien du tout avec vous.

ORONTE.

Si votre amour au mien lui semble préférable,...

ALCESTE.

Si du moindre penchant elle est pour vous capable,...

ORONTE.

Je jure de n'y rien prétendre désormais.

ALCESTE.

Je jure hautement de ne la voir jamais.

ORONTE.

Madame, c'est à vous de parler sans contrainte.

ALCESTE.

Madame, vous pouvez vous expliquer sans crainte.

ORONTE.

Vous n'avez qu'à nous dire où s'attachent vos vœux.

ALCESTE.

Vous n'avez qu'à trancher, et choisir de nous deux.

ORONTE.

Quoi! sur un pareil choix vous semblez être en peine!

ALCESTE.

Quoi! votre ame balance, et paroît incertaine!

CÉLIMÈNE.

Mon dieu! que cette instance est là hors de saison!
Et que vous témoignez tous deux peu de raison!
Je sais prendre parti sur cette préférence;
Et ce n'est pas mon cœur maintenant qui balance :
Il n'est point suspendu, sans doute, entre vous deux;
Et rien n'est sitôt fait que le choix de nos vœux.
Mais je souffre, à vrai dire, une gêne trop forte
A prononcer en face un aveu de la sorte :
Je trouve que ces mots, qui sont désobligeants,
Ne se doivent point dire en présence des gens;
Qu'un cœur de son penchant donne assez de lumière,
Sans qu'on nous fasse aller jusqu'à rompre en visière,
Et qu'il suffit enfin que de plus doux témoins
Instruisent un amant du malheur de ses soins.

ORONTE.

Non, non, un franc aveu n'a rien que j'appréhende;
J'y consens pour ma part.

ALCESTE.

    Et moi, je le demande :
C'est un éclat surtout qu'ici j'ose exiger;
Et je ne prétends point vous voir rien ménager.

Conserver tout le monde est votre grande étude :
Mais plus d'amusement, et plus d'incertitude ;
Il faut vous expliquer nettement là-dessus,
Ou bien pour un arrêt je prends votre refus ;
Je saurai, de ma part, expliquer ce silence,
Et me tiendrai pour dit tout le mal que j'en pense.

ORONTE.

Je vous sais fort bon gré, monsieur, de ce courroux,
Et je lui dis ici même chose que vous.

CÉLIMÈNE.

Que vous me fatiguez avec un tel caprice !
Ce que vous demandez a-t-il de la justice ?
Et ne vous dis-je pas quel motif me retient ?
J'en vais prendre pour juge Eliante, qui vient.

SCÈNE III.

ÉLIANTE, PHILINTE, CÉLIMÈNE, ORONTE, ALCESTE.

CÉLIMÈNE.

Je me vois, ma cousine, ici persécutée
Par des gens dont l'humeur y paroît concertée.
Ils veulent, l'un et l'autre, avec même chaleur,
Que je prononce entre eux le choix que fait mon cœur ;
Et que, par un arrêt qu'en face il me faut rendre,
Je défende à l'un d'eux tous les soins qu'il peut prendre.
Dites-moi si jamais cela se fait ainsi.

ÉLIANTE.

N'allez point là-dessus me consulter ici :
Peut-être y pourriez-vous être mal adressée ;
Et je suis pour les gens qui disent leur pensée.

ORONTE.
Madame, c'est en vain que vous vous défendez.
ALCESTE.
Tous vos détours ici seront mal secondés.
ORONTE.
Il faut, il faut parler, et lâcher la balance.
ALCESTE.
Il ne faut que poursuivre à garder le silence.
ORONTE.
Je ne veux qu'un seul mot pour finir nos débats.
ALCESTE.
Et moi, je vous entends, si vous ne parlez pas.

SCÈNE IV.

ARSINOÉ, CÉLIMÈNE, ÉLIANTE, ALCESTE, PHILINTE, ACASTE, CLITANDRE, ORONTE.

ACASTE, *à Célimène.*
Madame, nous venons tous deux, sans vous déplaire,
Eclaircir avec vous une petite affaire.
CLITANDRE, *à Oronte et à Alceste.*
Fort à propos, messieurs, vous vous trouvez ici;
Et vous êtes mêlés dans cette affaire aussi.
ARSINOÉ, *à Célimène.*
Madame, vous serez surprise de ma vue.
Mais ce sont ces messieurs qui causent ma venue :
Tous deux ils m'ont trouvée, et se sont plaints à moi
D'un trait à qui mon cœur ne sauroit prêter foi.
J'ai du fond de votre ame une trop haute estime
Pour vous croire jamais capable d'un tel crime;

ACTE V, SCÈNE IV.

Mes yeux ont démenti leurs témoins les plus forts,
Et, l'amitié passant sur de petits discords,
J'ai bien voulu chez vous leur faire compagnie
Pour vous voir vous laver de cette calomnie.

ACASTE.

Oui, madame, voyons d'un esprit adouci
Comment vous vous prendrez à soutenir ceci.
Cette lettre par vous est écrite à Clitandre.

CLITANDRE.

Vous avez pour Acaste écrit ce billet tendre.

ACASTE, *à Oronte et à Alceste.*

Messieurs, ces traits pour vous n'ont point d'obscurité.
Et je ne doute pas que sa civilité
A connoître sa main n'ait trop su vous instruire.
Mais ceci vaut assez la peine de le lire :

« Vous êtes un étrange homme, Clitandre, de con-
« damner mon enjouement, et de me reprocher que
« je n'ai jamais tant de joie que lorsque je ne suis pas
« avec vous. Il n'y a rien de plus injuste; et si vous ne
« venez bien vite me demander pardon de cette of-
« fense, je ne vous la pardonnerai de ma vie. Notre
« grand flandrin de vicomte...

Il devroit être ici.

« Notre grand flandrin de vicomte, par qui vous com-
« mencez vos plaintes, est un homme qui ne sauroit
« me revenir; et, depuis que je l'ai vu, trois quarts
« d'heure durant, cracher dans un puits pour faire

« des ronds, je n'ai pu jamais prendre bonne opinion
« de lui. Pour le petit marquis...

C'est moi-même, messieurs, sans nulle vanité.

« Pour le petit marquis, qui me tint hier long-temps
« la main, je trouve qu'il n'y a rien de si mince que
« toute sa personne ; et ce sont de ces mérites qui
« n'ont que le cape et l'épée. Pour l'homme aux ru-
« bans verts...

(à Alceste.)
A vous le dé, monsieur.

« Pour l'homme aux rubans verts, il me divertit quel-
« quefois avec ses brusqueries et son chagrin bourru ;
« mais il est cent moments où je le trouve le plus fâ-
« cheux du monde. Et pour l'homme au sonnet...

(à Oronte.)
Voici votre paquet.

« Et pour l'homme au sonnet*, qui s'est jeté dans le
« bel-esprit, et veut être auteur malgré tout le monde,
« je ne puis me donner la peine d'écouter ce qu'il dit ;
« et sa prose me fatigue autant que ses vers. Mettez-
« vous donc en tête que je ne me divertis pas toujours
« si bien que vous pensez ; que je vous trouve à dire,
« plus que je ne voudrois, dans toutes les parties où
« l'on m'entraîne ; et que c'est un merveilleux assai-

* L'édition originale porte l'homme à la veste, sans doute parce que
Oronte se distinguoit en portant une veste au lieu de pourpoint.

« sonnement aux plaisirs qu'on goûte, que la présence
« des gens qu'on aime.

CLITANDRE.

Me voici maintenant, moi.

« Votre Clitandre, dont vous me parlez, et qui fait
« tant le doucereux, est le dernier des hommes pour
« qui j'aurois de l'amitié. Il est extravagant de se per-
« suader qu'on l'aime, et vous l'êtes de croire qu'on
« ne vous aime pas. Changez, pour être raisonnable,
« vos sentiments contre les siens; et voyez-moi le plus
« que vous pourrez, pour m'aider à porter le chagrin
« d'en être obsédée. »

D'un fort beau caractère on voit là le modèle,
Madame, et vous savez comment cela s'appelle.
Il suffit. Nous allons, l'un et l'autre, en tous lieux
Montrer de votre cœur le portrait glorieux.

ACASTE.

J'aurois de quoi vous dire, et belle est la matière :
Mais je ne vous tiens pas digne de ma colère;
Et je vous ferai voir que les petits marquis
Ont, pour se consoler, des cœurs de plus haut prix.

SCÈNE V.

CÉLIMÈNE, ÉLIANTE, ARSINOÉ, ALCESTE, ORONTE, PHILINTE.

ORONTE.

Quoi! de cette façon je vois qu'on me déchire,
Après tout ce qu'à moi je vous ai vu m'écrire!

Et votre cœur, paré de beaux semblants d'amour,
A tout le genre humain se promet tour-à-tour!
Allez, j'étois trop dupe, et je vais ne plus l'être;
Vous me faites un bien, me faisant vous connoître :
J'y profite d'un cœur qu'ainsi vous me rendez,
Et trouve ma vengeance en ce que vous perdez.
  (à Alceste.)
Monsieur, je ne fais plus d'obstacle à votre flamme,
Et vous pouvez conclure affaire avec madame.

SCÈNE VI.

CÉLIMÈNE, ÉLIANTE, ARSINOÉ, ALCESTE, PHILINTE.

ARSINOÉ, *à Célimène.*
Certes, voilà le trait du monde le plus noir :
Je ne m'en saurois taire, et me sens émouvoir.
Voit-on des procédés qui soient pareils aux vôtres?
Je ne prends point de part aux intérêts des autres;
  (*Montrant Alceste.*)
Mais monsieur, que chez vous fixoit votre bonheur,
Un homme comme lui, de mérite et d'honneur,
Et qui vous chérissoit avec idolâtrie,
Devoit-il...

ALCESTE.
    Laissez-moi, madame, je vous prie,
Vider mes intérêts moi-même là-dessus;
Et ne vous chargez point de ces soins superflus.
Mon cœur a beau vous voir prendre ici sa querelle,
Il n'est point en état de payer ce grand zèle;

Et ce n'est pas à vous que je pourrai songer,
Si par un autre choix je cherche à me venger.

ARSINOÉ.

Hé! croyez-vous, monsieur, qu'on ait cette pensée,
Et que de vous avoir on soit tant empressée?
Je vous trouve un esprit bien plein de vanité,
Si de cette créance * il peut s'être flatté.
Le rebut de madame est une marchandise
Dont on auroit grand tort d'être si fort éprise.
Détrompez-vous, de grâce, et portez-le moins haut.
Ce ne sont pas des gens comme moi qu'il vous faut :
Vous ferez bien encor de soupirer pour elle;
Et je brûle de voir une union si belle.

SCÈNE VII.

CÉLIMÈNE, ÉLIANTE, ALCESTE, PHILINTE.

ALCESTE, à Célimène.

Hé bien! je me suis tû, malgré ce que je voi,
Et j'ai laissé parler tout le monde avant moi.
Ai-je pris sur moi-même un assez long empire?
Et puis-je maintenant...?

CÉLIMÈNE.

                Oui, vous pouvez tout dire;
Vous en êtes en droit, lorsque vous vous plaindrez,
Et de me reprocher tout ce que vous voudrez.
J'ai tort, je le confesse; et mon ame confuse
Ne cherche à vous payer d'aucune vaine excuse.

---

* On prononçoit ainsi à la cour, *créance*, pour *croyance*.

J'ai des autres ici méprisé le courroux;
Mais je tombe d'accord de mon crime envers vous.
Votre ressentiment, sans doute, est raisonnable;
Je sais combien je dois vous paroître coupable,
Que toute chose dit que j'ai pu vous trahir,
Et qu'enfin vous avez sujet de me haïr.
Faites-le, j'y consens.

ALCESTE.

Hé! le puis-je, traîtresse?
Puis-je ainsi triompher de toute ma tendresse?
Et, quoique avec ardeur je veuille vous haïr,
Trouvé-je un cœur en moi tout prêt à m'obéir?

(*à Éliante et à Philinte.*)

Vous voyez ce que peut une indigne tendresse,
Et je vous fais tous deux témoins de ma foiblesse.
Mais, à vous dire vrai, ce n'est pas encor tout,
Et vous allez me voir la pousser jusqu'au bout,
Montrer que c'est à tort que sages on nous nomme,
Et que dans tous les cœurs il est toujours de l'homme.

(*à Célimène.*)

Oui, je veux bien, perfide, oublier vos forfaits;
J'en saurai, dans mon ame, excuser tous les traits,
Et me les couvrirai du nom d'une foiblesse
Où le vice du temps porte votre jeunesse,
Pourvu que votre cœur veuille donner les mains
Au dessein que j'ai fait de fuir tous les humains,
Et que dans mon désert, où j'ai fait vœu de vivre,
Vous soyez, sans tarder, résolue à me suivre.
C'est par-là seulement que, dans tous les esprits,
Vous pouvez réparer le mal de vos écrits,

ACTE V, SCÈNE VII.

Et qu'après cet éclat qu'un noble cœur abhorre
Il peut m'être permis de vous aimer encore.

CÉLIMÈNE.

Moi, renoncer au monde avant que de vieillir!
Et dans votre désert aller m'ensevelir!

ALCESTE.

Et, s'il faut qu'à mes feux votre flamme réponde,
Que vous doit importer tout le reste du monde?
Vos desirs avec moi ne sont-ils pas contents?

CÉLIMÈNE.

La solitude effraie une ame de vingt ans.
Je ne sens point la mienne assez grande, assez forte,
Pour me résoudre à prendre un dessein de la sorte.
Si le don de ma main peut contenter vos vœux,
Je pourrai me résoudre à serrer de tels nœuds,
Et l'hymen...

ALCESTE.

Non : mon cœur à présent vous déteste,
Et ce refus lui seul fait plus que tout le reste.
Puisque vous n'êtes point, en des liens si doux,
Pour trouver tout en moi comme moi tout en vous,
Allez, je vous refuse; et ce sensible outrage,
De vos indignes fers pour jamais me dégage.

SCÈNE VIII.

ÉLIANTE, ALCESTE, PHILINTE.

ALCESTE, *à Éliante.*

Madame, cent vertus ornent votre beauté,
Et je n'ai vu qu'en vous de la sincérité;

De vous, depuis long-temps, je fais un cas extrême :
Mais laissez-moi toujours vous estimer de même ;
Et souffrez que mon cœur, dans ses troubles divers,
Ne se présente point à l'honneur de vos fers.
Je m'en sens trop indigne, et commence à connoître
Que le ciel pour ce nœud ne m'avoit point fait naître,
Que ce seroit pour vous un hommage trop bas
Que le rebut d'un cœur qui ne vous valoit pas ;
Et qu'enfin...

ÉLIANTE.

Vous pouvez suivre cette pensée :
Ma main de se donner n'est pas embarrassée ;
Et voilà votre ami, sans trop m'inquiéter,
Qui, si je l'en priois, la pourroit accepter.

PHILINTE.

Ah! cet honneur, madame, est toute mon envie,
Et j'y sacrifierois et mon sang et ma vie.

ALCESTE.

Puissiez-vous, pour goûter de vrais contentements,
L'un pour l'autre à jamais garder ces sentiments!
Trahi de toutes parts, accablé d'injustices,
Je vais sortir d'un gouffre où triomphent les vices,
Et chercher, sur la terre, un endroit écarté
Où d'être homme d'honneur on ait la liberté.

PHILINTE.

Allons, madame, allons employer toute chose
Pour rompre le dessein que son cœur se propose.

FIN DU MISANTHROPE.

LE MÉDECIN
MALGRÉ LUI,
COMÉDIE EN TROIS ACTES.

1666.

PERSONNAGES.

GÉRONTE, père de Lucinde.
LUCINDE, fille de Géronte.
LÉANDRE, amant de Lucinde.
SGANARELLE, mari de Martine.
MARTINE, femme de Sganarelle.
M. ROBERT, voisin de Sganarelle.
VALÈRE, domestique de Géronte.
LUCAS, mari de Jacqueline.
JACQUELINE, nourrice chez Géronte, et femme de Lucas.
THIBAUT, père de Perrin, } paysans.
PERRIN, fils de Thibaut.

La scène est à la campagne.

LE MÉDECIN MALGRÉ LUI,

COMÉDIE.

ACTE PREMIER.

Le théâtre représente une forêt.

SCÈNE I.

SGANARELLE, MARTINE.

SGANARELLE.

Non, je te dis que je n'en veux rien faire, et que c'est à moi de parler et d'être le maître.

MARTINE.

Et je te dis, moi, que je veux que tu vives à ma fantaisie, et que je ne me suis point mariée avec toi pour souffrir tes fredaines.

SGANARELLE.

Oh! la grande fatigue que d'avoir une femme! et qu'Aristote a bien raison, quand il dit qu'une femme est pire qu'un démon!

MARTINE.

Voyez un peu l'habile homme, avec son benêt d'Aristote.

SGANARELLE.

Oui, habile homme. Trouve-moi un faiseur de fagots qui sache comme moi raisonner des choses, qui ait servi six ans un fameux médecin, et qui ait su, dans son jeune âge, son rudiment par cœur.

MARTINE.

Peste du fou fieffé !

SGANARELLE.

Peste de la carogne !

MARTINE.

Que maudits soient l'heure et le jour où je m'avisai d'aller dire oui !

SGANARELLE.

Que maudit soit le bec cornu * de notaire qui me fit signer ma ruine !

MARTINE.

C'est bien à toi vraiment à te plaindre de cette affaire. Devrois-tu être un seul moment sans rendre grâces au ciel de m'avoir pour ta femme ? et méritois-tu d'épouser une personne comme moi ?

SGANARELLE.

Il est vrai que tu me fis trop d'honneur, et que j'eus lieu de me louer la première nuit de nos noces ! Hé ! morbleu ! ne me fais point parler là-dessus : je dirois de certaines choses...

MARTINE.

Quoi ? que dirois-tu ?

---

* *Becco cornuto*, cornard.

ACTE I, SCÈNE I.

SGANARELLE.

Baste! laissons là ce chapitre. Il suffit que nous savons ce que nous savons, et que tu fus bien heureuse de me trouver.

MARTINE.

Qu'appelles-tu, bien heureuse de te trouver? Un homme qui me réduit à l'hôpital, un débauché, un traître, qui me mange tout ce que j'ai!

SGANARELLE.

Tu as menti : j'en bois une partie.

MARTINE.

Qui me vend, pièce à pièce, tout ce qui est dans le logis!...

SGANARELLE.

C'est vivre de ménage.

MARTINE.

Qui m'a ôté jusqu'au lit que j'avois!

SGANARELLE.

Tu t'en lèveras plus matin.

MARTINE.

Enfin qui ne laisse aucun meuble dans toute la maison!...

SGANARELLE.

On en déménage plus aisément.

MARTINE.

Et qui, du matin jusqu'au soir, ne fait que jouer et que boire!

SGANARELLE.

C'est pour ne me point ennuyer.

MARTINE.

Et que veux-tu, pendant ce temps, que je fasse avec ma famille?

SGANARELLE.

Tout ce qu'il te plaira.

MARTINE.

J'ai quatre pauvres petits enfants sur les bras...

SGANARELLE.

Mets-les à terre.

MARTINE.

Qui me demandent à toute heure du pain.

SGANARELLE.

Donne-leur le fouet : quand j'ai bien bu et bien mangé, je veux que tout le monde soit soûl dans ma maison.

MARTINE.

Et tu prétends, ivrogne, que les choses aillent toujours de même!...

SGANARELLE.

Ma femme, allons tout doucement, s'il vous plaît.

MARTINE.

Que j'endure éternellement tes insolences et tes débauches!...

SGANARELLE.

Ne nous emportons point, ma femme.

MARTINE.

Et que je ne sache pas trouver le moyen de te ranger à ton devoir!

ACTE I, SCÈNE I.

SGANARELLE.

Ma femme, vous savez que je n'ai pas l'ame endurante, et que j'ai le bras assez bon.

MARTINE.

Je me moque de tes menaces.

SGANARELLE.

Ma petite femme, ma mie, votre peau vous démange, à votre ordinaire.

MARTINE.

Je te montrerai bien que je ne te crains nullement.

SGANARELLE.

Ma chère moitié, vous avez envie de me dérober quelque chose.

MARTINE.

Crois-tu que je m'épouvante de tes paroles?

SGANARELLE.

Doux objet de mes vœux, je vous frotterai les oreilles.

MARTINE.

Ivrogne que tu es!

SGANARELLE.

Je vous battrai.

MARTINE.

Sac à vin!

SGANARELLE.

Je vous rosserai.

MARTINE.

Infame!

SGANARELLE.

Je vous étrillerai.

MARTINE.

Traître! insolent! trompeur! lâche! coquin! pendard! gueux! belître! fripon! maraud! voleur!...

SGANARELLE.

Ah! vous en voulez donc?

(*Sganarelle prend un bâton et bat sa femme.*)

MARTINE, *criant.*

Ah! ah! ah! ah!

SGANARELLE.

Voilà le vrai moyen de vous apaiser.

SCÈNE II.

M. ROBERT, SGANARELLE, MARTINE.

M. ROBERT.

Holà! holà! holà! Fi! Qu'est-ce ci? Quelle infamie! Peste soit le coquin, de battre ainsi sa femme!

MARTINE, *à M. Robert.*

Et je veux qu'il me batte, moi.

M. ROBERT.

Ah! j'y consens de tout mon cœur.

MARTINE.

De quoi vous mêlez-vous?

M. ROBERT.

J'ai tort.

MARTINE.

Est-ce là votre affaire?

M. ROBERT.

Vous avez raison.

MARTINE.

Voyez un peu cet impertinent, qui veut empêcher les maris de battre leurs femmes !

M. ROBERT.

Je me rétracte.

MARTINE.

Qu'avez-vous à faire là-dessus ?

M. ROBERT.

Rien.

MARTINE.

Est-ce à vous d'y mettre le nez ?

M. ROBERT.

Non.

MARTINE.

Mêlez-vous de vos affaires.

M. ROBERT.

Je ne dis plus mot.

MARTINE.

Il me plait d'être battue.

M. ROBERT.

D'accord.

MARTINE.

Ce n'est pas à vos dépens.

M. ROBERT.

Il est vrai.

MARTINE.

Et vous êtes un sot de venir vous fourrer où vous n'avez que faire. (*Elle lui donne un soufflet.*)

M. ROBERT, *à Sganarelle*.

Compère, je vous demande pardon de tout mon

cœur. Faites; rossez, battez comme il faut votre femme : je vous aiderai, si vous le voulez.

SGANARELLE.

Il ne me plaît pas, moi.

M. ROBERT.

Ah! c'est une autre chose.

SGANARELLE.

Je la veux battre, si je le veux ; et ne la veux pas battre, si je ne le veux pas.

M. ROBERT.

Fort bien.

SGANARELLE.

C'est ma femme, et non pas la vôtre.

M. ROBERT.

Sans doute.

SGANARELLE.

Vous n'avez rien à me commander.

M. ROBERT.

D'accord.

SGANARELLE.

Je n'ai que faire de votre aide.

M. ROBERT.

Très-volontiers.

SGANARELLE.

Et vous êtes un impertinent de vous ingérer des affaires d'autrui. Apprenez que Cicéron dit qu'entre l'arbre et le doigt il ne faut point mettre l'écorce.

(*Il bat M. Robert, et le chasse.*)

SCÈNE III.

SGANARELLE, MARTINE.

SGANARELLE.
Oh çà! faisons la paix tous deux. Touche là.

MARTINE.
Oui, après m'avoir ainsi battue!

SGANARELLE.
Cela n'est rien. Touche.

MARTINE.
Je ne veux pas.

SGANARELLE.
Eh!

MARTINE.
Non.

SGANARELLE.
Ma petite femme.

MARTINE.
Point.

SGANARELLE.
Allons, te dis-je.

MARTINE.
Je n'en ferai rien.

SGANARELLE.
Viens, viens, viens.

MARTINE.
Non, je veux être en colère.

SGANARELLE.
Fi! c'est une bagatelle. Allons, allons.

MARTINE.

Laisse-moi là.

SGANARELLE.

Touche, te dis-je.

MARTINE.

Tu m'as trop maltraitée.

SGANARELLE.

Hé bien! va, je te demande pardon; mets là ta main.

MARTINE.

Je te le pardonne; *(bas, à part)* mais tu le paieras.

SGANARELLE.

Tu es une folle de prendre garde à cela : ce sont petites choses qui sont de temps en temps nécessaires dans l'amitié; et cinq ou six coups de bâton, entre gens qui s'aiment, ne font que ragaillardir l'affection. Va, je m'en vais au bois, et je te promets aujourd'hui plus d'un cent de fagots.

SCÈNE IV.

MARTINE.

Va, quelque mine que je fasse, je n'oublierai pas mon ressentiment; et je brûle en moi-même de trouver les moyens de te punir des coups que tu m'as donnés. Je sais bien qu'une femme a toujours dans les mains de quoi se venger d'un mari : mais c'est une punition trop délicate pour mon pendard : je veux une vengeance qui se fasse un peu mieux sentir; et ce n'est pas contentement pour l'injure que j'ai reçue.

SCÈNE V.

VALÈRE, LUCAS, MARTINE.

LUCAS, *à Valère, sans voir Martine.*

Parguienne! j'avons pris là tous deux une gueble de commission : et je ne sais pas, moi, ce que je pensons attraper.

VALÈRE, *à Lucas, sans voir Martine.*

Que veux-tu, mon pauvre nourricier? il faut bien obéir à notre maître : et puis, nous avons intérêt, l'un et l'autre, à la santé de sa fille, notre maîtresse; et sans doute son mariage, différé par sa maladie, nous vaudra quelque récompense. Horace, qui est libéral, a bonne part aux prétentions qu'on peut avoir sur sa personne; et, quoiqu'elle ait fait voir de l'amitié pour un certain Léandre, tu sais bien que son père n'a jamais voulu consentir à le recevoir pour son gendre.

MARTINE, *rêvant à part, se croyant seule.*

Ne puis-je point trouver quelque invention pour me venger?

LUCAS, *à Valère.*

Mais quelle fantaisie s'est-il boutée là dans la tête, puisque les médecins y avont tous perdu leur latin?

VALÈRE, *à Lucas.*

On trouve quelquefois, à force de chercher, ce qu'on ne trouve pas d'abord; et souvent en de simples lieux...

MARTINE, *se croyant toujours seule.*

Oui, il faut que je m'en venge à quelque prix que ce soit. Ces coups de bâton me reviennent au cœur, je ne les saurois digérer; et... (*heurtant Valère et Lucas.*) Ah! messieurs, je vous demande pardon; je ne vous voyois pas, et cherchois dans ma tête quelque chose qui m'embarrasse.

VALÈRE.

Chacun a ses soins dans le monde; et nous cherchons aussi ce que nous voudrions bien trouver.

MARTINE.

Seroit-ce quelque chose où je vous puisse aider?

VALÈRE.

Cela se pourroit faire; et nous tâchons de rencontrer quelque habile homme, quelque médecin particulier, qui pût donner quelque soulagement à la fille de notre maître, attaquée d'une maladie qui lui a ôté tout d'un coup l'usage de la langue. Plusieurs médecins ont déjà épuisé toute leur science après elle : mais on trouve parfois des gens avec des secrets admirables, de certains remèdes particuliers, qui font le plus souvent ce que les autres n'ont su faire; et c'est là ce que nous cherchons.

MARTINE, *bas, à part.*

Ah! que le ciel m'inspire une admirable invention pour me venger de mon pendard! (*haut.*) Vous ne pourriez jamais vous mieux adresser pour rencontrer ce que vous cherchez; et nous avons un homme, le plus merveilleux homme du monde pour les maladies désespérées.

VALÈRE.

Hé! de grâce, où pouvons-nous le rencontrer?

MARTINE.

Vous le trouverez maintenant vers ce petit lieu que voilà, qui s'amuse à couper du bois.

LUCAS.

Un médecin qui coupe du bois!

VALÈRE.

Qui s'amuse à cueillir des simples, voulez-vous dire?

MARTINE.

Non; c'est un homme extraordinaire qui se plaît à cela, fantasque, bizarre, quinteux, et que vous ne prendriez jamais pour ce qu'il est. Il va vêtu d'une façon extravagante, affecte quelquefois de paroître ignorant, tient sa science renfermée, et ne fuit rien tant, tous les jours, que d'exercer les merveilleux talents qu'il a eus du ciel pour la médecine.

VALÈRE.

C'est une chose admirable, que tous les grands hommes ont toujours du caprice, quelque petit grain de folie mêlé à leur science.

MARTINE.

La folie de celui-ci est plus grande qu'on ne peut croire, car elle va parfois jusqu'à vouloir être battu pour demeurer d'accord de sa capacité; et je vous donne avis que vous n'en viendrez pas à bout, qu'il n'avouera jamais qu'il est médecin, s'il se le met en fantaisie, que vous ne preniez chacun un bâton, et ne le réduisiez, à force de coups, à vous confesser à la fin ce qu'il vous cachera d'abord. C'est ainsi que nous en usons, quand nous avons besoin de lui.

VALÈRE.

Voilà une étrange folie!

MARTINE.

Il est vrai; mais après cela, vous verrez qu'il fait des merveilles.

VALÈRE.

Comment s'appelle-t-il?

MARTINE.

Il s'appelle Sganarelle. Mais il est aisé à connoître : c'est un homme qui a une large barbe noire, et qui porte une fraise, avec un habit jaune et vert.

LUCAS.

Un habit jaune et vart! C'est donc le médecin des parroquets?

VALÈRE.

Mais est-il bien vrai qu'il soit si habile que vous le dites?

MARTINE.

Comment! c'est un homme qui fait des miracles. Il y a six mois qu'une femme fut abandonnée de tous les autres médecins : on la tenoit morte il y avoit déjà six heures, et l'on se disposoit à l'ensevelir, lorsqu'on y fit venir de force l'homme dont nous parlons. Il lui mit, l'ayant vue, une petite goutte de je ne sais quoi dans la bouche; et, dans le même instant, elle se leva de son lit, et se mit aussitôt à se promener dans sa chambre comme si de rien n'eût été.

ACTE I, SCÈNE V.

LUCAS.

Ah!

VALÈRE.

Il falloit que ce fût quelque goutte d'or potable.

MARTINE.

Cela pourroit bien être. Il n'y a pas trois semaines encore qu'un jeune enfant de douze ans tomba du haut du clocher en bas, et se brisa sur le pavé la tête, les bras, et les jambes. On n'y eut pas plus tôt amené notre homme, qu'il le frotta par tout le corps d'un certain onguent qu'il sait faire; et l'enfant aussitôt se leva sur ses pieds, et courut jouer à la fossette.

LUCAS.

Ah!

VALÈRE.

Il faut que cet homme-là ait la médecine universelle.

MARTINE.

Qui en doute?

LUCAS.

Tétigué! vlà justement l'homme qu'il nous faut. Allons vite le charcher.

VALÈRE.

Nous vous remercions du plaisir que vous nous faites.

MARTINE.

Mais souvenez-vous bien au moins de l'avertissement que je vous ai donné.

LUCAS.

Hé! morguenne! laissez-nous faire : s'il ne tient qu'à battre, la vache est à nous.

VALÈRE, à Lucas.

Nous sommes bien heureux d'avoir fait cette rencontre; et j'en conçois pour moi, la meilleure espérance du monde.

SCÈNE VI.

SGANARELLE, VALÈRE, LUCAS.

SGANARELLE, *chantant derrière le théâtre.*
Là, là, là.

VALÈRE.

J'entends quelqu'un qui chante, et qui coupe du bois.

SGANARELLE, *entrant sur le théâtre, avec une bouteille à sa main, sans apercevoir Valère ni Lucas.*

Là, là, là... Ma foi, c'est assez travaillé pour boire un coup. Prenons un peu d'haleine. (*après avoir bu*) Voilà du bois qui est salé comme tous les diables.

(*Il chante.*)

Qu'ils sont doux,
Bouteille jolie,
Qu'ils sont doux,
Vos petits glougloux!
Mais mon sort feroit bien des jaloux,
Si vous étiez toujours remplie.
Ah! bouteille ma mie,
Pourquoi vous videz-vous?

ACTE I, SCÈNE VI.

Allons, morbleu! il ne faut point engendrer de mélancolie.

VALÈRE, *bas, à part.*

Le voilà lui-même.

LUCAS, *bas, à Valère.*

Je pense que vous dites vrai, et que j'avons bouté le nez dessus.

VALÈRE.

Voyons de près.

SGANARELLE, *embrassant sa bouteille.*

Ah! ma petite friponne! que je t'aime, mon petit bouchon!

(*Il chante.*) (*Apercevant Valère et Lucas qui l'examinent, il baisse la voix.*)

Mais mon sort... feroit... bien des... jaloux,
  Si...

(*voyant qu'on l'examine de plus près.*)

Que diable! à qui en veulent ces gens-là?

VALÈRE, *à Lucas.*

C'est lui assurément.

LUCAS, *à Valère.*

Le vlà tout craché comme on nous l'a défiguré.

(*Sganarelle pose la bouteille à terre; et Valère se baissant pour le saluer, comme il croit que c'est à dessein de la prendre, il la met de l'autre côté; Lucas faisant la même chose que Valère, Sganarelle reprend sa bouteille, et la tient contre son estomac, avec divers gestes qui font un jeu de théâtre.*)

SGANARELLE, *à part.*

Ils consultent en me regardant. Quel dessein auroient-ils?

VALÈRE.

Monsieur, n'est-ce pas vous qui vous appelez Sganarelle?

SGANARELLE.

Hé! quoi?

VALÈRE.

Je vous demande si ce n'est pas vous qui se nomme Sganarelle?

SGANARELLE, *se tournant vers Valère, puis vers Lucas.*

Oui et non, selon ce que vous lui voulez.

VALÈRE.

Nous ne voulons que lui faire toutes les civilités que nous pourrons.

SGANARELLE.

En ce cas, c'est moi qui se nomme Sganarelle.

VALÈRE.

Monsieur, nous sommes ravis de vous voir. On nous a adressés à vous pour ce que nous cherchons; et nous venons implorer votre aide, dont nous avons besoin.

SGANARELLE.

Si c'est quelque chose, messieurs, qui dépende de mon petit négoce, je suis tout prêt à vous rendre service.

VALÈRE.

Monsieur, c'est trop de grâce que vous nous faites. Mais, monsieur, couvrez-vous, s'il vous plaît; le soleil pourroit vous incommoder.

LUCAS.

Monsieu, boutez dessus.

SGANARELLE, *à part.*

Voici des gens bien pleins de cérémonies.

(*Il se couvre.*)

ACTE I, SCÈNE VI.

VALÈRE.

Monsieur, il ne faut pas trouver étrange que nous venions à vous; les habiles gens sont toujours recherchés, et nous sommes instruits de votre capacité.

SGANARELLE.

Il est vrai, messieurs, que je suis le premier homme du monde pour faire des fagots.

VALÈRE.

Ah! monsieur!...

SGANARELLE.

Je n'y épargne aucune chose, et les fais d'une façon qu'il n'y a rien à dire.

VALÈRE.

Monsieur, ce n'est pas cela dont il est question.

SGANARELLE.

Mais aussi je les vends cent dix sols le cent.

VALÈRE.

Ne parlons point de cela, s'il vous plaît.

SGANARELLE.

Je vous promets que je ne saurois les donner à moins.

VALÈRE.

Monsieur, nous savons les choses.

SGANARELLE.

Si vous savez les choses, vous savez que je les vends cela.

VALÈRE.

Monsieur, c'est se moquer que...

SGANARELLE.

Je ne me moque point, je n'en puis rien rabattre.

VALÈRE.

Parlons d'autre façon, de grâce.

SGANARELLE.

Vous en pourrez trouver autre part à moins ; il y a fagots et fagots : mais pour ceux que je fais...

VALÈRE.

Hé! monsieur, laissons là ce discours.

SGANARELLE.

Je vous jure que vous ne les auriez pas, s'il s'en falloit un double.

VALÈRE.

Hé! fi!

SGANARELLE.

Non, en conscience ; vous en paierez cela. Je vous parle sincèrement, et ne suis pas homme à surfaire.

VALÈRE.

Faut-il, monsieur, qu'une personne comme vous s'amuse à ces grossières feintes, s'abaisse à parler de la sorte! qu'un homme si savant, un fameux médecin, comme vous êtes, veuille se déguiser aux yeux du monde, et tenir enterrés les beaux talents qu'il a!

SGANARELLE, *à part.*

Il est fou.

VALÈRE.

De grâce, monsieur, ne dissimulez point avec nous.

SGANARELLE.

Comment?

LUCAS.

Tout ce tripotage ne sart de rian; je savons c'en que je savons.

SGANARELLE.

Quoi donc? que me voulez-vous dire? Pour qui me prenez-vous?

VALÈRE.

Pour ce que vous êtes, pour un grand médecin.

SGANARELLE.

Médecin vous-même; je ne le suis point, et je ne l'ai jamais été.

VALÈRE, *bas.*

Voilà sa folie qui le tient. (*haut.*) Monsieur, ne veuillez point nier les choses davantage; et n'en venons point, s'il vous plaît, à de fâcheuses extrémités.

SGANARELLE.

A quoi donc?

VALÈRE.

A de certaines choses dont nous serions marris.

SGANARELLE.

Parbleu! venez-en à tout ce qu'il vous plaira; je ne suis point médecin, et ne sais ce que vous me voulez dire.

VALÈRE, *bas.*

Je vois bien qu'il faut se servir du remède. (*haut.*) Monsieur, encore un coup, je vous prie d'avouer ce que vous êtes.

LUCAS.

Hé! tétigué! ne lantiponez point davantage, et confessez à la franquette que v's êtes médecin.

SGANARELLE, *à part.*

J'enrage.

VALÈRE.

A quoi bon nier ce qu'on sait?

LUCAS.

Pourquoi toutes ces fraimes-là? A quoi est-ce que ça vous sart?

SGANARELLE.

Messieurs, en un mot, autant qu'en deux mille, je vous dis que je ne suis point médecin.

VALÈRE.

Vous n'êtes point médecin?

SGANARELLE.

Non.

LUCAS.

V' n'êtes pas médecin?

SGANARELLE.

Non, vous dis-je.

VALÈRE.

Puisque vous le voulez, il faut s'y résoudre.

(*Ils prennent chacun un bâton, et le frappent.*)

SGANARELLE.

Ah! ah! ah! messieurs, je suis tout ce qu'il vous plaira.

VALÈRE.

Pourquoi, monsieur, nous obligez-vous à cette violence?

LUCAS.

A quoi bon nous bailler la peine de vous battre?

VALÈRE.
Je vous assure que j'en ai tous les regrets du monde.
LUCAS.
Par ma figué! j'en sis fâché, franchement.
SGANARELLE.
Que diable est-ce ci, messieurs? De grâce, est-ce pour rire, ou si tous deux vous extravaguez, de vouloir que je sois médecin?
VALÈRE.
Quoi! vous ne vous rendez pas encore, et vous vous défendez d'être médecin?
SGANARELLE.
Diable emporte si je le suis!
LUCAS.
Il n'est pas vrai que vous sayez médecin?
SGANARELLE.
Non, la peste m'étouffe! (*Ils recommencent à le battre.*) Ah! ah! Hé bien! messieurs, oui, puisque vous le voulez, je suis médecin, je suis médecin; apothicaire encore, si vous le trouvez bon. J'aime mieux consentir à tout, que de me faire assommer.
VALÈRE.
Ah! voilà qui va bien, monsieur; je suis ravi de vous voir raisonnable.
LUCAS.
Vous me boutez la joie au cœur, quand je vous vois parler comme ça.
VALÈRE.
Je vous demande pardon de toute mon ame.

LUCAS.

Je vous demandons excuse de la libarté que j'avons prise.

SGANARELLE, *à part.*

Ouais! seroit-ce bien moi qui me tromperois, et serois-je devenu médecin sans m'en être aperçu?

VALÈRE.

Monsieur, vous ne vous repentirez pas de nous montrer ce que vous êtes; et vous verrez assurément que vous en serez satisfait.

SGANARELLE.

Mais, messieurs, dites-moi, ne vous trompez-vous point vous-mêmes? Est-il bien assuré que je sois médecin?

LUCAS.

Oui, par ma figué!

SGANARELLE.

Tout de bon?

VALÈRE.

Sans doute.

SGANARELLE.

Diable emporte, si je le savois!

VALÈRE.

Comment! vous êtes le plus habile médecin du monde.

SGANARELLE.

Ah! ah!

LUCAS.

Un médecin qui a gari je ne sais combien de maladies.

ACTE I, SCÈNE VI.

SGANARELLE.

Tudieu!

VALÈRE.

Une femme étoit tenue pour morte il y avoit six heures; elle étoit prête à ensevelir, lorsqu'avec une goutte de quelque chose vous la fîtes revenir et marcher d'abord par la chambre.

SGANARELLE.

Peste!

LUCAS.

Un petit enfant de douze ans se laissit choir du haut d'un clocher; de quoi il eut la tête, les jambes et les bras cassés; et vous, avec je ne sais quel onguent, vous fîtes qu'aussitôt il se relevit sur ses pieds, et s'en fut jouer à la fossette.

SGANARELLE.

Diantre!

VALÈRE.

Enfin, monsieur, vous aurez contentement avec nous, et vous gagnerez ce que vous voudrez, en vous laissant conduire où nous prétendons vous mener.

SGANARELLE.

Je gagnerai ce que je voudrai?

VALÈRE.

Oui.

SGANARELLE.

Ah! je suis médecin, sans contredit. Je l'avois oublié; mais je m'en ressouviens. De quoi est-il question? Où faut-il se transporter?

VALÈRE.

Nous vous conduirons. Il est question d'aller voir une fille qui a perdu la parole.

SGANARELLE.

Ma foi, je ne l'ai pas trouvée.

VALÈRE.

(*bas à Lucas.*) (*à Sganarelle.*)

Il aime à rire. Allons, monsieur.

SGANARELLE.

Sans une robe de médecin?

VALÈRE.

Nous en prendrons une.

SGANARELLE, *présentant sa bouteille à Valère.*

Tenez cela, vous : voilà où je mets mes juleps.

(*puis se tournant vers Lucas en crachant.*)

Vous, marchez là-dessus, par ordonnance du médecin.

LUCAS.

Palsanguenne! v'là un médecin qui me plaît; je pense qu'il réussira, car il est bouffon.

FIN DU PREMIER ACTE.

ACTE SECOND.

Le théâtre représente une chambre de la maison de Géronte.

SCÈNE I.

GÉRONTE, VALÈRE, LUCAS, JACQUELINE.

VALÈRE.

Oui, monsieur, je crois que vous serez satisfait ; et nous vous avons amené le plus grand médecin du monde.

LUCAS.

Oh ! morguenne ! il faut tirer l'échelle après ceti-là ; et tous les autres ne sont pas daignes de li déchausser ses souliés.

VALÈRE.

C'est un homme qui a fait des cures merveilleuses.

LUCAS.

Qui a gari des gens qui étiant morts.

VALÈRE.

Il est un peu capricieux, comme je vous ai dit ; et, parfois, il a des moments où son esprit s'échappe, et ne paroît pas ce qu'il est.

LUCAS.

Oui, il aime à bouffonner ; et l'an diroit parfois, ne v's en déplaise, qu'il a quelque petit coup de hache à la tête.

VALÈRE.

Mais, dans le fond, il est toute science; et bien souvent il dit des choses tout-à-fait relevées.

LUCAS.

Quand il s'y boute, il parle tout fin drait comme s'il lisoit dans un livre.

VALÈRE.

Sa réputation s'est déjà répandue ici; et tout le monde vient à lui.

GÉRONTE.

Je meurs d'envie de le voir : faites-le-moi vite venir.

VALÈRE.

Je le vais querir.

SCÈNE II.

GÉRONTE, JACQUELINE, LUCAS.

JACQUELINE.

Par ma fi, monsieu, ceti-ci fera justement ce qu'ant fait les autres. Je pense que ce sera queussi queumi; et la meilleure médeçaine que l'an pourroit bailler à votre fille, ce seroit, selon moi, un biau et bon mari, pour qui alle eût de l'amiquié.

GÉRONTE.

Ouais! nourrice ma mie, vous vous mêlez de bien des choses!

LUCAS.

Taisez-vous, notre minagère Jacquelaine; ce n'est pas à vous à bouter là votre nez.

ACTE II, SCÈNE II.

JACQUELINE.

Je vous dis et vous douze que tous ces médecins n'y feront rian que de l'iau claire; que votre fille a besoin d'autre chose que de rhibarbe et de séné, et qu'un mari est un emplâtre qui garit tous les maux des filles.

GÉRONTE.

Est-elle en état maintenant qu'on s'en voulût charger avec l'infirmité qu'elle a! Et lorsque j'ai été dans le dessein de la marier, ne s'est-elle pas opposée à mes volontés?

JACQUELINE.

Je le crois bian; vous li vouliez bailler eun homme qu'alle n'aime point. Que ne preniais-vous ce monsieu Liandre, qui li touchoit au cœur! alle auroit été fort obéissante; et je m'en vais gager qu'il la prendroit, li, comme alle est, si vous la li vouillais donner.

GÉRONTE.

Ce Léandre n'est pas ce qu'il lui faut; il n'a pas du bien comme l'autre.

JACQUELINE.

Il a eun oncle qui est si riche, dont il est hériquié!

GÉRONTE.

Tous ces biens à venir me semblent autant de chansons. Il n'est rien tel que ce qu'on tient; et l'on court grand risque de s'abuser, lorsque l'on compte sur le bien qu'un autre vous garde. La mort n'a pas toujours les oreilles ouvertes aux vœux et aux prières de messieurs les héritiers; et l'on a le temps d'avoir les dents longues, lorsqu'on attend, pour vivre, le trépas de quelqu'un.

JACQUELINE.

Enfin, j'ai toujours ouï dire qu'en mariage, comme ailleurs, contentement passe richesse. Les pères et les mères ant cette maudite coûtume de demander toujours, Qu'a-t-il? et Qu'a-t-elle? et le compère Piarre a marié sa fille Simonette au gros Thomas pour un quarquié de vaigne qu'il avoit davantage que le jeune Robin, où elle avoit bouté son amiquié; et v'là que la pauvre creyature en est devenue jaune comme eun coing, et n'a point profité tout depuis ce temps-là. C'est un bel exemple pour vous, monsieu. On n'a que son plaisir en ce monde; et j'aimerois mieux bailler à ma fille eun bon mari qui li fût agriable, que toutes les rentes de la Biausse.

GÉRONTE.

Peste! madame la nourrice, comme vous dégoisez! Taisez-vous, je vous prie; vous prenez trop de soin, et vous échauffez votre lait.

LUCAS, *frappant, à chaque phrase qu'il dit, sur l'épaule de Géronte.*

Morgué! tais-toi, t'es eune impertinente. Monsieu n'a que faire de tes discours, et il sait ce qu'il a à faire. Mêle-toi de donner à teter à ton enfant, sans tant faire la raisonneuse. Monsieu est le père de sa fille; et il est bon et sage pour voir ce qu'il li faut.

GÉRONTE.

Tout doux! Oh! tout doux!

LUCAS, *frappant encore sur l'épaule de Géronte.*

Monsieu, je veux un peu la mortifier, et li apprendre le respect qu'alle vous doit.

GÉRONTE.

Oui. Mais ces gestes ne sont pas nécessaires.

SCÈNE III.

VALÈRE, SGANARELLE, GÉRONTE, LUCAS, JACQUELINE.

VALÈRE.

Monsieur, préparez-vous. Voici notre médecin qui entre.

GÉRONTE, *à Sganarelle.*

Monsieur, je suis ravi de vous voir chez moi, et nous avons grand besoin de vous.

SGANARELLE, *en robe de médecin avec un chapeau des plus pointus.*

Hippocrate dit... que nous nous couvrions tous deux.

GÉRONTE.

Hippocrate dit cela?

SGANARELLE.

Oui.

GÉRONTE.

Dans quel chapitre, s'il vous plaît?

SGANARELLE

Dans son chapitre... des chapeaux.

GÉRONTE.

Puisqu'Hippocrate le dit, il le faut faire.

GÉRONTE.

Je vous suis obligé de ces sentiments.

SGANARELLE.

Je vous assure que c'est du meilleur de mon ame que je vous parle.

GÉRONTE.

C'est trop d'honneur que vous me faites.

SGANARELLE.

Comment s'appelle votre fille?

GÉRONTE.

Lucinde.

SGANARELLE.

Lucinde! Ah! beau nom à médicamenter! Lucinde!

GÉRONTE.

Je m'en vais voir un peu ce qu'elle fait.

SGANARELLE.

Qui est cette grande femme-là?

GÉRONTE.

C'est la nourrice d'un petit enfant que j'ai.

SCÈNE IV.

SGANARELLE, JACQUELINE, LUCAS.

SGANARELLE, *à part.*

Peste! le joli meuble que voilà! (*haut.*) Ah! nourrice, charmante nourrice, ma médecine est la très-humble esclave de votre nourricerie, et je voudrois bien être le petit poupon fortuné qui tetât le lait de vos bonnes grâces. (*Il lui porte la main sur le sein.*)

ACTE II, SCÈNE IV.

Tous mes remèdes, toute ma science, toute ma capacité est à votre service; et...

LUCAS.

Avec votre parmission, monsieu le médecin, laissez là ma femme, je vous prie.

SGANARELLE.

Quoi! elle est votre femme?

LUCAS.

Oui.

SGANARELLE.

Ah! vraiment je ne savois pas cela, et je m'en réjouis pour l'amour de l'un et de l'autre.

(*Il fait semblant de vouloir embrasser Lucas, et embrasse la nourrice.*)

LUCAS, *tirant Sganarelle, et se remettant entre lui et sa femme.*

Tout doucement, s'il vous plaît.

SGANARELLE.

Je vous assure que je suis ravi que vous soyez unis ensemble: je la félicite d'avoir un mari comme vous; et je vous félicite, vous, d'avoir une femme si belle, si sage, si bien faite comme elle est.

(*Il fait encore semblant d'embrasser Lucas, qui lui tend les bras; Sganarelle passe dessous, et embrasse encore la nourrice.*)

LUCAS, *le tirant encore.*

Hé! tétigué! point tant de compliments, je vous supplie.

SGANARELLE.

Ne voulez-vous pas que je me réjouisse avec vous d'un si bel assemblage ?

LUCAS.

Avec moi tant qu'il vous plaira ; mais avec ma femme, trève de sarimonie.

SGANARELLE.

Je prends part également au bonheur de tous deux : et si je vous embrasse pour vous en témoigner ma joie, je l'embrasse de même pour lui en témoigner aussi. (*Il continue le même jeu.*)

LUCAS, *le tirant pour la troisième fois.*

Ah! vartigué, monsieu le médecin, que de lantiponage !

SCÈNE V.

GÉRONTE, SGANARELLE, LUCAS, JACQUELINE.

GÉRONTE.

Monsieur, voici tout-à-l'heure ma fille qu'on va vous amener.

SGANARELLE.

Je l'attends, monsieur, avec toute la médecine.

GÉRONTE.

Où est-elle ?

SGANARELLE, *se touchant le front.*

Là-dedans.

GÉRONTE.

Fort bien.

SGANARELLE.

Mais, comme je m'intéresse à toute votre famille, il faut que j'essaie un peu le lait de votre nourrice, et que je visite son sein. (*Il s'approche de Jacqueline.*)

LUCAS, *le tirant, et lui faisant faire la pirouette.*

Nannain, nannain; je n'avons que faire de ça.

SGANARELLE.

C'est l'office du médecin de voir les tetons des nourrices.

LUCAS.

Il gnia office qui quienne, je sis votre sarviteur.

SGANARELLE.

As-tu bien la hardiesse de t'opposer au médecin? Hors de là.

LUCAS.

Je me moque de ça.

SGANARELLE, *en le regardant de travers.*

Je te donnerai la fièvre.

JACQUELINE, *prenant Lucas par le bras, et lui faisant faire aussi la pirouette.*

Ote-toi de là aussi; est-ce que je ne sis pas assez grande pour me défendre moi-même, s'il me fait queuque chose qui ne soit pas à faire?

LUCAS.

Je ne veux pas qu'il te tâte, moi.

SGANARELLE.

Fi, le vilain, qui est jaloux de sa femme!

GÉRONTE.

Voici ma fille.

SCÈNE VI.

LUCINDE, GÉRONTE, SGANARELLE, VALÈRE, LUCAS, JACQUELINE.

SGANARELLE.

Est-ce là la malade?

GÉRONTE.

Oui. Je n'ai qu'elle de fille; et j'aurois tous les regrets du monde, si elle venoit à mourir.

SGANARELLE.

Qu'elle s'en garde bien! Il ne faut pas qu'elle meure sans l'ordonnance du médecin.

GÉRONTE.

Allons, un siége.

SGANARELLE, *assis entre Géronte et Lucinde.*

Voilà une malade qui n'est pas tant dégoûtante, et je tiens qu'un homme bien sain s'en accommoderoit assez.

GÉRONTE.

Vous l'avez fait rire, monsieur.

SGANARELLE.

Tant mieux ; lorsque le médecin fait rire le malade, c'est le meilleur signe du monde. (*à Lucinde.*) Hé bien! de quoi est-il question? Qu'avez-vous? Quel est le mal que vous sentez?

LUCINDE, *portant sa main à sa bouche, à sa tête, et sous son menton.*

Han, hi, hon, han.

SGANARELLE.

Hé! que dites-vous?

LUCINDE, *continue les mêmes gestes.*

Han, hi, hon, han, han, hi, hon.

SGANARELLE.

Quoi?

LUCINDE.

Han, hi, hon.

SGANARELLE.

Han, hi, hon, han, ha. Je ne vous entends point. Quel diable de langage est-ce là?

GÉRONTE.

Monsieur, c'est-là sa maladie. Elle est devenue muette, sans que jusqu'ici on en ait pu savoir la cause; et c'est un accident qui a fait reculer son mariage.

SGANARELLE.

Et pourquoi?

GÉRONTE.

Celui qu'elle doit épouser, veut attendre sa guérison pour conclure les choses.

SGANARELLE.

Et qui est ce sot-là, qui ne veut pas que sa femme soit muette? Plût à dieu que la mienne eût cette maladie! je me garderois bien de la vouloir guérir.

GÉRONTE.

Enfin, monsieur, nous vous prions d'employer tous vos soins pour la soulager de son mal.

SGANARELLE.

Ah! ne vous mettez pas en peine. Dites-moi un peu : ce mal l'oppresse-t-il beaucoup?

GÉRONTE.

Oui, monsieur.

SGANARELLE.

Tant mieux. Sent-elle de grandes douleurs?

GÉRONTE.

Fort grandes.

SGANARELLE.

C'est fort bien fait. Va-t-elle où vous savez?

GÉRONTE.

Oui.

SGANARELLE.

Copieusement?

GÉRONTE.

Je n'entends rien à cela.

SGANARELLE.

La matière est-elle louable?

GÉRONTE.

Je ne me connois pas à ces choses.

SGANARELLE, *à Lucinde.*

Donnez-moi votre bras. (*à Géronte.*) Voilà un pouls qui marque que votre fille est muette.

GÉRONTE.

Hé! oui, monsieur, c'est-là son mal; vous l'avez trouvé tout du premier coup.

SGANARELLE.

Ah! ah!

JACQUELINE.

Voyez comme il a deviné sa maladie!

SGANARELLE.

Nous autres grands médecins, nous connoissons d'abord les choses. Un ignorant auroit été embarrassé, et vous eût été dire, C'est ceci, c'est cela : mais moi, je touche au but du premier coup, et je vous apprends que votre fille est muette.

GÉRONTE.

Oui : mais je voudrois bien que vous me pussiez dire d'où cela vient.

SGANARELLE.

Il n'est rien de plus aisé; cela vient de ce qu'elle a perdu la parole.

GÉRONTE.

Fort bien. Mais la cause, s'il vous plaît, qui fait qu'elle a perdu la parole?

SGANARELLE.

Tous nos meilleurs auteurs vous diront que c'est l'empêchement de l'action de sa langue.

GÉRONTE.

Mais encore, vos sentiments sur cet empêchement de l'action de sa langue?

SGANARELLE.

Aristote, là-dessus, dit... de fort belles choses.

GÉRONTE.

Je le crois.

SGANARELLE.

Ah! c'étoit un grand homme!

GÉRONTE.

Sans doute.

SGANARELLE.

Grand homme tout-à-fait; un homme qui étoit (*levant le bras depuis le coude*) plus grand que moi de tout cela. Pour revenir donc à notre raisonnement, je tiens que cet empêchement de l'action de sa langue est causé par de certaines humeurs, qu'entre nous autres savants nous appelons humeurs peccantes; peccantes, c'est-à-dire... humeurs peccantes; d'autant que les vapeurs formées par les exhalaisons des influences qui s'élèvent dans la région des maladies, venant... pour ainsi dire... à... Entendez-vous le latin?

GÉRONTE.

En aucune façon.

SGANARELLE, *se levant brusquement.*

Vous n'entendez point le latin?

GÉRONTE.

Non.

SGANARELLE, *avec enthousiasme.*

Cabricias arci thuram, catalamus, singulariter, nominativo, hæc musa, la muse, *bonus, bona, bonum. Deus sanctus, estne oratio latinas? Etiam,* oui. *Quare?* pourquoi? *Quia substantivo, et adjectivum concordat in generi, numerum, et casus.*

GÉRONTE.

Ah! que n'ai-je étudié!

JACQUELINE.

L'habile homme que v'là!

ACTE II, SCÈNE VI.

LUCAS.
Oui, ça est si biau que je n'y entends goutte.

SGANARELLE.
Or, ces vapeurs dont je vous parle venant à passer, du côté gauche où est le foie, au côté droit où est le cœur, il se trouve que le poumon, que nous appelons en latin *armyan*, ayant communication avec le cerveau, que nous nommons en grec *nasmus*, par le moyen de la veine cave, que nous appelons en hébreu *cubile*, rencontre en son chemin lesdites vapeurs qui remplissent les ventricules de l'omoplate, et parce que lesdites vapeurs... comprenez bien ce raisonnement, je vous prie... et parce que lesdites vapeurs ont une certaine malignité... écoutez bien ceci, je vous conjure...

GÉRONTE.
Oui.

SGANARELLE.
ont une certaine malignité qui est causée... soyez attentif, s'il vous plaît...

GÉRONTE.
Je le suis.

SGANARELLE.
qui est causée par l'âcreté des humeurs engendrées dans la concavité du diaphragme, il arrive que ces vapeurs... *Ossabandus, nequeis, nequer, potarinum, quipsa milus.* Voilà justement ce qui fait que votre fille est muette.

JACQUELINE.
Ah! que ça est bian dit, notre homme!

LUCAS.

Que n'ai-je la langue aussi bian pendue!

GÉRONTE.

On ne peut pas mieux raisonner, sans doute. Il n'y a qu'une seule chose qui m'a choqué : c'est l'endroit du foie et du cœur. Il me semble que vous les placez autrement qu'ils ne sont; que le cœur est du côté gauche, et le foie du côté droit.

SGANARELLE.

Oui, cela étoit autrefois ainsi : mais nous avons changé tout cela, et nous faisons maintenant la médecine d'une méthode toute nouvelle.

GÉRONTE.

C'est ce que je ne savois pas, et je vous demande pardon de mon ignorance.

SGANARELLE.

Il n'y a pas de mal; et vous n'êtes pas obligé d'être aussi habile que nous.

GÉRONTE.

Assurément. Mais, monsieur, que croyez-vous qu'il faille faire à cette maladie?

SGANARELLE.

Ce que je crois qu'il faille faire?

GÉRONTE.

Oui.

SGANARELLE.

Mon avis est qu'on la remette sur son lit, et qu'on lui fasse prendre pour remède quantité de pain trempé dans du vin.

GÉRONTE.

Pourquoi cela, monsieur?

SGANARELLE.

Parce qu'il y a dans le vin et le pain, mêlés ensemble, une vertu sympathique qui fait parler. Ne voyez-vous pas bien qu'on ne donne autre chose aux perroquets, et qu'ils apprennent à parler en mangeant de cela?

GÉRONTE.

Cela est vrai. Ah! le grand homme! Vite, quantité de pain et de vin.

SGANARELLE.

Je reviendrai voir sur le soir en quel état elle sera.

SCÈNE VII.

GÉRONTE, SGANARELLE, JACQUELINE.

SGANARELLE.

(*à Jacqueline.*)   (*à Géronte.*)

Doucement, vous. Monsieur, voilà une nourrice à laquelle il faut que je fasse quelques petits remèdes.

JACQUELINE.

Qui? moi? Je me porte le mieux du monde.

SGANARELLE.

Tant pis, nourrice; tant pis. Cette grande santé est à craindre, et il ne sera pas mauvais de vous faire quelque petite saignée amiable, de vous donner quelque petit clystère dulcifiant.

GÉRONTE.

Mais, monsieur, voilà une mode que je ne comprends point. Pourquoi s'aller faire saigner quand on n'a point de maladie.

SGANARELLE.

Il n'importe, la mode en est salutaire; et, comme on boit pour la soif à venir, il faut se faire aussi saigner pour la maladie à venir.

JACQUELINE, *en s'en allant.*

Ma fi, je me moque de ça, et je ne veux point faire de mon corps une boutique d'apothicaire.

SGANARELLE.

Vous êtes rétive aux remèdes; mais nous saurons vous soumettre à la raison.

SCÈNE VIII.

GÉRONTE, SGANARELLE.

SGANARELLE.

Je vous donne le bonjour.

GÉRONTE.

Attendez un peu, s'il vous plaît.

SGANARELLE.

Que voulez-vous faire?

GÉRONTE.

Vous donner de l'argent, monsieur.

SGANARELLE, *tendant sa main par derrière, tandis que Géronte ouvre sa bourse.*

Je n'en prendrai pas, monsieur.

GÉRONTE.

Monsieur...

ACTE II, SCÈNE VIII.

SGANARELLE.

Point du tout.

GÉRONTE.

Un petit moment.

SGANARELLE.

En aucune façon.

GÉRONTE.

De grâce !

SGANARELLE.

Vous vous moquez.

GÉRONTE.

Voilà qui est fait.

SGANARELLE.

Je n'en ferai rien.

GÉRONTE.

Eh !

SGANARELLE.

Ce n'est pas l'argent qui me fait agir.

GÉRONTE.

Je le crois.

SGANARELLE, *après avoir pris l'argent.*

Cela est-il de poids ?

GÉRONTE.

Oui, monsieur.

SGANARELLE.

Je ne suis pas un médecin mercenaire.

GÉRONTE.

Je le sais bien.

SGANARELLE.

L'intérêt ne me gouverne point.

GÉRONTE.

Je n'ai pas cette pensée.

SGANARELLE, *seul, regardant l'argent qu'il a reçu.*

Ma foi, cela ne va pas mal; et pourvu que...

SCÈNE IX.

LÉANDRE, SGANARELLE.

LÉANDRE.

Monsieur, il y a long-temps que je vous attends; et je viens implorer votre assistance.

SGANARELLE, *lui tâtant le pouls.*

Voilà un pouls qui est fort mauvais.

LÉANDRE.

Je ne suis point malade, monsieur; et ce n'est pas pour cela que je viens à vous.

SGANARELLE.

Si vous n'êtes pas malade, que diable ne le dites-vous donc?

LÉANDRE.

Non. Pour vous dire la chose en deux mots, je m'appelle Léandre, qui suis amoureux de Lucinde, que vous venez de visiter; et comme, par la mauvaise humeur de son père, toute sorte d'accès m'est fermée auprès d'elle, je me hasarde à vous prier de vouloir servir mon amour, et de me donner lieu d'exécuter un stratagème que j'ai trouvé pour lui pouvoir dire deux mots d'où dépendent absolument mon bonheur et ma vie.

SGANARELLE.

Pour qui me prenez-vous? Comment! oser vous

ACTE II, SCÈNE IX.

adresser à moi pour vous servir dans votre amour, et vouloir ravaler la dignité de médecin à des emplois de cette nature!

LÉANDRE.

Monsieur, ne faites point de bruit.

SGANARELLE, *en le faisant reculer.*

J'en veux faire, moi. Vous êtes un impertinent.

LÉANDRE.

Hé! monsieur, doucement.

SGANARELLE.

Un malavisé.

LÉANDRE.

De grâce!

SGANARELLE.

Je vous apprendrai que je ne suis point homme à cela, et que c'est une insolence extrême...

LÉANDRE, *tirant une bourse.*

Monsieur...

SGANARELLE.

De vouloir m'employer... (*recevant la bourse.*) Je ne parle pas pour vous, car vous êtes honnête homme; et je serois ravi de vous rendre service : mais il y a de certains impertinents au monde qui viennent prendre les gens pour ce qu'ils ne sont pas; et je vous avoue que cela me met en colère.

LÉANDRE.

Je vous demande pardon, monsieur, de la liberté que...

SGANARELLE.

Vous vous moquez. De quoi est-il question?

LÉANDRE.

Vous saurez donc, monsieur, que cette maladie que vous voulez guérir est une feinte maladie. Les médecins ont raisonné là-dessus comme il faut; et ils n'ont pas manqué de dire que cela procédoit, qui du cerveau, qui des entrailles, qui de la rate, qui du foie : mais il est certain que l'amour en est la véritable cause, et que Lucinde n'a trouvé cette maladie que pour se délivrer d'un mariage dont elle étoit importunée. Mais, de crainte qu'on ne nous voie ensemble, retirons-nous d'ici; et je vous dirai en marchant ce que je souhaite de vous.

SGANARELLE.

Allons, monsieur : vous m'avez donné pour votre amour une tendresse qui n'est pas concevable; et j'y perdrai toute ma médecine, ou la malade crèvera, ou bien elle sera à vous.

FIN DU SECOND ACTE.

ACTE TROISIÈME.

Le théâtre représente un lieu voisin de la maison de Géronte.

SCÈNE I.

LÉANDRE, SGANARELLE.

LÉANDRE.

Il me semble que je ne suis pas mal ainsi pour un apothicaire; et, comme le père ne m'a guère vu, ce changement d'habit et de perruque est assez capable, je crois, de me déguiser à ses yeux.

SGANARELLE.

Sans doute.

LÉANDRE.

Tout ce que je souhaiterois seroit de savoir cinq ou six grands mots de médecine, pour parer mon discours et me donner l'air d'habile homme.

SGANARELLE.

Allez, allez, tout cela n'est pas nécessaire; il suffit de l'habit : et je n'en sais pas plus que vous.

LÉANDRE.

Comment!

SGANARELLE.

Diable emporte, si j'entends rien en médecine! Vous êtes honnête homme, et je veux bien me confier à vous comme vous vous confiez à moi.

LÉANDRE.

Quoi! vous n'êtes pas effectivement...

SGANARELLE.

Non, vous dis-je; ils m'ont fait médecin malgré mes dents. Je ne m'étois jamais mêlé d'être si savant que cela; et toutes mes études n'ont été que jusqu'en sixième. Je ne sais pas sur quoi cette imagination leur est venue; mais quand j'ai vu qu'à toute force ils vouloient que je fusse médecin, je me suis résolu de l'être aux dépens de qui il appartiendra. Cependant vous ne sauriez croire comment l'erreur s'est répandue, et de quelle façon chacun est endiablé à me croire habile homme. On me vient chercher de tous les côtés; et, si les choses vont toujours de même, je suis d'avis de m'en tenir toute ma vie à la médecine. Je trouve que c'est le métier le meilleur de tous; car, soit qu'on fasse bien, ou soit qu'on fasse mal, on est toujours payé de même sorte. La méchante besogne ne retombe jamais sur notre dos; et nous taillons, comme il nous plaît, sur l'étoffe où nous travaillons. Un cordonnier, en faisant des souliers, ne sauroit gâter un morceau de cuir qu'il n'en paye les pots cassés; mais ici l'on peut gâter un homme sans qu'il en coûte rien. Les bévues ne sont point pour nous, et c'est toujours la faute de celui qui meurt. Enfin le bon de cette profession est qu'il y a parmi les morts une honnêteté, une discrétion la plus grande du monde; et jamais on n'en voit se plaindre du médecin qui l'a tué.

ACTE III, SCÈNE I.

LÉANDRE.

Il est vrai que les morts sont fort honnêtes gens sur cette matière.

SGANARELLE, *voyant des hommes qui viennent à lui.*

Voilà des gens qui ont la mine de me venir consulter. (*à Léandre.*) Allez toujours m'attendre auprès du logis de votre maîtresse.

SCÈNE II.

THIBAUT, PERRIN, SGANARELLE.

THIBAUT.

Monsieu, je venons vous charcher, mon fils Perrin et moi.

SGANARELLE.

Qu'y a-t-il?

THIBAUT.

Sa pauvre mère, qui a nom Parrette, est dans un lit, malade, il y a six mois.

SGANARELLE, *tendant la main comme pour recevoir de l'argent.*

Que voulez-vous que j'y fasse?

THIBAUT.

Je voudrions, monsieu, que vous nous baillissiez queuque petite drôlerie pour la garir.

SGANARELLE.

Il faut voir de quoi est-ce qu'elle est malade.

THIBAUT.

Alle est malade d'hypocrisie, monsieu.

SGANARELLE.

D'hypocrisie?

THIBAUT.

Oui, c'est-à-dire qu'elle est enflée partout; et l'an dit que c'est quantité de sériosités qu'alle a dans le corps, et que son foie, son ventre, ou sa rate, comme vous voudrais l'appeler, au glieu de faire du sang, ne fait plus que de l'iau. Alle a, de deux jours l'un, la fièvre quotiguienne, avec des lassitudes et des douleurs dans les mufles des jambes. On entend dans sa gorge des fleumes qui sont tout prêts à l'étouffer; et parfois il li prend des syncoles et des conversions, que je crayons qu'alle est passée. J'avons dans notre village un apothicaire, révérence parler, qui li a donné je ne sais combien d'histoires; et il m'en coûte plus d'eune douzaine de bons écus en lavements, ne v's en déplaise, en apostumes qu'on li a fait prendre, en infections de jacinthe, et en portions cordales. Mais tout ça, comme dit l'autre, n'a été que de l'onguent miton-mitaine. Il veloit li bailler d'une certaine drogue que l'on appelle du vin émétile; mais j'ai-z-eu peur franchement que ça l'envoyît *a patres*; et l'an dit que ces gros médecins tuont je ne sais combien de monde avec cette invention-là.

SGANARELLE, *tendant toujours la main.*

Venons au fait, mon ami, venons au fait.

THIBAUT.

Le fait est, monsieu, que je venons vous prier de nous dire ce qu'il faut que je fassions.

ACTE III, SCÈNE II.

SGANARELLE.

Je ne vous entends point du tout.

PERRIN.

Monsieu, ma mère est malade ; et v'là deux écus que je vous apportons pour nous bailler queuque remède.

SGANARELLE.

Ah ! je vous entends, vous. Voilà un garçon qui parle clairement, et qui s'explique comme il faut. Vous dites que votre mère est malade d'hydropisie, qu'elle est enflée par tout le corps, qu'elle a la fièvre, avec des douleurs dans les jambes, et qu'il lui prend parfois des syncopes et des convulsions, c'est-à-dire des évanouissements ?

PERRIN.

Hé ! oui, monsieu, c'est justement ça.

SGANARELLE.

J'ai compris d'abord vos paroles. Vous avez un père qui ne sait ce qu'il dit. Maintenant vous me demandez un remède ?

PERRIN.

Oui, monsieu.

SGANARELLE.

Un remède pour la guérir ?

PERRIN.

C'est comme je l'entendons.

SGANARELLE.

Tenez, voilà un morceau de fromage qu'il faut que vous lui fassiez prendre.

PERRIN.

Du fromage, monsieu?

SGANARELLE.

Oui; c'est un fromage préparé, où il entre de l'or, du corail, et des perles, et quantité d'autres choses précieuses.

PERRIN.

Monsieu, je vous sommes bien obligés; et j'allons li faire prendre ça tout-à-l'heure.

SGANARELLE.

Allez. Si elle meurt, ne manquez pas de la faire enterrer du mieux que vous pourrez.

SCÈNE III.

Le théâtre change, et représente une chambre de la maison de Géronte.

JACQUELINE, SGANARELLE; LUCAS, *dans le fond du théâtre.*

SGANARELLE.

Voici la belle nourrice. Ah! nourrice de mon cœur, je suis ravi de cette rencontre; et votre vue est la rhubarbe, la casse, et le séné, qui purgent toute la mélancolie de mon ame.

JACQUELINE.

Par ma figué, monsieu le médecin, ça est trop bian dit pour moi, et je n'entends rian à tout votre latin.

SGANARELLE.

Devenez malade, nourrice, je vous prie; devenez

ACTE III, SCÈNE III.

malade pour l'amour de moi. J'aurois toutes les joies du monde de vous guérir.

JACQUELINE.

Je sis votre servante; j'aime bian mieux qu'an ne me garisse pas.

SGANARELLE.

Que je vous plains, belle nourrice, d'avoir un mari jaloux et fâcheux comme celui que vous avez!

JACQUELINE.

Que v'lez-vous, monsieu? C'est pour la pénitence de mes fautes; et là où la chèvre est liée, il faut bian qu'alle y broute.

SGANARELLE.

Comment! un rustre comme cela! un homme qui vous observe toujours, et ne veut pas que personne vous parle!

JACQUELINE.

Hélas! vous n'avez rian vu encore; et ce n'est qu'un petit échantillon de sa mauvaise himeur.

SGANARELLE.

Est-il possible; et qu'un homme ait l'ame assez basse pour maltraiter une personne comme vous! Ah! que j'en sais, belle nourrice, et qui ne sont pas loin d'ici, qui se tiendroient heureux de baiser seulement les petits bouts de vos petons! Pourquoi faut-il qu'une personne si bien faite soit tombée en de telles mains! et qu'un franc animal, un brutal, un stupide, un sot... pardonnez-moi, nourrice, si je parle ainsi de votre mari...

JACQUELINE.

Hé! monsieu, je sais bian qu'il mérite tous ces noms-là!

SGANARELLE.

Oui, sans doute, nourrice, il les mérite; et il mériteroit encore que vous lui missiez quelque chose sur la tête, pour le punir des soupçons qu'il a.

JACQUELINE.

Il est bian vrai que si je n'avois devant les yeux que son intérêt, il pourroit m'obliger à queuque étrange chose.

SGANARELLE.

Ma foi, vous ne feriez pas mal de vous venger de lui avec quelqu'un. C'est un homme, je vous le dis, qui mérite bien cela; et, si j'étois assez heureux, belle nourrice, pour être choisi pour...

(*Dans le temps que Sganarelle tend les bras pour embrasser Jacqueline, Lucas passe sa tête par dessous, et se met entre eux deux. Sganarelle et Jacqueline regardent Lucas, et sortent chacun de leur côté.*)

SCÈNE IV.

GÉRONTE, LUCAS.

GÉRONTE.

Holà! Lucas, n'as-tu point vu ici notre médecin?

LUCAS.

Et oui, de par tous les diantres, je l'ai vu; et ma femme aussi.

GÉRONTE.
Où est-ce donc qu'il peut être?
LUCAS.
Je ne sais, mais je voudrois qu'il fût à tous les guebles.
GÉRONTE.
Va-t'en voir un peu ce que fait ma fille.

SCÈNE V.

SGANARELLE, LÉANDRE, GÉRONTE.

GÉRONTE.
Ah! monsieur, je demandois où vous étiez.
SGANARELLE.
Je m'étois amusé dans votre cour à expulser le superflu de la boisson. Comment se porte la malade?
GÉRONTE.
Un peu plus mal depuis votre remède.
SGANARELLE.
Tant mieux; c'est signe qu'il opère.
GÉRONTE.
Oui; mais en opérant je crains qu'il ne l'étouffe.
SGANARELLE.
Ne vous mettez pas en peine; j'ai des remèdes qui se moquent de tout, et je l'attends à l'agonie.
GÉRONTE, *montrant Léandre.*
Qui est cet homme-là que vous amenez?
SGANARELLE, *faisant des signes avec la main pour montrer que c'est un apothicaire.*
C'est...

GÉRONTE.

Quoi?

SGANARELLE.

Celui...

GÉRONTE.

Hé!

SGANARELLE.

Qui...

GÉRONTE.

Je vous entends.

SGANARELLE.

Votre fille en aura besoin.

SCÈNE VI.

LUCINDE, GÉRONTE, LÉANDRE, JACQUELINE, SGANARELLE.

JACQUELINE.

Monsieu, v'là votre fille qui veut un peu marcher.

SGANARELLE.

Cela lui fera du bien. Allez-vous-en, monsieur l'apothicaire, tâter un peu son pouls, afin que je raisonne tantôt avec vous de sa maladie.

(Sganarelle tire Géronte dans un coin du théâtre, et lui passe un bras sur les épaules pour l'empêcher de tourner la tête du côté où sont Léandre et Lucinde.)

Monsieur, c'est une grande et subtile question entre les docteurs, de savoir si les femmes sont plus faciles à guérir que les hommes. Je vous prie d'écouter ceci, s'il vous plaît. Les uns disent que non, les autres disent que oui : et moi je dis que oui et non ; d'autant que l'incongruité des humeurs opaques qui se rencontrent au tempérament naturel des femmes, étant cause que la partie brutale veut toujours prendre empire sur la sensitive, on voit que l'inégalité de leurs opinions dépend du mouvement oblique du cercle de la lune; et comme le soleil, qui darde ses rayons sur la concavité de la terre, trouve...

LUCINDE, *à Léandre.*

Non, je ne suis point du tout capable de changer de sentiment.

GÉRONTE.

Voilà ma fille qui parle! O grande vertu du remède! O admirable médecin! Que je vous suis obligé, monsieur, de cette guérison merveilleuse! et que puis-je faire pour vous après un tel service?

SGANARELLE, *se promenant sur le théâtre
et s'éventant avec son chapeau.*

Voilà une maladie qui m'a bien donné de la peine!

LUCINDE.

Oui, mon père, j'ai recouvré la parole; mais je l'ai recouvrée pour vous dire que je n'aurai jamais d'autre époux que Léandre, et que c'est inutilement que vous voulez me donner Horace.

GÉRONTE.

Mais...

LUCINDE.

Rien n'est capable d'ébranler la résolution que j'ai prise.

GÉRONTE.

Quoi!...

LUCINDE.

Vous m'opposerez en vain de belles raisons.

GÉRONTE.

Si...

LUCINDE.

Tous vos discours ne serviront de rien.

GÉRONTE.

Je...

LUCINDE.

C'est une chose où je suis déterminée.

GÉRONTE.

Mais...

LUCINDE.

Il n'est puissance paternelle qui me puisse obliger à me marier malgré moi.

GÉRONTE.

J'ai...

LUCINDE.

Vous avez beau faire tous vos efforts.

GÉRONTE.

Il...

LUCINDE.

Mon cœur ne sauroit se soumettre à cette tyrannie.

GÉRONTE.

La...

LUCINDE.

Et je me jetterai plutôt dans un couvent, que d'épouser un homme que je n'aime point.

GÉRONTE.
Mais...
LUCINDE, *avec vivacité.*
Non. En aucune façon. Point d'affaires. Vous perdez le temps. Je n'en ferai rien. Cela est résolu.
GÉRONTE.
Ah! quelle impétuosité de paroles! Il n'y a pas moyen d'y résister. (*à Sganarelle.*) Monsieur, je vous prie de la faire redevenir muette.
SGANARELLE.
C'est une chose qui m'est impossible. Tout ce que je puis faire pour votre service est de vous rendre sourd, si vous voulez.
GÉRONTE.
Je vous remercie. (*à Lucinde.*) Penses-tu donc...
LUCINDE.
Non, toutes vos raisons ne gagneront rien sur mon ame.
GÉRONTE.
Tu épouseras Horace dès ce soir.
LUCINDE.
J'épouserai plutôt la mort.
SGANARELLE, *à Géronte.*
Mon dieu! arrêtez-vous, laissez-moi médicamenter cette affaire; c'est une maladie qui la tient, et je sais le remède qu'il y faut apporter.
GÉRONTE.
Seroit-il possible, monsieur, que vous pussiez aussi guérir cette maladie d'esprit?

SGANARELLE.

Oui; laissez-moi faire, j'ai des remèdes pour tout; et notre apothicaire nous servira pour cette cure. (*à Léandre.*) Un mot. Vous voyez que l'ardeur qu'elle a pour ce Léandre est tout-à-fait contraire aux volontés du père; qu'il n'y a point de temps à perdre, que les humeurs sont fort aigries; et qu'il est nécessaire de trouver promptement un remède à ce mal, qui pourroit empirer par le retardement. Pour moi, je n'y en vois qu'un seul, qui est une prise de fuite purgative, que vous mêlerez comme il faut avec deux dragmes de matrimonium en pilules. Peut-être fera-t-elle quelque difficulté à prendre ce remède; mais, comme vous êtes habile homme dans votre métier, c'est à vous de l'y résoudre, et de lui faire avaler la chose du mieux que vous pourrez. Allez-vous-en lui faire faire un petit tour de jardin, afin de préparer les humeurs, tandis que j'entretiendrai ici son père; mais surtout ne perdez point de temps. Au remède, vite! au remède spécifique!

SCÈNE VII.

GÉRONTE, SGANARELLE.

GÉRONTE.

Quelles drogues, monsieur, sont celles que vous venez de dire? il me semble que je ne les ai jamais ouï nommer.

SGANARELLE.

Ce sont drogues dont on se sert dans les nécessités urgentes.

ACTE III, SCÈNE VII.

GÉRONTE.

Avez-vous jamais vu une insolence pareille à la sienne?

SGANARELLE.

Les filles sont quelquefois un peu têtues.

GÉRONTE.

Vous ne sauriez croire comme elle est affolée de ce Léandre.

SGANARELLE.

La chaleur du sang fait cela dans les jeunes esprits.

GÉRONTE.

Pour moi, dès que j'ai eu découvert la violence de cet amour, j'ai su tenir toujours ma fille renfermée.

SGANARELLE.

Vous avez fait sagement.

GÉRONTE.

Et j'ai bien empêché qu'ils n'aient eu communication ensemble.

SGANARELLE.

Fort bien.

GÉRONTE.

Il seroit arrivé quelque folie, si j'avois souffert qu'ils se fussent vus.

SGANARELLE.

Sans doute.

GÉRONTE.

Et je crois qu'elle auroit été fille à s'en aller avec lui.

SGANARELLE.

C'est prudemment raisonné.

GÉRONTE.
On m'avertit qu'il fait tous ses efforts pour lui parler.

SGANARELLE.
Quel drôle!

GÉRONTE.
Mais il perdra son temps.

SGANARELLE.
Ah! ah!

GÉRONTE.
Et j'empêcherai bien qu'il ne la voie.

SGANARELLE.
Il n'a pas affaire à un sot, et vous savez des rubriques qu'il ne sait pas. Plus fin que vous n'est pas bête.

SCÈNE VIII.
LUCAS, GÉRONTE, SGANARELLE.

LUCAS.
Ah! palsanguienne, monsieu, vaici bian du tantamarre; votre fille s'est enfuie avec son Liandre. C'étoit lui qui étoit l'apothicaire; et v'là monsieu le médecin, qui a fait cette belle opération-là.

GÉRONTE.
Comment, m'assassiner de la façon! Allons, un commissaire; et qu'on empêche qu'il ne sorte. Ah! traître, je vous ferai punir par la justice.

LUCAS.
Ah! par ma fi, monsieu le médecin, vous serez pendu : ne bougez de là seulement.

SCÈNE IX.

MARTINE, SGANARELLE, LUCAS.

MARTINE, *à Lucas*.

Ah! mon dieu! que j'ai eu de peine à trouver ce logis! Dites-moi un peu des nouvelles du médecin que je vous ai donné.

LUCAS.

Le v'là qui va être pendu.

MARTINE.

Quoi! mon mari pendu! Hélas! et qu'a-t-il fait pour cela?

LUCAS.

Il a fait enlever la fille de notre maître.

MARTINE.

Hélas! mon cher mari, est-il bien vrai qu'on te va pendre?

SGANARELLE.

Tu vois. Ah!

MARTINE.

Faut-il que tu te laisses mourir en présence de tant de gens!

SGANARELLE.

Que veux-tu que j'y fasse?

MARTINE.

Encore, si tu avois achevé de couper notre bois, je prendrois quelque consolation.

SGANARELLE.

Retire-toi de là, tu me fends le cœur!

MARTINE.

Non, je veux demeurer pour t'encourager à la mort; et je ne te quitterai point que je ne t'aie vu pendu.

SGANARELLE.

Ah!

SCÈNE X.

GÉRONTE, SGANARELLE, MARTINE.

GÉRONTE, *à Sganarelle.*

Le commissaire viendra bientôt, et l'on s'en va vous mettre en lieu où l'on me répondra de vous.

SGANARELLE, *à genoux.*

Hélas! cela ne se peut-il point changer en quelques coups de bâton?

GÉRONTE.

Non, non; la justice en ordonnera. Mais que vois-je?

SCÈNE XI.

GÉRONTE, LÉANDRE, LUCINDE, SGANARELLE, LUCAS, MARTINE.

LÉANDRE.

Monsieur, je viens faire paroître Léandre à vos yeux, et remettre Lucinde en votre pouvoir. Nous avons eu dessein de prendre la fuite nous deux, et de nous aller marier ensemble; mais cette entreprise a fait place à un procédé plus honnête. Je ne prétends point vous voler votre fille, et ce n'est que de votre main que je veux la recevoir. Ce que je vous dirai, monsieur, c'est que je viens, tout-à-l'heure, de recevoir des lettres par où j'apprends que mon oncle est mort, et que je suis héritier de tous ses biens.

GÉRONTE.

Monsieur, votre vertu m'est tout-à-fait considérable ; et je vous donne ma fille avec la plus grande joie du monde.

SGANARELLE, *à part.*

La médecine l'a échappé belle !

MARTINE.

Puisque tu ne seras point pendu, rends-moi grâce d'être médecin, car c'est moi qui t'ai procuré cet honneur.

SGANARELLE.

Oui, c'est toi qui m'as procuré je ne sais combien de coups de bâton.

LÉANDRE, *à Sganarelle.*

L'effet en est trop beau pour en garder du ressentiment.

SGANARELLE.

Soit. (*à Martine.*) Je te pardonne ces coups de bâton en faveur de la dignité où tu m'as élevé : mais prépare-toi désormais à vivre dans un grand respect avec un homme de ma conséquence ; et songe que la colère d'un médecin est plus à craindre qu'on ne peut croire.

FIN DU MÉDECIN MALGRÉ LUI.

MÉLICERTE,

PASTORALE HÉROÏQUE EN DEUX ACTES.

1666.

PERSONNAGES.

MÉLICERTE, bergère.
DAPHNÉ, bergère.
ÉROXÈNE, bergère.
MYRTIL, amant de Mélicerte.
ACANTHE, amant de Daphné.
TIRÈNE, amant d'Éroxène.
LYCARSIS, pâtre, cru père de Myrtil.
CORINNE, confidente de Mélicerte.
NICANDRE, berger.
MOPSE, berger, cru oncle de Mélicerte.

La scène est en Thessalie, dans la vallée de Tempé.

MÉLICERTE,

PASTORALE HÉROÏQUE.

ACTE PREMIER.

SCÈNE I.

DAPHNÉ, ÉROXÈNE, ACANTHE, TIRÈNE.

ACANTHE.

Ah! charmante Daphné!

TIRÈNE.

Trop aimable Eroxène!

DAPHNÉ.

Acanthe, laisse-moi.

ÉROXÈNE.

Ne me suis point, Tirène.

ACANTHE, *à Daphné.*

Pourquoi me chasses-tu?

TIRÈNE, *à Eroxène.*

Pourquoi fuis-tu mes pas?

DAPHNÉ, *à Acanthe.*

Tu me plais loin de moi.

ÉROXÈNE, *à Tirène.*

Je m'aime où tu n'es pas.

ACANTHE.

Ne cesseras-tu point cette rigueur mortelle?

TIRÈNE.

Ne cesseras-tu point de m'être si cruelle?

DAPHNÉ.

Ne cesseras-tu point tes inutiles vœux?

ÉROXÈNE.

Ne cesseras-tu point de m'être si fâcheux?

ACANTHE.

Si tu n'en prends pitié, je succombe à ma peine.

TIRÈNE.

Si tu ne me secours, ma mort est trop certaine.

DAPHNÉ.

Si tu ne veux partir, je quitterai ce lieu.

ÉROXÈNE.

Si tu veux demeurer, je te vais dire adieu.

ACANTHE.

Hé bien! en m'éloignant je te vais satisfaire.

TIRÈNE.

Mon départ va t'ôter ce qui peut te déplaire.

ACANTHE.

Généreuse Eroxène, en faveur de mes feux,
Daigne au moins, par pitié, lui dire un mot ou deux.

TIRÈNE.

Obligeante Daphné, parle à cette inhumaine,
Et sache d'où pour moi procède tant de haine.

SCÈNE II.

DAPHNE, ÉROXÈNE.

ÉROXÈNE.
Acanthe a du mérite, et t'aime tendrement ;
D'où vient que tu lui fais un si dur traitement ?
DAPHNÉ.
Tirène vaut beaucoup, et languit pour tes charmes ;
D'où vient que sans pitié tu vois couler ses larmes ?
ÉROXÈNE.
Puisque j'ai fait ici la demande avant toi,
La raison te condamne à répondre avant moi.
DAPHNÉ.
Pour tous les soins d'Acanthe on me voit inflexible,
Parce qu'à d'autres feux je me trouve sensible.
ÉROXÈNE.
Je ne fais pour Tirène éclater que rigueur,
Parce qu'un autre choix est maître de mon cœur.
DAPHNÉ.
Puis-je savoir de toi ce choix qu'on te voit taire ?
ÉROXÈNE.
Oui, si tu veux du tien m'apprendre le mystère.
DAPHNÉ.
Sans te nommer celui qu'Amour m'a fait choisir,
Je puis facilement contenter ton desir :
Et, de la main d'Atis, ce peintre inimitable,
J'en garde dans ma poche un portrait admirable,
Qui jusqu'au moindre trait lui ressemble si fort,
Qu'il est sûr que tes yeux le connoîtront d'abord.

ÉROXÈNE.

Je puis te contenter par une même voie,
Et payer ton secret en pareille monnoie.
J'ai, de la main aussi de ce peintre fameux,
Un aimable portrait de l'objet de mes vœux,
Si plein de tous ses traits et de sa grâce extrême,
Que tu pourras d'abord te le nommer toi-même.

DAPHNÉ.

La boîte que le peintre a fait faire pour moi
Est tout-à-fait semblable à celle que je voi.

ÉROXÈNE.

Il est vrai, l'une à l'autre entièrement ressemble;
Et certe il faut qu'Atis les ait fait faire ensemble.

DAPHNÉ.

Faisons en même temps, par un peu de couleurs,
Confidence à nos yeux du secret de nos cœurs.

ÉROXÈNE.

Voyons à qui plus vite entendra ce langage,
Et qui parle le mieux, de l'un ou l'autre ouvrage.

DAPHNÉ.

La méprise est plaisante, et tu te brouilles bien;
Au lieu de ton portrait, tu m'as rendu le mien.

ÉROXÈNE.

Il est vrai; je ne sais comme j'ai fait la chose.

DAPHNÉ.

Donne. De cette erreur ta rêverie est cause.

ÉROXÈNE.

Que veut dire ceci? Nous nous jouons, je croi:
Tu fais de ces portraits même chose que moi.

ACTE I, SCÈNE II.

DAPHNÉ.

Certes, c'est pour en rire, et tu peux me le rendre.

ÉROXÈNE, *mettant les deux portraits l'un à côté de l'autre.*

Voici le vrai moyen de ne se point méprendre.

DAPHNÉ.

De mes sens prévenus est-ce une illusion?

ÉROXÈNE.

Mon ame sur mes yeux fait-elle impression?

DAPHNÉ.

Myrtil, à mes regards, s'offre dans cet ouvrage.

ÉROXÈNE.

De Myrtil, dans ces traits, je rencontre l'image.

DAPHNÉ.

C'est le jeune Myrtil qui fait naître mes feux.

ÉROXÈNE.

C'est au jeune Myrtil que tendent tous mes vœux.

DAPHNÉ.

Je venois aujourd'hui te prier de lui dire
Les soins que pour son sort son mérite m'inspire.

ÉROXÈNE.

Je venois te chercher pour servir mon ardeur,
Dans le dessein que j'ai de m'assurer son cœur.

DAPHNÉ.

Cette ardeur qu'il t'inspire est-elle si puissante?

ÉROXÈNE.

L'aimes-tu d'une amour qui soit si violente?

DAPHNÉ.

Il n'est point de froideur qu'il ne puisse enflammer,
Et sa grâce naissante a de quoi tout charmer.

ÉROXÈNE.

Il n'est nymphe en l'aimant qui ne se tînt heureuse ;
Et Diane, sans honte, en seroit amoureuse.

DAPHNÉ.

Rien que son air charmant ne me touche aujourd'hui ;
Et si j'avois cent cœurs, ils seroient tous pour lui.

ÉROXÈNE.

Il efface à mes yeux tout ce qu'on voit paroître ;
Et si j'avois un sceptre, il en seroit le maître.

DAPHNÉ.

Ce seroit donc en vain qu'à chacune, en ce jour,
On nous voudroit du sein arracher cet amour :
Nos ames dans leurs vœux sont trop bien affermies.
Ne tâchons, s'il se peut, qu'à demeurer amies ;
Et puisqu'en même temps, pour le même sujet,
Nous avons toutes deux formé même projet,
Mettons dans ce débat la franchise en usage,
Ne prenons l'une et l'autre aucun lâche avantage ;
Et courons nous ouvrir ensemble à Lycarsis
Des tendres sentiments où nous jette son fils.

ÉROXÈNE.

J'ai peine à concevoir, tant la surprise est forte,
Comme un tel fils est né d'un père de la sorte ;
Et sa taille, son air, sa parole et ses yeux,
Feroient croire qu'il est issu du sang des dieux.
Mais enfin j'y souscris, courons trouver ce père ;
Allons lui de nos cœurs découvrir le mystère ;
Et consentons qu'après Myrtil entre nous deux
Décide, par son choix, ce combat de nos vœux.

DAPHNÉ.

Soit. Je vois Lycarsis avec Mopse et Nicandre.
Ils pourront le quitter; cachons-nous pour l'attendre.

SCÈNE III.

LYCARSIS, MOPSE, NICANDRE.

NICANDRE, *à Lycarsis.*

Dis-nous donc ta nouvelle.

LYCARSIS.

Ah! que vous me pressez!
Cela ne se dit pas comme vous le pensez.

MOPSE.

Que de sottes façons! et que de badinage!
Ménalque, pour chanter, n'en fait pas davantage.

LYCARSIS.

Parmi les curieux des affaires d'état,
Une nouvelle à dire est d'un puissant éclat.
Je me veux mettre un peu sur l'homme d'importance,
Et jouir quelque temps de votre impatience.

NICANDRE.

Veux-tu, par tes délais, nous fatiguer tous deux?

MOPSE.

Prends-tu quelque plaisir à te rendre fâcheux?

NICANDRE.

De grâce, parle, et mets ces mines en arrière.

LYCARSIS.

Priez-moi donc tous deux de la bonne manière;
Et me dites chacun quel don vous me ferez
Pour obtenir de moi ce que vous desirez.

MOPSE.

La peste soit du fat! Laissons-le là, Nicandre;
Il brûle de parler, bien plus que nous d'entendre.
Sa nouvelle lui pèse, il veut s'en décharger :
Et ne l'écouter pas, est le faire enrager.

LYCARSIS.

Eh!

NICANDRE.

Te voilà puni de tes façons de faire.

LYCARSIS.

Je m'en vais vous le dire, écoutez.

MOPSE.

Point d'affaire.

LYCARSIS.

Quoi! vous ne voulez pas m'entendre?

NICANDRE.

Non.

LYCARSIS.

Hé bien!
Je ne dirai donc mot, et vous ne saurez rien.

MOPSE.

Soit.

LYCARSIS.

Vous ne saurez pas qu'avec magnificence
Le roi vient honorer Tempé de sa présence;
Qu'il entra dans Larisse hier sur le haut du jour;
Qu'à l'aise je l'y vis avec toute sa cour;
Que ces bois vont jouir aujourd'hui de sa vue,
Et qu'on raisonne fort touchant cette venue.

NICANDRE.

Nous n'avons pas envie aussi de rien savoir.

ACTE I, SCÈNE III.

LYCARSIS.

Je vis cent choses là, ravissantes à voir :
Ce ne sont que seigneurs, qui, des pieds à la tête,
Sont brillants et parés comme au jour d'une fête ;
Ils surprennent la vue ; et nos prés, au printemps,
Avec toutes leurs fleurs, sont bien moins éclatants.
Pour le prince, entre tous sans peine on le remarque,
Et d'une stade * loin il sent son grand monarque :
Dans toute sa personne il a je ne sais quoi
Qui d'abord fait juger que c'est un maître roi.
Il le fait d'une grâce à nulle autre seconde ;
Et cela, sans mentir, lui sied le mieux du monde.
On ne croiroit jamais comme, de toutes parts,
Toute sa cour s'empresse à chercher ses regards :
Ce sont autour de lui confusions plaisantes ;
Et l'on diroit d'un tas de mouches reluisantes
Qui suivent en tous lieux un doux rayon de miel.
Enfin l'on ne voit rien de si beau sous le ciel ;
Et la fête de Pan, parmi nous si chérie,
Auprès de ce spectacle est une gueuserie.
Mais, puisque sur le fier ** vous vous tenez si bien,
Je garde ma nouvelle, et ne veux dire rien.

MOPSE.

Et nous ne te voulons aucunement entendre.

LYCARSIS.

Allez vous promener.

MOPSE.

Va-t'en te faire pendre.

* On dit au masculin *un stade.*
** *Se tenir sur le fier,* pour, *faire le fier.*

SCÈNE IV.

EROXÈNE, DAPHNÉ, LYCARSIS.

LYCARSIS, *se croyant seul.*
C'est de cette façon que l'on punit les gens,
Quand ils font les benêts et les impertinents.

DAPHNÉ.
Le ciel tienne, pasteur, vos brebis toujours saines!

ÉROXÈNE.
Cérès tienne de grains vos granges toujours pleines!

LYCARSIS.
Et le grand Pan vous donne à chacune un époux
Qui vous aime beaucoup, et soit digne de vous!

DAPHNÉ.
Ah! Lycarsis, nos vœux à même but aspirent.

ÉROXÈNE.
C'est pour le même objet que nos deux cœurs soupirent.

DAPHNÉ.
Et l'Amour, cet enfant qui cause nos langueurs,
A pris chez vous le trait dont il blesse nos cœurs.

ÉROXÈNE.
Et nous venons ici chercher votre alliance,
Et voir qui de nous deux aura la préférence.

LYCARSIS.
Nymphes...

DAPHNÉ.
Pour ce bien seul nous poussons des soupirs.

LYCARSIS.
Je suis...

ACTE I, SCÈNE IV.

ÉROXÈNE.

A ce bonheur tendent tous nos desirs.

DAPHNÉ.

C'est un peu librement exprimer sa pensée.

LYCARSIS.

Pourquoi?

ÉROXÈNE.

La bienséance y semble un peu blessée.

LYCARSIS.

Ah! point.

DAPHNÉ.

Mais, quand le cœur brûle d'un noble feu,
On peut, sans nulle honte, en faire un libre aveu.

LYCARSIS.

Je...

ÉROXÈNE.

Cette liberté nous peut être permise;
Et du choix de nos cœurs la beauté l'autorise.

LYCARSIS.

C'est blesser ma pudeur que me flatter ainsi.

ÉROXÈNE.

Non, non, n'affectez point de modestie ici.

DAPHNÉ.

Enfin tout notre bien est en votre puissance.

ÉROXÈNE.

C'est de vous que dépend notre unique espérance.

DAPHNÉ.

Trouverons-nous en vous quelques difficultés?

LYCARSIS.

Ah!

ÉROXÈNE.
Nos vœux, dites-moi, seront-ils rejetés?
LYCARSIS.
Non, j'ai reçu du ciel une ame peu cruelle :
Je tiens de feu ma femme; et je me sens, comme elle,
Pour les desirs d'autrui beaucoup d'humanité,
Et je ne suis point homme à garder de fierté.
DAPHNÉ.
Accordez donc Myrtil à notre amoureux zèle.
ÉROXÈNE.
Et souffrez que son choix règle notre querelle.
LYCARSIS.
Myrtil?
DAPHNÉ.
Oui, c'est Myrtil que de vous nous voulons.
ÉROXÈNE.
De qui pensez-vous donc qu'ici nous vous parlons?
LYCARSIS.
Je ne sais; mais Myrtil n'est guère dans un âge
Qui soit propre à ranger au joug du mariage.
DAPHNÉ.
Son mérite naissant peut frapper d'autres yeux;
Et l'on veut s'engager un bien si précieux,
Prévenir d'autres cœurs, et braver la fortune
Sous les fermes liens d'une chaîne commune.
ÉROXÈNE.
Comme par son esprit et ses autres brillants *
Il rompt l'ordre commun, et devance le temps,

* Ce mot n'est plus substantif, au sens moral, que dans *faux-brillants*.

Notre flamme pour lui veut en faire de même,
Et régler tous ses vœux sur son mérite extrême.

LYCARSIS.

Il est vrai qu'à son âge il surprend quelquefois ;
Et cet Athénien qui fut chez moi vingt mois,
Qui, le trouvant joli, se mit en fantaisie
De lui remplir l'esprit de sa philosophie,
Sur de certains discours l'a rendu si profond,
Que, tout grand que je suis, souvent il me confond.
Mais, avec tout cela, ce n'est encor qu'enfance,
Et son fait est mêlé de beaucoup d'innocence.

DAPHNÉ.

Il n'est point tant enfant, qu'à le voir chaque jour
Je ne le croie atteint déjà d'un peu d'amour ;
Et plus d'une aventure à mes yeux s'est offerte,
Où j'ai connu qu'il suit la jeune Mélicerte.

ÉROXÈNE.

Ils pourroient bien s'aimer, et je vois...

LYCARSIS.

Franc abus.
Pour elle, passe encore, elle a deux ans de plus ;
Et deux ans, dans son sexe, est une grande avance.
Mais pour lui, le jeu seul l'occupe tout, je pense,
Et les petits desirs de se voir ajusté
Ainsi que les bergers de haute qualité.

DAPHNÉ.

Enfin nous desirons, par le nœud d'hyménée,
Attacher sa fortune à notre destinée.

ÉROXÈNE.

Nous voulons, l'une et l'autre, avec pareille ardeur,

Nous assurer de loin l'empire de son cœur.
LYCARSIS.
Je m'en tiens honoré plus qu'on ne sauroit croire.
Je suis un pauvre pâtre; et ce m'est trop de gloire
Que deux nymphes, d'un rang le plus haut du pays,
Disputent à se faire un époux de mon fils.
Puisqu'il vous plaît qu'ainsi la chose s'exécute,
Je consens que son choix règle votre dispute;
Et celle qu'à l'écart laissera cet arrêt,
Pourra, pour son recours, m'épouser, s'il lui plaît.
C'est toujours même sang, et presque même chose.
Mais le voici. Souffrez qu'un peu je le dispose.
Il tient quelque moineau qu'il a pris fraîchement;
Et voilà ses amours et son attachement.

SCÈNE V.

ÉROXÈNE; DAPHNÉ et LYCARSIS, *dans le fond du théâtre;* MYRTIL.

MYRTIL, *se croyant seul, et tenant un moineau dans une cage.*

Innocente petite bête,
Qui, contre ce qui vous arrête,
Vous débattez tant à mes yeux,
De votre liberté ne plaignez point la perte :
Votre destin est glorieux,
Je vous ai pris pour Mélicerte ;
Elle vous baisera, vous prenant dans sa main;
Et de vous mettre en son sein
Elle vous fera la grâce.

ACTE I, SCÈNE V.

Est-il un sort au monde et plus doux et plus beau?
Et qui des rois, hélas! heureux petit moineau,
 Ne voudroit être en votre place?

LYCARSIS.

Myrtil! Myrtil! un mot. Laissons là ces joyaux;
Il s'agit d'autre chose ici que de moineaux.
Ces deux nymphes, Myrtil, à-la-fois te prétendent,
Et, tout jeune, déjà pour époux te demandent;
Je dois, par un hymen, t'engager à leurs vœux,
Et c'est toi que l'on veut qui choisisses des deux.

MYRTIL.

Ces nymphes?

LYCARSIS.

 Oui. Des deux tu peux en choisir une.
Vois quel est ton bonheur, et bénis la fortune.

MYRTIL.

Ce choix qui m'est offert, peut-il m'être un bonheur,
S'il n'est aucunement souhaité de mon cœur?

LYCARSIS.

Enfin qu'on le reçoive; et que, sans se confondre,
A l'honneur qu'elles font on songe à bien répondre.

ÉROXÈNE.

Malgré cette fierté qui règne parmi nous,
Deux nymphes, ô Myrtil! viennent s'offrir à vous;
Et de vos qualités les merveilles écloses
Font que nous renversons ici l'ordre des choses.

DAPHNÉ.

Nous vous laissons, Myrtil, pour l'avis le meilleur,
Consulter sur ce choix vos yeux et votre cœur;
Et nous n'en voulons point prévenir les suffrages

Par un récit paré de tous nos avantages.
MYRTIL.
C'est me faire un honneur dont l'éclat me surprend;
Mais cet honneur pour moi, je l'avoue, est trop grand.
A vos rares bontés il faut que je m'oppose :
Pour mériter ce sort, je suis trop peu de chose;
Et je serois fâché, quels qu'en soient les appas,
Qu'on vous blâmât pour moi de faire un choix trop bas.
ÉROXÈNE.
Contentez nos desirs, quoi qu'on en puisse croire;
Et ne vous chargez point du soin de notre gloire.
DAPHNÉ.
Non, ne descendez point dans ces humilités,
Et laissez-nous juger ce que vous méritez.
MYRTIL.
Le choix qui m'est offert s'oppose à votre attente,
Et peut seul empêcher que mon cœur vous contente.
Le moyen de choisir de deux grandes beautés,
Egales en naissance et rares qualités!
Rejeter l'une ou l'autre est un crime effroyable,
Et n'en choisir aucune est bien plus raisonnable.
ÉROXÈNE.
Mais en faisant refus de répondre à nos vœux,
Au lieu d'une, Myrtil, vous en outragez deux.
DAPHNÉ.
Puisque nous consentons à l'arrêt qu'on peut rendre,
Ces raisons ne font rien à vouloir s'en défendre.
MYRTIL.
Eh bien! si ces raisons ne vous satisfont pas,
Celle-ci le fera : J'aime d'autres appas;

ACTE I, SCÈNE V.

Et je sens bien qu'un cœur qu'un bel objet engage
Est insensible et sourd à tout autre avantage.

LYCARSIS.

Comment donc! Qu'est ceci? Qui l'eût pu présumer?
Et savez-vous, morveux, ce que c'est que d'aimer?

MYRTIL.

Sans savoir ce que c'est, mon cœur a su le faire.

LYCARSIS.

Mais cet amour me choque, et n'est pas nécessaire.

MYRTIL.

Vous ne deviez donc pas, si cela vous déplaît,
Me faire un cœur sensible et tendre comme il est.

LYCARSIS.

Mais ce cœur que j'ai fait, me doit obéissance.

MYRTIL.

Oui, lorsque d'obéir il est en sa puissance.

LYCARSIS.

Mais enfin, sans mon ordre, il ne doit point aimer.

MYRTIL.

Que n'empêchiez-vous donc que l'on pût le charmer?

LYCARSIS.

Hé bien! je vous défends que cela continue.

MYRTIL.

La défense, j'ai peur, sera trop tard venue.

LYCARSIS.

Quoi! les pères n'ont pas des droits supérieurs?

MYRTIL.

Les Dieux, qui sont bien plus, ne forcent point les cœurs.

LYCARSIS.

Les Dieux... Paix, petit sot. Cette philosophie
Me...

DAPHNÉ.

Ne vous mettez point en courroux, je vous prie.

LYCARSIS.

Non, je veux qu'il se donne à l'une pour époux,
Ou je vais lui donner le fouet * tout devant vous.
Ah! ah! je vous ferai sentir que je suis père.

DAPHNÉ.

Traitons, de grâce, ici les choses sans colère.

ÉROXÈNE.

Peut-on savoir de vous cet objet si charmant
Dont la beauté, Myrtil, vous a fait son amant?

MYRTIL.

Mélicerte, madame. Elle en peut faire d'autres.

ÉROXÈNE.

Vous comparez, Myrtil, ses qualités aux nôtres!

DAPHNÉ.

Le choix d'elle et de nous est assez inégal!

MYRTIL.

Nymphes, au nom des Dieux, n'en dites point de mal:
Daignez considérer, de grâce, que je l'aime;
Et ne me jetez point dans un désordre extrême.
Si j'outrage, en l'aimant, vos célestes attraits,
Elle n'a point de part au crime que je fais;
C'est de moi, s'il vous plaît, que vient toute l'offense.
Il est vrai, d'elle à vous je sais la différence:

---

* *Fouet* ne forme ici qu'une syllabe.

Mais par sa destinée on se trouve enchaîné;
Et je sens bien enfin que le ciel m'a donné
Pour vous tout le respect, nymphes, imaginable,
Pour elle tout l'amour dont une ame est capable.
Je vois, à la rougeur qui vient de vous saisir,
Que ce que je vous dis ne vous fait pas plaisir.
Si vous parlez, mon cœur appréhende d'entendre
Ce qui peut le blesser par l'endroit le plus tendre;
Et, pour me dérober à de semblables coups,
Nymphes, j'aime bien mieux prendre congé de vous.
LYCARSIS.
Myrtil! holà, Myrtil! veux-tu revenir, traître?
Il fuit; mais on verra qui de nous est le maître.
Ne vous effrayez point de tous ces vains transports;
Vous l'aurez pour époux, j'en réponds corps pour corps.

FIN DU PREMIER ACTE.

ACTE SECOND.

SCÈNE I.

MÉLICERTE, CORINNE.

MÉLICERTE.

Ah! Corinne, tu viens de l'apprendre de Stelle,
Et c'est de Lycarsis qu'elle tient la nouvelle...

CORINNE.

Oui.

MÉLICERTE.

Que les qualités dont Myrtil est orné
Ont su toucher d'amour Eroxène et Daphné?..

CORINNE.

Oui.

MÉLICERTE.

Que pour l'obtenir leur ardeur est si grande,
Qu'ensemble elles en ont déjà fait la demande;
Et que, dans ce débat, elles ont fait dessein
De passer, dès cette heure, à recevoir sa main?
Ah! que tes mots ont peine à sortir de ta bouche!
Et que c'est foiblement que mon souci te touche!

CORINNE.

Mais quoi! que voulez-vous? C'est-là la vérité,
Et vous redites tout comme je l'ai conté.

MÉLICERTE.

Mais comment Lycarsis reçoit-il cette affaire?

MÉLICERTE.

CORINNE.

Comme un honneur, je crois, qui doit beaucoup lui plaire.

MÉLICERTE.

Et ne vois-tu pas bien, toi qui sais mon ardeur,
Qu'avec ces mots, hélas! tu me perces le cœur?

CORINNE.

Comment?

MÉLICERTE.

Me mettre aux yeux, que le sort implacable
Auprès d'elles me rend trop peu considérable,
Et qu'à moi, par leur rang, on les va préférer,
N'est-ce pas une idée à me désespérer?

CORINNE.

Mais quoi! je vous réponds, et dis ce que je pense.

MÉLICERTE.

Ah! tu me fais mourir par ton indifférence.
Mais, dis, quels sentiments Myrtil a-t-il fait voir?

CORINNE.

Je ne sais.

MÉLICERTE.

Et c'est-là ce qu'il falloit savoir,
Cruelle!

CORINNE.

En vérité, je ne sais comment faire;
Et de tous les côtés je trouve à vous déplaire.

MÉLICERTE.

C'est que tu n'entres point dans tous les mouvements
D'un cœur, hélas! rempli de tendres sentiments.
Va-t'en; laisse-moi seule, en cette solitude,
Passer quelques moments de mon inquiétude.

SCÈNE II.

MÉLICERTE.

Vous le voyez, mon cœur, ce que c'est que d'aimer;
Et Bélise avoit su trop bien m'en informer.
Cette charmante mère, avant sa destinée,
Me disoit une fois, sur le bord du Pénée ;
« Ma fille, songe à toi; l'amour aux jeunes cœurs
« Se présente toujours entouré de douceurs.
« D'abord il n'offre aux yeux que choses agréables;
« Mais il traîne après lui des troubles effroyables :
« Et si tu veux passer tes jours dans quelque paix,
« Toujours, comme d'un mal, défends-toi de ses traits.»
De ces leçons, mon cœur, je m'étois souvenue;
Et quand Myrtil venoit à s'offrir à ma vue,
Qu'il jouoit avec moi, qu'il me rendoit des soins,
Je vous disois toujours de vous y plaire moins.
Vous ne me crûtes point; et votre complaisance
Se vit bientôt changée en trop de bienveillance.
Dans ce naissant amour, qui flattoit vos desirs,
Vous ne vous figuriez que joie et que plaisirs;
Cependant vous voyez la cruelle disgrace
Dont en ce triste jour le destin vous menace,
Et la peine mortelle où vous voilà réduit.
Ah! mon cœur, ah! mon cœur, je vous l'avois bien dit.
Mais tenons, s'il se peut, notre douleur couverte.
Voici...

SCÈNE III.

MYRTIL, MÉLICERTE.

MYRTIL.

J'ai fait tantôt, charmante Mélicerte,
Un petit prisonnier que je garde pour vous,
Et dont peut-être un jour je deviendrai jaloux.
C'est un jeune moineau, qu'avec un soin extrême
Je veux, pour vous l'offrir, apprivoiser moi-même.
Le présent n'est pas grand; mais les Divinités
Ne jettent leurs regards que sur les volontés.
C'est le cœur qui fait tout; et jamais la richesse
Des présents que... Mais, ciel! d'où vient cette tristesse?
Qu'avez-vous, Mélicerte? et quel sombre chagrin
Se voit dans vos beaux yeux répandu ce matin?...
Vous ne répondez point; et ce morne silence
Redouble encor ma peine et mon impatience.
Parlez. De quel ennui ressentez-vous les coups?
Qu'est-ce donc?

MÉLICERTE.

Ce n'est rien.

MYRTIL.

Ce n'est rien, dites-vous?
Et je vois cependant vos yeux couverts de larmes.
Cela s'accorde-t-il, beauté pleine de charmes?
Ah! ne me faites point un secret dont je meurs;
Et m'expliquez, hélas! ce que disent ces pleurs.

MÉLICERTE.

Rien ne me serviroit de vous le faire entendre.

MYRTIL.

Devez-vous rien avoir que je ne doive apprendre?
Et ne blessez-vous pas notre amour aujourd'hui,
De vouloir me voler la part de votre ennui?
Ah! ne le cachez point à l'ardeur qui m'inspire.

MÉLICERTE.

Eh bien! Myrtil, eh bien! il faut donc vous le dire.
J'ai su que, par un choix plein de gloire pour vous,
Eroxène et Daphné vous veulent pour époux;
Et je vous avouerai que j'ai cette foiblesse
De n'avoir pu, Myrtil, le savoir sans tristesse,
Sans accuser du sort la rigoureuse loi
Qui les rend, dans leurs vœux, préférables à moi.

MYRTIL.

Et vous pouvez l'avoir, cette injuste tristesse!
Vous pouvez soupçonner mon amour de foiblesse,
Et croire qu'engagé par des charmes si doux
Je puisse être jamais à quelque autre qu'à vous;
Que je puisse accepter une autre main offerte!
Eh! que vous ai-je fait, cruelle Mélicerte,
Pour traiter ma tendresse avec tant de rigueur,
Et faire un jugement si mauvais de mon cœur?
Quoi! faut-il que de lui vous ayez quelque crainte?
Je suis bien malheureux de souffrir cette atteinte!
Et que me sert d'aimer comme je fais, hélas!
Si vous êtes si prête à ne le croire pas?

MÉLICERTE.

Je pourrois moins, Myrtil, redouter ces rivales,
Si les choses étoient de part et d'autre égales;
Et, dans un rang pareil, j'oserois espérer

ACTE II, SCÈNE III.

Que peut-être l'amour me feroit préférer :
Mais l'inégalité de bien et de naissance,
Qui peut, d'elles à moi, faire la différence...

MYRTIL.

Ah! leur rang de mon cœur ne viendra point à bout;
Et vos divins appas vous tiennent lieu de tout.
Je vous aime : il suffit; et dans votre personne
Je vois rang, biens, trésors, états, sceptre, couronne;
Et des rois les plus grands m'offrît-on le pouvoir,
Je n'y changerois pas le bien de vous avoir.
C'est une vérité toute sincère et pure :
Et pouvoir en douter est me faire une injure.

MÉLICERTE.

Eh bien! je crois, Myrtil, puisque vous le voulez,
Que vos vœux par leur rang ne sont point ébranlés;
Et que, bien qu'elles soient nobles, riches et belles,
Votre cœur m'aime assez pour me mieux aimer qu'elles :
Mais ce n'est pas l'amour dont vous suivrez la voix;
Votre père, Myrtil, réglera votre choix;
Et de même qu'à vous je ne lui suis pas chère,
Pour préférer à tout une simple bergère.

MYRTIL.

Non, chère Mélicerte, il n'est père, ni dieux.
Qui me puissent forcer à quitter vos beaux yeux;
Et toujours de mes vœux reine comme vous êtes...

MÉLICERTE.

Ah! Myrtil, prenez garde à ce qu'ici vous faites :
N'allez point présenter un espoir à mon cœur,
Qu'il recevroit peut-être avec trop de douceur,

Et qui, tombant après comme un éclair qui passe,
Me rendroit plus cruel le coup de ma disgrace.

MYRTIL.

Quoi! faut-il des serments appeler le secours,
Lorsque l'on vous promet de vous aimer toujours?
Que vous vous faites tort par de telles alarmes,
Et connoissez bien peu le pouvoir de vos charmes!
Hé bien! puisqu'il le faut, je jure par les Dieux,
Et, si ce n'est assez, je jure par vos yeux,
Qu'on me tuera plutôt que je vous abandonne.
Recevez-en ici la foi que je vous donne;
Et souffrez que ma bouche, avec ravissement,
Sur cette belle main en signe le serment.

MÉLICERTE.

Ah! Myrtil, levez-vous de peur qu'on ne nous voie.

MYRTIL.

Est-il rien...? Mais, ô ciel! on vient troubler ma joie.

SCÈNE IV.

LYCARSIS, MYRTIL, MÉLICERTE.

LYCARSIS.

Ne vous contraignez pas pour moi.

MÉLICERTE, *à part.*

Quel sort fâcheux!

LYCARSIS.

Cela ne va pas mal; continuez tous deux.
Peste! mon petit-fils, que vous avez l'air tendre!
Et qu'en maître déjà vous savez vous y prendre!

ACTE II, SCÈNE IV.

Vous a-t-il, ce savant qu'Athènes exila,
Dans sa philosophie appris ces choses-là?
Et vous qui lui donnez, de si douce manière,
Votre main à baiser, la gentille bergère,
L'honneur vous apprend-il ces mignardes douceurs
Par qui vous débauchez ainsi les jeunes cœurs?

MYRTIL.

Ah! quittez de ces mots l'outrageante bassesse,
Et ne m'accablez point d'un discours qui la blesse.

LYCARSIS.

Je veux lui parler, moi. Toutes ces amitiés...

MYRTIL.

Je ne souffrirai point que vous la maltraitiez.
A du respect pour vous la naissance m'engage;
Mais je saurai, sur moi, vous punir de l'outrage.
Oui, j'atteste le ciel que, si, contre mes vœux,
Vous lui dites encor le moindre mot fâcheux,
Je vais, avec ce fer qui m'en fera justice,
Au milieu de mon sein vous chercher un supplice,
Et, par mon sang versé, lui marquer promptement
L'éclatant désaveu de votre emportement.

MÉLICERTE.

Non, non, ne croyez pas qu'avec art je l'enflamme,
Et que mon dessein soit de séduire son ame.
S'il s'attache à me voir, et me veut quelque bien,
C'est de son mouvement : je ne l'y force en rien.
Ce n'est pas que mon cœur veuille ici se défendre
De répondre à ses vœux d'une ardeur assez tendre;
Je l'aime, je l'avoue, autant qu'on puisse aimer :
Mais cet amour n'a rien qui vous doive alarmer;

Et, pour vous arracher toute injuste créance,
Je vous promets ici d'éviter sa présence,
De faire place au choix où vous vous résoudrez,
Et ne souffrir ses vœux que quand vous le voudrez.

SCÈNE V.

LYCARSIS, MYRTIL.

MYRTIL.

Hé bien! vous triomphez avec cette retraite,
Et dans ces mots votre ame a ce qu'elle souhaite :
Mais apprenez qu'en vain vous vous réjouissez,
Que vous serez trompé dans ce que vous pensez,
Et qu'avec tous vos soins, toute votre puissance,
Vous ne gagnerez rien sur ma persévérance.

LYCARSIS.

Comment! à quel orgueil, fripon, vous vois-je aller!
Est-ce de la façon que l'on me doit parler?

MYRTIL.

Oui, j'ai tort, il est vrai, mon transport n'est pas sage.
Pour rentrer au devoir, je change de langage;
Et je vous prie ici mon père, au nom des Dieux,
Et par tout ce qui peut vous être précieux,
De ne vous point servir, dans cette conjoncture,
Des fiers droits que sur moi vous donne la nature :
Ne m'empoisonnez point vos bienfaits les plus doux.
Le jour est un présent que j'ai reçu de vous;
Mais de quoi vous serai-je aujourd'hui redevable
Si vous me l'allez rendre, hélas! insupportable?

Il est, sans Mélicerte, un supplice à mes yeux;
Sans ses divins appas rien ne m'est précieux :
Ils font tout mon bonheur et toute mon envie;
Et si vous me l'ôtez, vous m'arrachez la vie.

LYCARSIS, *à part.*

Aux douleurs de son ame il me fait prendre part.
Qui l'auroit jamais cru de ce petit pendard?
Quel amour! quels transports! quels discours pour son âge!
J'en suis confus, et sens que cet amour m'engage.

MYRTIL, *se jetant aux genoux de Lycarsis.*

Voyez, me voulez-vous ordonner de mourir?
Vous n'avez qu'à parler; je suis prêt d'obéir.

LYCARSIS, *à part.*

Je n'y puis plus tenir; il m'arrache des larmes,
Et ses tendres propos me font rendre les armes.

MYRTIL.

Que si dans votre cœur un reste d'amitié
Vous peut de mon destin donner quelque pitié,
Accordez Mélicerte à mon ardente envie,
Et vous ferez bien plus que me donner la vie.

LYCARSIS.

Lève-toi.

MYRTIL.

Serez-vous sensible à mes soupirs?

LYCARSIS.

Oui.

MYRTIL.

J'obtiendrai de vous l'objet de mes desirs?

LYCARSIS.

Oui.

MYRTIL.

Vous ferez pour moi que son oncle l'oblige
A me donner sa main?

LYCARSIS.

Oui. Lève-toi, te dis-je.

MYRTIL.

O père! le meilleur qui jamais ait été,
Que je baise vos mains après tant de bonté!

LYCARSIS.

Ah! que pour ses enfants un père a de foiblesse!
Peut-on rien refuser à leurs mots de tendresse?
Et ne se sent-on pas certains mouvements doux,
Quand on vient à songer que cela sort de vous?

MYRTIL.

Me tiendrez-vous au moins la parole avancée?
Ne changerez-vous point, dites-moi, de pensée?

LYCARSIS.

Non.

MYRTIL.

Me permettez-vous de vous désobéir,
Si de ces sentiments on vous fait revenir?
Prononcez le mot.

LYCARSIS.

Oui. Ah! nature, nature!
Je m'en vais trouver Mopse, et lui faire ouverture
De l'amour que sa nièce et toi vous vous portez.

MYRTIL.

Ah! que ne dois-je point à vos rares bontés!
  (*seul.*)
Quelle heureuse nouvelle à dire à Mélicerte!

Je n'accepterois pas une couronne offerte,
Pour le plaisir que j'ai de courir lui porter
Ce merveilleux succès qui la doit contenter.

SCÈNE VI.

ACANTHE, TIRÈNE, MYRTIL.

ACANTHE.

Ah! Myrtil, vous avez du ciel reçu des charmes
Qui nous ont préparé des matières de larmes;
Et leur naissant éclat, fatal à nos ardeurs,
De ce que nous aimons nous enlève les cœurs.

TIRÈNE.

Peut-on savoir, Myrtil, vers qui de ces deux belles
Vous tournerez ce choix dont courent les nouvelles,
Et sur qui doit de nous tomber ce coup affreux
Dont se voit foudroyé tout l'espoir de nos vœux?

ACANTHE.

Ne faites point languir deux amants davantage,
Et nous dites quel sort votre cœur nous partage.

TIRÈNE.

Il vaut mieux, quand on craint ces malheurs éclatants,
En mourir tout d'un coup que traîner si long-temps.

MYRTIL.

Rendez, nobles bergers, le calme à votre flamme;
La belle Mélicerte a captivé mon ame.
Auprès de cet objet mon sort est assez doux
Pour ne pas consentir à rien prendre sur vous;
Et si vos vœux enfin n'ont que les miens à craindre,
Vous n'aurez, l'un ni l'autre, aucun lieu de vous plaindre.

ACANTHE.

Ah! Myrtil, se peut-il que deux tristes amants...

TIRÈNE.

Est-il vrai que le ciel, sensible à nos tourments...

MYRTIL.

Oui : content de mes fers comme d'une victoire,
Je me suis excusé de ce choix plein de gloire;
J'ai de mon père encor changé les volontés,
Et l'ai fait consentir à mes félicités.

ACANTHE, *à Tirène.*

Ah! que cette aventure est un charmant miracle!
Et qu'à notre poursuite elle ôte un grand obstacle!

TIRÈNE, *à Acanthe.*

Elle peut renvoyer ces nymphes à nos vœux,
Et nous donner moyen d'être contents tous deux.

SCÈNE VII.

NICANDRE, MYRTIL, ACANTHE, TIRÈNE.

NICANDRE.

Savez-vous en quel lieu Mélicerte est cachée?

MYRTIL.

Comment?

NICANDRE.

En diligence elle est partout cherchée.

MYRTIL.

Et pourquoi?

NICANDRE.

Nous allons perdre cette beauté.
C'est pour elle qu'ici le roi s'est transporté;

Avec un grand seigneur on dit qu'il la marie.
MYRTIL.
O ciel! Expliquez-moi ce discours, je vous prie.
NICANDRE.
Ce sont des incidents grands et mystérieux.
Oui, le roi vient chercher Mélicerte en ces lieux;
Et l'on dit qu'autrefois feu Bélise sa mère,
Dont tout Tempé croyoit que Mopse étoit le frère...
Mais je me suis chargé de la chercher partout :
Vous saurez tout cela tantôt de bout en bout.
MYRTIL.
Ah! dieux! quelle rigueur! Hé! Nicandre, Nicandre!
ACANTHE.
Suivons aussi ses pas, afin de tout apprendre.

FIN DE MÉLICERTE.

PASTORALE
COMIQUE.

1666.

PERSONNAGES DE LA PASTORALE.

IRIS, jeune bergère.
LYCAS, riche pasteur, amant d'Iris.
PHILÈNE, riche pasteur, amant d'Iris.
CORYDON, berger, confident de Lycas, amant d'Iris.
UN PATRE, ami de Philène.
UN BERGER.

PERSONNAGES DU BALLET.

MAGICIENS dansants.
MAGICIENS chantants.
DÉMONS dansants.
PAYSANS.
UNE ÉGYPTIENNE chantante et dansante.
ÉGYPTIENS dansants.

La scène est en Thessalie, dans un hameau de la vallée de Tempé.

PASTORALE
COMIQUE.

SCÈNE I.

LYCAS, CORYDON.

SCÈNE II.

LYCAS, MAGICIENS *chantants et dansants*, DÉMONS.

PREMIÈRE ENTRÉE DE BALLET.

(Deux magiciens commencent, en dansant, un enchantement pour embellir Lycas ; ils frappent la terre avec leurs baguettes, et en font sortir six démons, qui se joignent à eux. Trois magiciens sortent aussi de dessous terre.)

TROIS MAGICIENS CHANTANTS.

Déesse des appas,
Ne nous refuse pas
La grâce qu'implorent nos bouches.
Nous t'en prions par tes rubans,
Par tes boucles de diamants,
Ton rouge, ta poudre, tes mouches,
Ton masque, ta coiffe et tes gants.

UN MAGICIEN, *seul*.

O toi, qui peux rendre agréables
Les visages les plus mal faits,

Répands, Vénus, de tes attraits
Deux ou trois doses charitables
Sur ce museau tondu tout frais.

TROIS MAGICIENS CHANTANTS.

Déesse des appas,
Ne nous refuse pas
La grâce qu'implorent nos bouches.
Nous t'en prions par tes rubans,
Par tes boucles de diamants,
Ton rouge, ta poudre, tes mouches,
Ton masque, ta coiffe et tes gants.

SECONDE ENTRÉE DE BALLET.

(Les six démons dansants habillent Lycas d'une manière ridicule et bizarre.)

LES TROIS MAGICIENS CHANTANTS.

Ah! qu'il est beau
Le jouvenceau!
Ah! qu'il est beau! ah! qu'il est beau!
Qu'il va faire mourir de belles!
Auprès de lui, les plus cruelles
Ne pourront tenir dans leur peau.
Ah! qu'il est beau
Le jouvenceau!
Ah! qu'il est beau! ah! qu'il est beau!
Ho! ho! ho! ho! ho! ho! ho! ho!

SCÈNE II.

TROISIÈME ENTRÉE DE BALLET.

(*Les magiciens et les démons continuent leurs danses, tandis que les trois magiciens chantants continuent à se moquer de Lycas.*)

LES TROIS MAGICIENS CHANTANTS.

Qu'il est joli,
Gentil, poli!
Qu'il est joli! qu'il est joli!
Est-il des yeux qu'il ne ravisse?
Il passe en beauté feu Narcisse,
Qui fut un blondin accompli.
Qu'il est joli,
Gentil, poli!
Qu'il est joli! qu'il est joli!
Hi, hi, hi, hi, hi, hi, hi, hi.

(*Les trois magiciens chantants s'enfoncent dans la terre, et les magiciens dansants disparoissent.*)

SCÈNE III.

LYCAS, PHILÈNE.

PHILÈNE, *sans voir Lycas, chante.*

Paissez, chères brebis, les herbettes naissantes;
Ces prés et ces ruisseaux ont de quoi vous charmer:
Mais si vous desirez vivre toujours contentes,
Petites innocentes,
Gardez-vous bien d'aimer.

LYCAS, *sans voir Philène.*

(*Ce pasteur, voulant faire des vers pour sa maîtresse, prononce le nom d'Iris assez haut pour que Philène l'entende.*)

PHILÈNE, *à Lycas.*

Est-ce toi que j'entends, téméraire? est-ce toi
Qui nommes la beauté qui me tient sous sa loi?

LYCAS.

Oui, c'est moi; oui, c'est moi.

PHILÈNE.

Oses-tu bien, en aucune façon,
Proférer ce beau nom?

LYCAS.

Hé! pourquoi non? hé! pourquoi non?

PHILÈNE.

Iris charme mon ame;
Et qui pour elle aura
Le moindre brin de flamme,
Il s'en repentira.

LYCAS.

Je me moque de cela,
Je me moque de cela.

PHILÈNE.

Je t'étranglerai, mangerai,
Si tu nommes jamais ma belle.
Ce que je dis, je le ferai,
Je t'étranglerai, mangerai;
Il suffit que j'en ai juré.
Quand les dieux prendroient ta querelle,
Je t'étranglerai, mangerai,
Si tu nommes jamais ma belle.

LYCAS.

Bagatelle, bagatelle.

SCÈNE IV.

IRIS, LYCAS.

SCÈNE V.

LYCAS, UN PATRE.

(*Le pâtre apporte à Lycas un cartel de la part de Philène.*)

SCÈNE VI.

LYCAS, CORYDON.

SCÈNE VII.

PHILÈNE, LYCAS.

PHILÈNE *chante.*
Arrête, malheureux;
Tourne, tourne visage,
Et voyons qui des deux
Obtiendra l'avantage.
LYCAS.
(*Lycas hésite à se battre.*)
PHILÈNE.
C'est par trop discourir;
Allons, il faut mourir.

SCÈNE VIII.

PHILÈNE, LYCAS, PAYSANS.

(Les paysans viennent pour séparer Philène et Lycas.)

QUATRIÈME ENTRÉE DE BALLET.

(Les paysans prennent querelle en voulant séparer les deux pasteurs, et dansent en se battant.)

SCÈNE IX.

CORYDON, LYCAS, PHILÈNE, PAYSANS.

(Corydon, par ses discours, trouve moyen d'apaiser la querelle des paysans.)

CINQUIÈME ENTRÉE DE BALLET.

(Les paysans réconciliés dansent ensemble.)

SCÈNE X.

CORYDON, LYCAS, PHILÈNE.

SCÈNE XI.

IRIS, CORYDON.

SCÈNE XII.

PHILÈNE, LYCAS, IRIS, CORYDON.

(Lycas et Philène, amants de la bergère, la pressent de décider lequel des deux aura la préférence.)

SCÈNE XII.

PHILÈNE, *à Iris.*

N'attendez pas qu'ici je me vante moi-même
Pour le choix que vous balancez;
Vous avez des yeux, je vous aime,
C'est vous en dire assez.
(*La bergère décide en faveur de Corydon.*)

SCÈNE XIII.

PHILÈNE, LYCAS.

PHILÈNE *chante.*

Hélas! peut-on sentir de plus vive douleur?
Nous préférer un servile pasteur!
O ciel!

LYCAS *chante.*

O sort!

PHILÈNE.

Quelle rigueur!

LYCAS.

Quel coup!

PHILÈNE.

Quoi! tant de pleurs...

LYCAS.

Tant de persévérance...

PHILÈNE.

Tant de langueur...

LYCAS.

Tant de souffrance...

PHILÈNE.

Tant de vœux...

LYCAS.

Tant de soins...

PHILÈNE.

Tant d'ardeur...

LYCAS.

Tant d'amour...

PHILÈNE.

Avec tant de mépris sont traités en ce jour !
Ah ! cruelle !

LYCAS.

Cœur dur !

PHILÈNE.

Tigresse !

LYCAS.

Inexorable !

PHILÈNE.

Inhumaine !

LYCAS.

Insensible !

PHILÈNE.

Ingrate !

LYCAS.

Impitoyable !

PHILÈNE.

Tu veux donc nous faire mourir !
Il te faut contenter.

LYCAS.

Il te faut obéir.

PHILÈNE, *tirant son javelot.*

Mourons, Lycas.

SCÈNE XIII.

LYCAS, *tirant son javelot.*
   Mourons, Philène.
PHILÈNE.
Avec ce fer finissons notre peine.
LYCAS.
Pousse.
PHILÈNE.
 Ferme.
LYCAS.
  Courage.
PHILÈNE.
    Allons, va le premier.
LYCAS.
Non, je veux marcher le dernier.
PHILÈNE.
Puisque même malheur aujourd'hui nous assemble,
 Allons, partons ensemble.

SCÈNE XIV.

UN BERGER, LYCAS, PHILÈNE.

 LE BERGER *chante.*
 Ah! quelle folie
 De quitter la vie
 Pour une beauté
 Dont on est rebuté!
On peut, pour un objet aimable,
Dont le cœur nous est favorable,
 Vouloir perdre la clarté;

Mais quitter la vie
Pour une beauté
Dont on est rebuté,
Ah! quelle folie!

SCÈNE XV.

UNE ÉGYPTIENNE; ÉGYPTIENS *dansants*.

L'ÉGYPTIENNE.

D'un pauvre cœur
Soulagez le martyre;
D'un pauvre cœur
Soulagez la douleur.
J'ai beau vous dire
Ma vive ardeur,
Je vous vois rire
De ma langueur :
Ah! cruel, j'expire
Sous tant de rigueur!
D'un pauvre cœur
Soulagez le martyre;
D'un pauvre cœur
Soulagez la douleur.

SIXIÈME et dernière ENTRÉE DE BALLET.

(*Douze Égyptiens, dont quatre jouent de la guitare, quatre des castagnettes, quatre des gnacares*, dansent avec l'Égyptienne aux chansons qu'elle chante.*)

* Espèce de cymbales, en italien *gnaccare*.

SCÈNE XV.
L'ÉGYPTIENNE.

Croyez-moi, hâtons-nous, ma Sylvie,
Usons bien des moments précieux,
   Contentons ici notre envie ;
De nos ans le feu nous y convie :
Nous ne saurions, vous et moi, faire mieux.

   Quand l'hiver a glacé nos guérets,
Le printemps vient reprendre sa place,
Et ramène à nos champs leurs attraits ;
   Mais, hélas ! quand l'âge nous glace,
Nos beaux jours ne reviennent jamais.

Ne cherchons tous les jours qu'à nous plaire ;
Soyons-y l'un et l'autre empressés ;
   Du plaisir faisons notre affaire :
Des chagrins songeons à nous défaire,
Il vient un temps où l'on en prend assez.

   Quand l'hiver a glacé nos guérets,
Le printemps vient reprendre sa place,
Et ramène à nos champs leurs attraits ;
   Mais, hélas ! quand l'âge nous glace,
Nos beaux jours ne reviennent jamais.

FIN DE LA PASTORALE COMIQUE.

NOMS DES ACTEURS

qui ont récité, chanté et dansé dans la Pastorale.

Iris, mademoiselle *de Brie.*
Lycas, le sieur *Molière.*
Philène, le sieur *Estival.*
Corydon, le sieur *de la Grange.*
Un berger, le sieur *Blondel.*
Un paire, le sieur *de Châteauneuf.*
Magiciens dansants, les sieurs *la Pierre, Favier.*
Magiciens chantants, les sieurs *le Gros, Don, Gaye.*
Démons dansants, les sieurs *Chicaneau, Bonard, Noblet le cadet, Arnald, Mayeu, Foignard.*
Paysans, les sieurs *Dolivet, Desonets, du Pron, la Pierre, Mercier, Pesan, le Roy.*
Égyptienne dansante et chantante, le sieur *Noblet l'aîné.*
Égyptiens dansants. Quatre jouant de la guitare, les sieurs *Lully, Beauchamp, Chicaneau, Vaignard;*

Quatre jouant des castagnettes, les sieurs *Favier, Bonard, Saint-André, Arnald;*

Quatre jouant des gnacares, les sieurs *la Mare, Des-Airs second, du Feu, Pesan.*

LE SICILIEN,

ou

L'AMOUR PEINTRE,

COMÉDIE-BALLET.

1667.

PERSONNAGES DE LA COMÉDIE.

Don PÈDRE, gentilhomme sicilien.
ADRASTE, gentilhomme françois, amant d'Isidore.
ISIDORE, Grecque, esclave de don Pèdre.
ZAÏDE, jeune esclave.
UN SÉNATEUR.
HALI, Turc, esclave d'Adraste.
Deux laquais.

PERSONNAGES DU BALLET.

Musiciens.
Esclave chantant.
Esclaves dansants.
Mauris et Mauresques dansants.

La scène est à Messine, dans une place publique.

LE SICILIEN,

OU

L'AMOUR PEINTRE,

COMÉDIE-BALLET.

SCÈNE I.

HALI, MUSICIENS.

HALI, *aux musiciens.*

Chut. N'avancez pas davantage, et demeurez dans cet endroit jusqu'à ce que je vous appelle.

SCÈNE II.

HALI.

Il fait noir comme dans un four. Le ciel s'est habillé ce soir en scaramouche; et je ne vois pas une étoile qui montre le bout de son nez. Sotte condition que celle d'un esclave, de ne vivre jamais pour soi, et d'être toujours tout entier aux passions d'un maître, de n'être réglé que par ses humeurs, et de se voir réduit à faire ses propres affaires de tous les soucis qu'il peut prendre! Le mien me fait ici épouser ses inquiétudes; et, parce qu'il est amoureux, il faut que, nuit et jour, je n'aie aucun repos. Mais voici des flambeaux ; et sans doute c'est lui.

SCÈNE III.

ADRASTE ; DEUX LAQUAIS, *portant chacun un flambeau ;*
HALI.

ADRASTE.

Est-ce toi, Hali ?

HALI.

Et qui pourroit-ce être que moi, à ces heures de nuit ? Hors vous et moi, monsieur, je ne crois pas que personne s'avise de courir maintenant les rues.

ADRASTE.

Aussi ne crois-je pas qu'on puisse voir personne qui sente dans son cœur la peine que je sens. Car enfin, ce n'est rien d'avoir à combattre l'indifférence ou les rigueurs d'une beauté qu'on aime, on a toujours au moins le plaisir de la plainte et la liberté des soupirs : mais ne pouvoir trouver aucune occasion de parler à ce qu'on adore, ne pouvoir savoir d'une belle si l'amour qu'inspirent ses yeux est pour lui plaire ou lui déplaire, c'est la plus fâcheuse, à mon gré, de toutes les inquiétudes ; et c'est où me réduit l'incommode jaloux qui veille, avec tant de souci, sur ma charmante Grecque, et ne fait pas un pas sans la traîner à ses côtés.

HALI.

Mais il est, en amour, plusieurs façons de se parler ; et il me semble, à moi, que vos yeux et les siens, depuis près de deux mois, se sont dit bien des choses.

SCÈNE III.

ADRASTE.

Il est vrai qu'elle et moi souvent nous nous sommes parlé des yeux ; mais comment reconnoître que chacun de notre côté nous ayons, comme il faut, expliqué ce langage ? Et que sais-je, après tout, si elle entend bien tout ce que mes regards lui disent, et si les siens me disent ce que je crois parfois entendre ?

HALI.

Il faut chercher quelque moyen de se parler d'autre manière.

ADRASTE.

As-tu là tes musiciens ?

HALI.

Oui.

ADRASTE.

Fais-les approcher. (*seul*) Je veux jusqu'au jour les faire ici chanter, et voir si leur musique n'obligera point cette belle à paroître à quelque fenêtre.

SCÈNE IV.

ADRASTE, HALI, MUSICIENS.

HALI.

Les voici. Que chanteront-ils ?

ADRASTE.

Ce qu'ils jugeront de meilleur.

HALI.

Il faut qu'ils chantent un trio qu'ils me chantèrent l'autre jour.

ADRASTE.

Non. Ce n'est pas ce qu'il me faut.

HALI.

Ah! monsieur, c'est du beau bécarre.

ADRASTE.

Que diantre veux-tu dire avec ton beau bécarre?

HALI.

Monsieur, je tiens pour le bécarre. Vous savez que je m'y connois. Le bécarre me charme; hors du bécarre, point de salut en harmonie. Ecoutez un peu ce trio.

ADRASTE.

Non, je veux quelque chose de tendre et de passionné, quelque chose qui m'entretienne dans une douce rêverie.

HALI.

Je vois bien que vous êtes pour le bémol. Mais il y a moyen de nous contenter l'un et l'autre : il faut qu'ils vous chantent une certaine scène d'une petite comédie que je leur ai vu essayer. Ce sont deux bergers amoureux, tout remplis de langueur, qui, sur bémol, viennent séparément faire leurs plaintes dans un bois, puis se découvrent l'un à l'autre la cruauté de leurs maîtresses; et là-dessus vient un berger joyeux avec un bécarre admirable, qui se moque de leur foiblesse.

ADRASTE.

J'y consens. Voyons ce que c'est.

HALI.

Voici, tout juste, un lieu propre à servir de scène; et voilà deux flambeaux pour éclairer la comédie.

SCÈNE IV.

ADRASTE.

Place-toi contre ce logis, afin qu'au moindre bruit que l'on fera dedans, je fasse cacher les lumières.

FRAGMENT DE COMÉDIE,

CHANTÉ ET ACCOMPAGNÉ PAR LES MUSICIENS QU'HALI A AMENÉS.

SCÈNE PREMIÈRE.

PHILÈNE, TIRCIS.

PREMIER MUSICIEN, *représentant Philène.*
Si du triste récit de mon inquiétude
Je trouble le repos de votre solitude,
   Rochers, ne soyez point fâchés :
Quand vous saurez l'excès de mes peines secrètes,
    Tout rochers que vous êtes,
    Vous en serez touchés.

DEUXIÈME MUSICIEN, *représentant Tircis.*
Les oiseaux réjouis, dès que le jour s'avance,
Recommencent leurs chants dans ces vastes forêts;
   Et moi j'y recommence
Mes soupirs languissants et mes tristes regrets.
   Ah! mon cher Philène...

PHILÈNE.

Ah! mon cher Tircis...

TIRCIS.

Que je sens de peine!

PHILÈNE.

Que j'ai de soucis!

TIRCIS.
Toujours sourde à mes vœux est l'ingrate Climène.
PHILÈNE.
Chloris n'a point pour moi de regards adoucis.
TOUS DEUX ENSEMBLE.
O loi trop inhumaine!
Amour, si tu ne peux les contraindre d'aimer,
Pourquoi leur laisses-tu le pouvoir de charmer?

SCÈNE II.

PHILÈNE, TIRCIS, UN PATRE.

TROISIÈME MUSICIEN, *représentant un Pâtre.*
Pauvres amants, quelle erreur
D'adorer des inhumaines!
Jamais les ames bien saines
Ne se payent de rigueur;
Et les faveurs sont les chaînes
Qui doivent lier un cœur.

On voit cent belles ici
Auprès de qui je m'empresse;
A leur vouer ma tendresse
Je mets mon plus doux souci:
Mais lorsque l'on est tigresse,
Ma foi, je suis tigre aussi.

PHILÈNE ET TIRCIS ENSEMBLE.
Heureux, hélas! qui peut aimer ainsi!

SCÈNE IV.

HALI.

Monsieur, je viens d'ouïr quelque bruit au-dedans.

ADRASTE.

Qu'on se retire vite, et qu'on éteigne les flambeaux.

SCÈNE V.

D. PÈDRE, ADRASTE, HALI.

D. PÈDRE, *sortant de sa maison en bonnet de nuit et en robe de chambre, avec une épée sous son bras.*

Il y a quelque temps que j'entends chanter à ma porte ; et sans doute cela ne se fait pas pour rien. Il faut que, dans l'obscurité, je tâche à découvrir quelles gens ce peuvent être.

ADRASTE.

Hali.

HALI.

Quoi ?

ADRASTE.

N'entends-tu plus rien ?

HALI.

Non.

(*D. Pèdre est derrière eux, qui les écoute.*)

ADRASTE.

Quoi ! tous nos efforts ne pourront obtenir que je parle un moment à cette aimable Grecque ! et ce jaloux maudit, ce traître de Sicilien, me fermera toujours tout accès auprès d'elle.

HALI.

Je voudrois, de bon cœur, que le diable l'eût emporté, pour la fatigue qu'il nous donne, le fâcheux, le bourreau qu'il est! Ah! si nous le tenions ici, que je prendrois de joie à venger, sur son dos, tous les pas inutiles que sa jalousie nous fait faire!

ADRASTE.

Si faut-il bien pourtant trouver quelque moyen, quelque invention, quelque ruse, pour attraper notre brutal. J'y suis trop engagé pour en avoir le démenti; et quand j'y devrois employer...

HALI.

Monsieur, je ne sais pas ce que cela veut dire, mais la porte est ouverte; et, si vous le voulez, j'entrerai doucement pour découvrir d'où cela vient.

(*D. Pèdre se retire sur sa porte.*)

ADRASTE.

Oui, fais; mais sans faire de bruit. Je ne m'éloigne pas de toi. Plût au ciel que ce fût la charmante Isidore!

D. PÈDRE, *donnant un soufflet à Hali.*

Qui va là?

HALI, *rendant le soufflet à D. Pèdre.*

Ami.

D. PÈDRE.

Holà! Francisque, Dominique, Simon, Martin, Pierre, Thomas, George, Charles, Barthélemi : allons, promptement, mon épée, ma rondache, ma hallebarde, mes pistolets, mes mousquetons, mes fusils. Vite, dépêchez. Allons, tue, point de quartier.

SCÈNE VI.

ADRASTE, HALI.

ADRASTE.

Je n'entends remuer personne. Hali, Hali.

HALI, *caché dans un coin.*

Monsieur.

ADRASTE.

Où donc te caches-tu ?

HALI.

Ces gens sont-ils sortis ?

ADRASTE.

Non. Personne ne bouge.

HALI, *sortant d'où il étoit caché.*

S'ils viennent, ils seront frottés.

ADRASTE.

Quoi ! tous nos soins seront donc inutiles ! et toujours ce fâcheux jaloux se moquera de nos desseins !

HALI.

Non. Le courroux du point d'honneur me prend : il ne sera pas dit qu'on triomphe de mon adresse ; ma qualité de fourbe s'indigne de tous ces obstacles, et je prétends faire éclater les talents que j'ai eus du ciel.

ADRASTE.

Je voudrois seulement que, par quelque moyen, par un billet, par quelque bouche, elle fût avertie des sentiments qu'on a pour elle, et savoir les siens là-dessus. Après, on peut trouver facilement les moyens...

HALI.

Laissez-moi faire seulement. J'en essaierai tant, de toutes les manières, que quelque chose enfin nous pourra réussir. Allons, le jour paroît; je vais chercher mes gens, et venir attendre, en ce lieu, que notre jaloux sorte.

SCÈNE VII.

D. PÈDRE, ISIDORE.

ISIDORE.

Je ne sais pas quel plaisir vous prenez à me réveiller si matin. Cela s'ajuste assez mal, ce me semble, au dessein que vous avez pris de me faire peindre aujourd'hui; et ce n'est guère pour avoir le teint frais et les yeux brillants, que se lever ainsi dès la pointe du jour.

D. PÈDRE.

J'ai une affaire qui m'oblige à sortir à l'heure qu'il est.

ISIDORE.

Mais l'affaire que vous avez, eût bien pu se passer, je crois, de ma présence; et vous pouviez, sans vous incommoder, me laisser goûter les douceurs du sommeil du matin.

D. PÈDRE.

Oui. Mais je suis bien aise de vous voir toujours avec moi. Il n'est pas mal de s'assurer un peu contre les soins des surveillants; et cette nuit encore on est venu chanter sous nos fenêtres.

ISIDORE.

Il est vrai : la musique en étoit admirable.

D. PÈDRE.

C'étoit pour vous que cela se faisoit?

ISIDORE.

Je le veux croire ainsi, puisque vous me le dites.

D. PÈDRE.

Vous savez qui étoit celui qui donnoit cette sérénade?

ISIDORE.

Non pas; mais, qui que ce puisse être, je lui suis obligée.

D. PÈDRE.

Obligée?

ISIDORE.

Sans doute, puisqu'il cherche à me divertir.

D. PÈDRE.

Vous trouvez donc bon qu'on vous aime?

ISIDORE.

Fort bon. Cela n'est jamais qu'obligeant.

D. PÈDRE.

Et vous voulez du bien à tous ceux qui prennent ce soin?

ISIDORE.

Assurément.

D. PÈDRE.

C'est dire fort net ses pensées.

ISIDORE.

A quoi bon de dissimuler. Quelque mine qu'on fasse, on est toujours bien aise d'être aimée. Ces hommages à nos appas ne sont jamais pour nous déplaire. Quoi qu'on en puisse dire, la grande ambition des femmes est, croyez-moi, d'inspirer de l'amour. Tous les soins qu'elles prennent, ne sont que pour cela; et l'on n'en voit point de si fière qui ne s'applaudisse en son cœur des conquêtes que font ses yeux.

D. PÈDRE.

Mais si vous prenez, vous, du plaisir à vous voir aimée, savez-vous bien, moi qui vous aime, que je n'y en prends nullement?

ISIDORE.

Je ne sais pas pourquoi cela; et si j'aimois quelqu'un, je n'aurois point de plus grand plaisir que de le voir aimé de tout le monde. Y a-t-il rien qui marque davantage la beauté du choix que l'on fait? et n'est-ce pas pour s'applaudir, que ce que nous aimons soit trouvé fort aimable?

D. PÈDRE.

Chacun aime à sa guise, et ce n'est pas là ma méthode. Je serai fort ravi qu'on ne vous trouve point si belle, et vous m'obligerez de n'affecter point tant de la * paroître à d'autres yeux.

ISIDORE.

Quoi! jaloux de ces choses-là?

---

* Ainsi au lieu de *le*, que veut la règle.

SCÈNE VII.

D. PÈDRE.

Oui, jaloux de ces choses-là ; mais jaloux comme un tigre, et, si vous voulez, comme un diable. Mon amour vous veut toute à moi. Sa délicatesse s'offense d'un souris, d'un regard qu'on vous peut arracher ; et tous les soins qu'on me voit prendre, ne sont que pour fermer tout accès aux galants, et m'assurer la possession d'un cœur dont je ne puis souffrir qu'on me vole la moindre chose.

ISIDORE.

Certes, voulez-vous que je dise? vous prenez un mauvais parti ; et la possession d'un cœur est fort mal assurée, lorsqu'on prétend le retenir par la force. Pour moi, je vous l'avoue, si j'étois galant d'une femme qui fût au pouvoir de quelqu'un, je mettrois toute mon étude à rendre ce quelqu'un jaloux, et l'obligerois à veiller nuit et jour celle que je voudrois gagner. C'est un admirable moyen d'avancer ses affaires ; et l'on ne tarde guère à profiter du chagrin et de la colère que donnent à l'esprit d'une femme la contrainte et la servitude.

D. PÈDRE.

Si bien donc que, si quelqu'un vous en contoit, il vous trouveroit disposée à recevoir ses vœux?

ISIDORE.

Je ne vous dis rien là-dessus. Mais les femmes enfin n'aiment pas qu'on les gêne ; et c'est beaucoup risquer que de leur montrer des soupçons, et de les tenir renfermées.

D. PÈDRE.

Vous reconnoissez peu ce que vous me devez; et il me semble qu'une esclave qu'on a affranchie, et dont on veut faire sa femme...

ISIDORE.

Quelle obligation vous ai-je, si vous changez mon esclavage en un autre beaucoup plus rude, si vous ne me laissez jouir d'aucune liberté, et me fatiguez, comme on voit, d'une garde continuelle?

D. PÈDRE.

Mais tout cela ne part que d'un excès d'amour.

ISIDORE.

Si c'est votre façon d'aimer, je vous prie de me haïr.

D. PÈDRE.

Vous êtes aujourd'hui dans une humeur désobligeante; et je pardonne ces paroles au chagrin où vous pouvez être de vous être levée matin.

SCÈNE VIII.

D. PÈDRE, ISIDORE; HALI, *habillé en Turc, et faisant plusieurs révérences à D. Pèdre.*

D. PÈDRE.

Trêve aux cérémonies : que voulez-vous?

HALI, *se mettant entre D. Pèdre et Isidore.*

(*Il se tourne vers Isidore, à chaque parole qu'il dit à D. Pèdre, et lui fait des signes pour lui faire connoître le dessein de son maître.*)

SCÈNE VIII.

Signor, (avec la permission de la signore) je vous dirai (avec la permission de la signore) que je viens vous trouver (avec la permission de la signore) pour vous prier (avec la permission de la signore) de vouloir bien (avec la permission de la signore)...

D. PÈDRE.

Avec la permission de la signore, passez un peu de ce côté.

(*D. Pèdre se met entre Hali et Isidore.*)

HALI.

Signor, je suis un virtuose.

D. PÈDRE.

Je n'ai rien à donner.

HALI.

Ce n'est pas ce que je demande. Mais, comme je me mêle un peu de musique et de danse, j'ai instruit quelques esclaves qui voudroient bien trouver un maître qui se plût à ces choses; et, comme je sais que vous êtes une personne considérable, je voudrois vous prier de les voir et de les entendre, pour les acheter s'ils vous plaisent, ou pour leur enseigner quelqu'un de vos amis qui voulût s'en accommoder.

ISIDORE.

C'est une chose à voir, et cela nous divertira. Faites-les-nous venir.

HALI.

Chala bala... Voici une chanson nouvelle qui est du temps. Ecoutez bien. Chala bala.

SCÈNE IX.

D. PÈDRE, ISIDORE, HALI, ESCLAVES TURCS.

UN ESCLAVE, *chantant, à Isidore.*
D'un cœur ardent, en tous lieux,
Un amant suit une belle;
Mais d'un jaloux odieux
La vigilance éternelle
Fait qu'il ne peut, que des yeux,
S'entretenir avec elle.
Est-il peine plus cruelle.
Pour un cœur bien amoureux?
(*à D. Pèdre.*)
Chiribirida ouch alla,
Star bon Turca,
Non aver danara :
Ti voler comprara?
Mi servir a ti,
Se pagar per mi;
Far bona coucina,
Mi levar matina,
Far boller caldara.
Parlara, parlara :
Ti voler comprara?

SCÈNE IX.

PREMIÈRE ENTRÉE DE BALLET.

(*Danse des esclaves.*)

L'ESCLAVE, *à Isidore.*
C'est un supplice, à tous coups,
Sous qui cet amant expire;
Mais si, d'un œil un peu doux,
La belle voit son martyre,
Et consent qu'aux yeux de tous
Pour ses attraits il soupire,
Il pourroit bientôt se rire
De tous les soins du jaloux.

(*à D. Pèdre.*)
Chiribirida ouch alla,
Star bon Turca,
Non aver danara :
Ti voler comprara?
Mi servir a ti,
Se pagar per mi;
Far bona coucina,
Mi levar matina,
Far boller caldara.
Parlara, parlara :
Ti voler comprara?

SECONDE ENTRÉE DE BALLET.

(*Les esclaves recommencent leurs danses.*)

D. PÈDRE *chante.*
Savez-vous, mes drôles,
Que cette chanson
Sent, pour vos épaules,
Les coups de bâton?
Chiribirida ouch alla,
Mi ti non compara,
Ma ti bastonara,
Si ti non andara;
Andara, andara,
O ti bastonara.

(*à Isidore.*)

Oh! oh! quels égrillards! Allons; rentrons ici : j'ai changé de pensée; et puis le temps se couvre un peu.

(*à Hali qui paroit encore.*)

Ah! fourbe, que je vous y trouve!

HALI.

Hé bien oui, mon maître l'adore. Il n'a point de plus grand desir que de lui montrer son amour; et, si elle y consent, il la prendra pour femme.

D. PÈDRE.

Oui, oui, je la lui garde.

HALI.

Nous l'aurons malgré vous.

D. PÈDRE.

Comment! coquin...

SCÈNE IX.

HALI.

Nous l'aurons, dis-je, en dépit de vos dents.

D. PÈDRE.

Si je prends...

HALI.

Vous avez beau faire la garde ; j'en ai juré, elle sera à nous.

D. PÈDRE.

Laisse-moi faire, je t'attraperai sans courir.

HALI.

C'est nous qui vous attraperons. Elle sera notre femme ; la chose est résolue.

(seul.)

Il faut que j'y périsse, ou que j'en vienne à bout.

SCÈNE X.

ADRASTE, HALI, DEUX LAQUAIS.

HALI, *à Adraste.*

Monsieur, j'ai déjà fait quelque petite tentative ; mais je...

ADRASTE.

Ne te mets point en peine, j'ai trouvé par hasard tout ce que je voulois ; et je vais jouir du bonheur de voir chez elle cette belle. Je me suis rencontré chez le peintre Damon, qui m'a dit qu'aujourd'hui il venoit faire le portrait de cette adorable personne ; et comme il est depuis long-temps de mes plus intimes amis, il a voulu servir mes feux, et m'envoie à sa place avec un petit mot de lettre pour me faire accepter. Tu sais que, de tout temps, je me suis plu à la peinture, et que parfois je manie le pinceau, contre la coutume de France, qui ne veut pas qu'un gentilhomme sache rien faire; ainsi j'aurai la liberté de voir cette belle à mon aise. Mais je ne doute pas que mon jaloux fâcheux ne soit toujours présent, et n'empêche tous les propos que nous pourrions avoir ensemble; et, pour te dire vrai, j'ai, par le moyen d'une jeune esclave, un stratagème pour tirer cette belle Grecque des mains de son jaloux, si je puis obtenir d'elle qu'elle y consente.

HALI.

Laissez-moi faire, je veux vous faire un peu de jour à la pouvoir entretenir. Il ne sera pas dit que je ne serve de rien dans cette affaire-là. Quand allez-vous?

ADRASTE.

Tout de ce pas, et j'ai déjà préparé toutes choses.

HALI.

Je vais de mon côté me préparer aussi.

ADRASTE, *seul.*

Je ne veux point perdre de temps. Holà! Il me tarde que je ne goûte le plaisir de la voir!

SCÈNE XI.

D. PÈDRE, ADRASTE, DEUX LAQUAIS.

D. PÈDRE.

Que cherchez-vous, cavalier, dans cette maison?

ADRASTE.

J'y cherche le seigneur don Pèdre.

SCÈNE XI.

D. PÈDRE.

Vous l'avez devant vous.

ADRASTE.

Il prendra, s'il lui plaît, la peine de lire cette lettre.

D. PÈDRE *lit.*

« Je vous envoie, au lieu de moi, pour le portrait
« que vous savez, ce gentilhomme françois, qui,
« comme curieux d'obliger les honnêtes gens, a bien
« voulu prendre ce soin, sur la proposition que je lui
« en ai faite. Il est, sans contredit, le premier homme
« du monde pour ces sortes d'ouvrages; et j'ai cru
« que je ne vous pouvois rendre un service plus agréa-
« ble que de vous l'envoyer, dans le dessein que vous
« avez d'avoir un portrait achevé de la personne que
« vous aimez. Gardez-vous bien surtout de lui parler
« d'aucune récompense; car c'est un homme qui s'en
« offenseroit, et qui ne fait les choses que pour la
« gloire et la réputation. »

Seigneur François, c'est une grande grâce que vous me voulez faire; et je vous suis fort obligé.

ADRASTE.

Toute mon ambition est de rendre service aux gens de nom et de mérite.

D. PÈDRE.

Je vais faire venir la personne dont il s'agit.

SCÈNE XII.

ISIDORE, D. PÈDRE, ADRASTE, DEUX LAQUAIS.

D. PÈDRE, *à Isidore.*

Voici un gentilhomme que Damon nous envoie, qui se veut bien donner la peine de vous peindre.

(*à Adraste qui embrasse Isidore en la saluant.*)

Holà! seigneur François, cette façon de saluer n'est point d'usage en ce pays.

ADRASTE.

C'est la manière de France.

D. PÈDRE.

La manière de France est bonne pour vos femmes; mais, pour les nôtres, elle est un peu trop familière.

ISIDORE.

Je reçois cet honneur avec beaucoup de joie. L'aventure me surprend fort; et, pour dire le vrai, je ne m'attendois pas d'avoir un peintre si illustre.

ADRASTE.

Il n'y a personne, sans doute, qui ne tînt à beaucoup de gloire de toucher à un tel ouvrage. Je n'ai pas grande habileté; mais le sujet ici ne fournit que trop de lui-même, et il y a moyen de faire quelque chose de beau sur un original fait comme celui-là.

ISIDORE.

L'original est peu de chose, mais l'adresse du peintre en saura couvrir les défauts.

ADRASTE.

Le peintre n'y en voit aucun; et tout ce qu'il sou-

SCÈNE XII.

haite est d'en pouvoir représenter les grâces aux yeux de tout le monde, aussi grandes qu'il les peut voir.

ISIDORE.

Si votre pinceau flatte autant que votre langue, vous allez me faire un portrait qui ne me ressemblera pas.

ADRASTE.

Le ciel, qui fit l'original, nous ôte le moyen d'en faire un portrait qui puisse flatter.

ISIDORE.

Le ciel, quoi que vous en disiez, ne...

D. PÈDRE.

Finissons cela, de grâce. Laissons les compliments, et songeons au portrait.

ADRASTE, *aux laquais.*

Allons, apportez tout.

(*On apporte tout ce qu'il faut pour peindre Isidore.*)

ISIDORE, *à Adraste.*

Où voulez-vous que je me place?

ADRASTE.

Ici. Voici le lieu le plus avantageux, et qui reçoit le mieux les vues favorables de la lumière que nous cherchons.

ISIDORE, *après s'être assise.*

Suis-je bien ainsi?

ADRASTE.

Oui. Levez-vous un peu, s'il vous plaît. Un peu plus de ce côté-là. Le corps tourné ainsi. La tête un peu levée, afin que la beauté du cou paroisse. Ceci un peu plus découvert. (*Il découvre un peu plus sa gorge.*) Bon. Là, un peu davantage : encore tant soit peu.

D. PÈDRE, *à Isidore.*

Il y a bien de la peine à vous mettre : ne sauriez-vous vous tenir comme il faut?

ISIDORE.

Ce sont ici des choses toutes neuves pour moi; et c'est à monsieur à me mettre de la façon qu'il veut.

ADRASTE, *assis.*

Voilà qui va le mieux du monde, et vous vous tenez à merveille. (*la faisant tourner un peu devers lui.*) Comme cela, s'il vous plaît. Le tout dépend des attitudes qu'on donne aux personnes qu'on peint.

D. PÈDRE.

Fort bien.

ADRASTE.

Un peu plus de ce côté. Vos yeux toujours tournés vers moi, je vous en prie; vos regards attachés aux miens.

ISIDORE.

Je ne suis pas comme ces femmes qui veulent, en se faisant peindre, des portraits qui ne sont point elles, et ne sont point satisfaites du peintre, s'il ne les fait pas toujours plus belles que le jour. Il faudroit, pour les contenter, ne faire qu'un portrait pour toutes : car toutes demandent les mêmes choses; un teint tout de lis et de roses, un nez bien fait, une petite bouche, et de grands yeux vifs, bien fendus, et surtout le visage pas plus gros que le poing, l'eussent-elles d'un pied de large. Pour moi, je vous demande un portrait qui soit moi, et qui n'oblige point à demander qui c'est.

ADRASTE.

Il seroit malaisé qu'on demandât cela du vôtre; et vous avez des traits à qui fort peu d'autres ressemblent. Qu'ils ont de douceurs et de charmes! et qu'on court de risque à les peindre!

D. PÈDRE.

Le nez me semble un peu trop gros.

ADRASTE.

J'ai lu, je ne sais où, qu'Apelle peignit autrefois une maîtresse d'Alexandre, d'une merveilleuse beauté, et qu'il en devint, la peignant, si éperdument amoureux, qu'il fut près d'en perdre la vie ; de sorte qu'Alexandre, par générosité, lui céda l'objet de ses vœux. (*à D. Pèdre.*) Je pourrois faire ici ce qu'Apelle fit autrefois; mais vous ne feriez pas peut-être ce que fit Alexandre.

(*D. Pèdre fait la grimace.*)

ISIDORE, *à D. Pèdre.*

Tout cela sent la nation; et toujours messieurs les François ont un fonds de galanterie qui se répand partout.

ADRASTE.

On ne se trompe guère à ces sortes de choses; et vous avez l'esprit trop éclairé pour ne pas voir de quelle source partent les choses qu'on vous dit. Oui, quand Alexandre seroit ici, et que ce seroit votre amant, je ne pourrois m'empêcher de vous dire que je n'ai rien vu de si beau que ce que je vois maintenant, et que...

D. PÈDRE.

Seigneur François, vous ne devriez pas, ce me semble, parler; cela vous détourne de votre ouvrage.

ADRASTE.

Ah! point du tout. J'ai toujours coutume de parler quand je peins; et il est besoin, dans ces choses, d'un peu de conversation pour réveiller l'esprit et tenir les visages dans la gaieté nécessaire aux personnes que l'on veut peindre.

SCÈNE XIII.

HALI, *vêtu en Espagnol;* D. PÈDRE, ADRASTE, ISIDORE.

D. PÈDRE.

Que veut cet homme-là? Et qui laisse monter les gens sans nous en avertir?

HALI, *à D. Pèdre.*

J'entre ici librement; mais, entre cavaliers, telle liberté est permise. Seigneur, suis-je connu de vous?

D. PÈDRE.

Non, seigneur.

HALI.

Je suis don Gilles d'Avalos; et l'histoire d'Espagne vous doit avoir instruit de mon mérite.

D. PÈDRE.

Souhaitez-vous quelque chose de moi?

SCÈNE XIII.

HALI.

Oui, un conseil sur un fait d'honneur. Je sais qu'en ces matières il est malaisé de trouver un cavalier plus consommé que vous. Mais je vous demande pour grâce que nous nous tirions à l'écart.

D. PÈDRE.

Nous voilà assez loin.

ADRASTE, *à D. Pèdre qui le surprend parlant bas à Isidore.*

Elle a les yeux bleus.

HALI, *tirant D. Pèdre pour l'éloigner d'Adraste et d'Isidore.*

Seigneur, j'ai reçu un soufflet. Vous savez ce qu'est un soufflet, lorsqu'il se donne à main ouverte sur le beau milieu de la joue. J'ai ce soufflet fort sur le cœur; et je suis dans l'incertitude si, pour me venger de l'affront, je dois me battre avec mon homme, ou bien le faire assassiner.

D. PÈDRE.

Assassiner, c'est le plus court chemin. Quel est votre ennemi?

HALI.

Parlons bas, s'il vous plaît.

(*Hali tient D. Pèdre, en lui parlant, de façon qu'il ne peut voir Adraste.*)

ADRASTE, *aux genoux d'Isidore, pendant que D. Pèdre et Hali parlent bas ensemble.*

Oui, charmante Isidore, mes regards vous le disent depuis plus de deux mois, et vous les avez entendus : je vous aime plus que tout ce que l'on peut aimer; et je n'ai point d'autre pensée, d'autre but, d'autre passion, que d'être à vous toute ma vie.

ISIDORE.

Je ne sais si vous dites vrai, mais vous persuadez.

ADRASTE.

Mais vous persuadé-je jusqu'à vous inspirer quelque peu de bonté pour moi?

ISIDORE.

Je ne crains que d'en trop avoir.

ADRASTE.

En aurez-vous assez pour consentir, belle Isidore, au dessein que je vous ai dit?

ISIDORE.

Je ne puis encore vous le dire.

ADRASTE.

Qu'attendez-vous pour cela?

ISIDORE.

A me résoudre.

ADRASTE.

Ah! quand on aime bien, on se résout bientôt.

ISIDORE.

Eh bien! allez; oui, j'y consens.

ADRASTE.

Mais consentez-vous, dites-moi, que ce soit dès ce moment même?

ISIDORE.

Lorsqu'on est une fois résolu sur la chose, s'arrête-t-on sur le temps?

D. PÈDRE, *à Hali.*

Voilà mon sentiment, et je vous baise les mains.

SCÈNE XIII.

HALI.

Seigneur, quand vous aurez reçu quelque soufflet, je suis aussi homme de conseil; et je pourrai vous rendre la pareille.

D. PÈDRE.

Je vous laisse aller sans vous reconduire ; mais, entre cavaliers, cette liberté est permise.

ADRASTE, *à Isidore.*

Non, il n'est rien qui puisse effacer de mon cœur les tendres témoignages...

(*à D. Pèdre apercevant Adraste qui parle de près à Isidore.*)

Je regardois ce petit trou qu'elle a au côté du menton; et je croyois d'abord que ce fût une tache. Mais c'est assez pour aujourd'hui, nous finirons une autre fois. (*à D. Pèdre, qui veut voir le portrait.*) Non, ne regardez rien encore; faites serrer cela, je vous prie. (*à Isidore.*) Et vous, je vous conjure de ne vous relâcher point, et de garder un esprit gai, pour le dessein que j'ai d'achever notre ouvrage.

ISIDORE.

Je conserverai pour cela toute la gaieté qu'il faut.

SCÈNE XIV.

D. PÈDRE, ISIDORE.

ISIDORE.

Qu'en dites-vous? Ce gentilhomme me paroît le plus civil du monde; et l'on doit demeurer d'accord que les François ont quelque chose en eux de poli, de galant, que n'ont point les autres nations.

D. PÈDRE.

Oui : mais ils ont cela de mauvais, qu'ils s'émancipent un peu trop, et s'attachent en étourdis à conter des fleurettes à tout ce qu'ils rencontrent.

ISIDORE.

C'est qu'ils savent qu'on plaît aux dames par ces choses.

D. PÈDRE.

Oui : mais s'ils plaisent aux dames, ils déplaisent fort aux messieurs ; et l'on n'est point bien aise de voir sur sa moustache cajoler hardiment sa femme ou sa maîtresse.

ISIDORE.

Ce qu'ils en font, n'est que par jeu.

SCÈNE XV.

ZAÏDE, D. PÈDRE, ISIDORE.

ZAÏDE.

Ah ! seigneur cavalier, sauvez-moi, s'il vous plaît, des mains d'un mari furieux dont je suis poursuivie. Sa jalousie est incroyable, et passe dans ses mouvements tout ce qu'on peut imaginer. Il va jusqu'à vouloir que je sois toujours voilée ; et pour m'avoir trouvée le visage un peu découvert, il a mis l'épée à la main, et m'a réduite à me jeter chez vous pour vous demander votre appui contre son injustice. Mais je le vois paroître. De grâce, seigneur cavalier, sauvez-moi de sa fureur.

D. PÈDRE, *à Zaïde, lui montrant Isidore.*

Entrez là-dedans avec elle, et n'appréhendez rien.

SCÈNE XVI.

ADRASTE, D. PÈDRE.

D. PÈDRE.

Hé quoi? seigneur, c'est vous! Tant de jalousie! pour un François! je pensois qu'il n'y eût que nous qui en fussions capables.

ADRASTE.

Les François excellent toujours dans toutes les choses qu'ils font; et quand nous nous mêlons d'être jaloux, nous le sommes vingt fois plus qu'un Sicilien. L'infame croit avoir trouvé chez vous un assuré refuge; mais vous êtes trop raisonnable pour blâmer mon ressentiment. Laissez-moi, je vous prie, la traiter comme elle mérite.

D. PÈDRE.

Ah! de grâce, arrêtez. L'offense est trop petite pour un courroux si grand.

ADRASTE.

La grandeur d'une telle offense n'est pas dans l'importance des choses que l'on fait: elle est à transgresser les ordres qu'on nous donne; et, sur de pareilles matières, ce qui n'est qu'une bagatelle devient fort criminel lorsqu'il est défendu.

D. PÈDRE.

De la façon qu'elle a parlé, tout ce qu'elle en a fait a été sans dessein; et je vous prie enfin de vous remettre bien ensemble.

ADRASTE.

Hé quoi! vous prenez son parti, vous qui êtes si délicat sur ces sortes de choses!

D. PÈDRE.

Oui, je prends son parti; et, si vous voulez m'obliger, vous oublierez votre colère, et vous vous réconcilierez tous deux. C'est une grâce que je vous demande; et je la recevrai comme un essai de l'amitié que je veux qui soit entre nous.

ADRASTE.

Il ne m'est pas permis, à ces conditions, de vous rien refuser. Je ferai ce que vous voudrez.

SCÈNE XVII.

ZAIDE, D. PÈDRE; ADRASTE, *dans un coin du théâtre.*

D. PÈDRE, *à Zaïde.*

Holà! venez. Vous n'avez qu'à me suivre, et j'ai fait votre paix. Vous ne pouviez jamais mieux tomber que chez moi.

ZAÏDE.

Je vous suis obligée plus qu'on ne sauroit croire. Mais je m'en vais prendre mon voile; je n'ai garde, sans lui, de paroître à ses yeux.

SCÈNE XVIII.

D. PÈDRE, ADRASTE.

D. PÈDRE.

La voici qui s'en va venir; et son ame, je vous assure, a paru toute réjouie lorsque je lui ai dit que j'avois raccommodé tout.

SCÈNE XIX.

ISIDORE, *sous le voile de Zaïde*; ADRASTE, D. PÈDRE

D. PÈDRE, *à Adraste.*

Puisque vous m'avez bien voulu abandonner votre ressentiment, trouvez bon qu'en ce lieu je vous fasse toucher dans la main l'un de l'autre, et que tous deux je vous conjure de vivre, pour l'amour de moi, dans une parfaite union.

ADRASTE.

Oui, je vous promets que, pour l'amour de vous, je m'en vais, avec elle, vivre le mieux du monde.

D. PÈDRE.

Vous m'obligez sensiblement, et j'en garderai la mémoire.

ADRASTE.

Je vous donne ma parole, seigneur don Pèdre, qu'à votre considération je m'en vais la traiter du mieux qu'il me sera possible.

D. PÈDRE.

C'est trop de grâce que vous me faites. (*seul.*) Il

est bon de pacifier et d'adoucir toujours les choses. Holà ! Isidore, venez.

SCÈNE XX.

ZAIDE, D. PÈDRE.

D. PÈDRE.

Comment ! que veut dire cela ?

ZAÏDE, *sans voile*.

Ce que cela veut dire ? Qu'un jaloux est un monstre haï de tout le monde, et qu'il n'y a personne qui ne soit ravi de lui nuire, n'y eût-il point d'autre intérêt ; que toutes les serrures et les verrous du monde ne retiennent point les personnes, et que c'est le cœur qu'il faut arrêter par la douceur et par la complaisance ; qu'Isidore est entre les mains du cavalier qu'elle aime, et que vous êtes pris pour dupe.

D. PÈDRE.

Don Pèdre souffrira cette injure mortelle ! non, non, j'ai trop de cœur, et je vais demander l'appui de la justice pour pousser le perfide à bout. C'est ici le logis d'un sénateur. Holà !

SCÈNE XXI.

UN SÉNATEUR, D. PÈDRE.

LE SÉNATEUR.

Serviteur, seigneur don Pèdre. Que vous venez à propos !

SCÈNE XXI.

D. PÈDRE.

Je viens me plaindre à vous d'un affront qu'on m'a fait.

LE SÉNATEUR.

J'ai fait une mascarade la plus belle du monde.

D. PÈDRE.

Un traître de François m'a joué une pièce.

LE SÉNATEUR.

Vous n'avez, dans votre vie, jamais rien vu de si beau.

D. PÈDRE.

Il m'a enlevé une fille que j'avois affranchie.

LE SÉNATEUR.

Ce sont gens vêtus en Maures, qui dansent admirablement.

D. PÈDRE.

Vous voyez si c'est une injure qui se doive souffrir.

LE SÉNATEUR.

Des habits merveilleux, et qui sont faits exprès.

D. PÈDRE.

Je demande l'appui de la justice contre cette action.

LE SÉNATEUR.

Je veux que vous voyiez cela. On la va répéter pour en donner le divertissement au peuple.

D. PÈDRE.

Comment! de quoi parlez-vous là?

LE SÉNATEUR.

Je parle de ma mascarade.

LE SICILIEN.

D. PÈDRE.
Je vous parle de mon affaire.

LE SÉNATEUR.
Je ne veux point aujourd'hui d'autres affaires que de plaisir. Allons, messieurs, venez. Voyons si cela ira bien.

D. PÈDRE.
La peste soit du fou avec sa mascarade!

LE SÉNATEUR.
Diantre soit le fâcheux, avec son affaire!

SCÈNE XXII.

UN SÉNATEUR, TROUPE DE DANSEURS.

ENTRÉE DE BALLET.

(Plusieurs danseurs, vêtus en Maures, dansent devant le sénateur, et finissent la comédie.)

FIN DU SICILIEN.

NOMS DES PERSONNES

qui ont récité, dansé et chanté dans le SICILIEN, comédie-ballet.

DON PÈDRE, le sieur *Molière*.
ADRASTE, le sieur *de la Grange*.
ISIDORE, mademoiselle *de Brie*.
ZAÏDE, mademoiselle *Molière*.
HALI, le sieur *de la Thorillière*.
UN SÉNATEUR, le sieur *du Croisy*.
MAGICIENS chantants, les sieurs *Blondel*, *Gaye*, *Noblet*.
ESCLAVE TURC chantant, le sieur *Gaye*.
ESCLAVES TURCS dansants, les sieurs *le Prêtre*, *Chicaneau*, *Mayeu*, *Pesan*.
MAURES de qualité, LE ROI, M. *le Grand*, les marquis *de Villeroi* et *de Rassan*.
MAURESQUES de qualité, MADAME, mademoiselle *de La Vallière*, madame *de Rochefort*, mademoiselle *de Brancas*.
MAURES nus. MM. *Cocquet*, *de Souville*, les sieurs *Beauchamp*, *Noblet*, *Chicaneau*, *la Pierre*, *Favier* et *Des-Airs-Galand*.
MAURES à capot, les sieurs *la Mare*, *du Feu*, *Arnald*, *Vaignard*, *Bonard*.

LE TARTUFE,

ou

L'IMPOSTEUR,

COMÉDIE EN CINQ ACTES.

1667.

PRÉFACE.

Voici une comédie dont on a fait beaucoup de bruit, qui a été long-temps persécutée ; et les gens qu'elle joue, ont bien fait voir qu'ils étoient plus puissants en France que tous ceux que j'ai joués jusqu'ici. Les marquis, les précieuses, les cocus, et les médecins, ont souffert doucement qu'on les ait représentés ; et ils ont fait semblant de se divertir, avec tout le monde, des peintures que l'on a faites d'eux. Mais les hypocrites n'ont point entendu raillerie ; ils se sont effarouchés d'abord, et ont trouvé étrange que j'eusse la hardiesse de jouer leurs grimaces, et de vouloir décrier un métier dont tant d'honnêtes gens se mêlent. C'est un crime qu'ils ne sauroient me pardonner ; et ils se sont tous armés contre ma comédie avec une fureur épouvantable. Ils n'ont eu garde de l'attaquer par le côté qui les a blessés ; ils sont trop politiques pour cela, et savent trop bien vivre pour découvrir le fond de leur ame. Suivant leur louable coutume, ils ont couvert leurs intérêts de la cause de Dieu ; et le *Tartufe*, dans leur bouche, est une pièce qui offense la piété. Elle est, d'un bout à l'autre, pleine d'abominations, et l'on n'y trouve rien qui ne mérite le feu : toutes les syllabes en sont impies; les gestes même y sont criminels; et le moindre coup-d'œil, le moindre branlement de tête, le moindre pas à droit * ou à gauche, y cache des mystères qu'ils trouvent moyen d'expliquer à mon désavantage.

J'ai eu beau la soumettre aux lumières de mes amis, et à la censure de tout le monde: les corrections que j'y ai pu faire ; le jugement du roi et de la reine, qui l'ont vue; l'approbation des grands princes et de messieurs les ministres, qui l'ont honorée publiquement de leur présence; le témoignage des gens de bien, qui l'ont trouvée profitable, tout cela n'a de rien servi : ils n'en veulent point démordre ; et, tous les jours encore, ils font crier en public de zélés indiscrets, qui me disent des injures pieusement, et me damnent par charité.

Je me soucierois fort peu de tout ce qu'ils peuvent dire, si ce n'étoit l'artifice qu'ils ont de me faire des ennemis que je respecte, et de jeter dans leur parti de véritables gens de bien, dont ils préviennent la bonne-foi, et qui, par la chaleur qu'ils ont pour les intérêts du ciel, sont faciles à recevoir les impressions qu'on veut leur donner. Voilà ce qui m'oblige à me défendre. C'est aux vrais dévots que je veux partout me justifier sur la conduite de ma comédie; et je les conjure,

---

* On écrivoit à *droit*.

PRÉFACE.

de tout mon cœur, de ne point condamner les choses avant que de les voir, de se défaire de toute prévention, et de ne point servir la passion de ceux dont les grimaces les déshonorent.

Si l'on prend la peine d'examiner de bonne-foi ma comédie, on verra sans doute que mes intentions y sont partout innocentes, et qu'elle ne tend nullement à jouer les choses que l'on doit révérer ; que je l'ai traitée avec toutes les précautions que demandoit la délicatesse de la matière ; et que j'ai mis tout l'art et tous les soins qu'il m'a été possible pour bien distinguer le personnage de l'hypocrite d'avec celui du vrai dévot. J'ai employé pour cela deux actes entiers à préparer la venue de mon scélérat. Il ne tient pas un seul moment l'auditeur en balance : on le connoît d'abord aux marques que je lui donne ; et d'un bout à l'autre il ne dit pas un mot, il ne fait pas une action, qui ne peigne aux spectateurs le caractère d'un méchant homme, et ne fasse éclater celui du véritable homme de bien que je lui oppose.

Je sais bien que, pour réponse, ces messieurs tâchent d'insinuer que ce n'est point au théâtre à parler de ces matières : mais je leur demande, avec leur permission, sur quoi ils fondent cette belle maxime. C'est une proposition qu'ils ne font que supposer, et qu'ils ne prouvent en aucune façon : et, sans doute, il ne seroit pas difficile de leur faire voir que la comédie, chez les anciens, a pris son origine de la religion, et faisoit partie de leurs mystères; que les Espagnols nos voisins ne célèbrent guère de fête où la comédie ne soit mêlée, et que, même parmi nous, elle doit sa naissance aux soins d'une confrérie à qui appartient encore aujourd'hui l'hôtel de Bourgogne; que c'est un lieu qui fut donné pour y représenter les plus importants mystères de notre foi; qu'on en voit encore des comédies imprimées en lettres gothiques, sous le nom d'un docteur de Sorbonne; et, sans aller chercher si loin, que l'on a joué, de notre temps, des pièces saintes de M. Corneille, qui ont été l'admiration de toute la France.

Si l'emploi de la comédie est de corriger les vices des hommes, je ne vois pas par quelle raison il y en aura de privilégiés. Celui-ci est, dans l'état, d'une conséquence bien plus dangereuse que tous les autres; et nous avons vu que le théâtre a une grande vertu pour la correction. Les plus beaux traits d'une sérieuse morale sont moins puissants, le plus souvent, que ceux de la satire; et rien ne reprend mieux la plupart des hommes que la peinture de leurs défauts. C'est une grande atteinte aux vices que de les exposer à la risée de tout le monde. On souffre aisément des répréhensions; mais on ne souffre point la raillerie. On veut bien être méchant; mais on ne veut point être ridicule.

On me reproche d'avoir mis des termes de piété dans la bouche de mon imposteur. Hé! pouvois-je m'en empêcher pour bien représenter le caractère d'un hypocrite? Il suffit, ce me semble, que je fasse connoître les motifs criminels qui lui font dire les choses, et que j'en aie retranché les termes consacrés, dont on auroit eu peine à lui entendre faire un mauvais usage. — Mais il débite au quatrième acte une morale pernicieuse. — Mais cette morale est-elle quelque chose dont tout le monde n'eût les oreilles rebattues? Dit-elle rien de nouveau dans ma comédie? Et peut-on craindre que des choses si généralement détestées fassent quelque impression dans les esprits; que je les rende dangereuses en les faisant monter sur le théâtre; qu'elles reçoivent quelque autorité de la bouche d'un scélérat? Il n'y a nulle apparence à cela; et l'on doit approuver la comédie du *Tartufe,* ou condamner généralement toutes les comédies.

C'est à quoi l'on s'attache furieusement depuis un temps; et jamais on ne s'étoit si fort déchaîné contre le théâtre. Je ne puis pas nier qu'il n'y ait eu des pères de l'Eglise qui ont condamné la comédie; mais on ne peut pas me nier aussi qu'il n'y en ait eu quelques-uns qui l'ont traitée un peu plus doucement. Ainsi l'autorité dont on prétend appuyer la censure est détruite par ce partage : et toute la conséquence qu'on peut tirer de cette diversité d'opinions en des esprits éclairés des mêmes lumières, c'est qu'ils ont pris la comédie différemment, et que les uns l'ont considérée dans sa pureté, lorsque les autres l'ont regardée dans sa corruption, et confondue avec tous ces vilains spectacles qu'on a eu raison de nommer des spectacles de turpitude.

En effet, puisqu'on doit discourir des choses et non pas des mots, et que la plupart des contrariétés viennent de ne se pas entendre, et d'envelopper dans un même mot des choses opposées, il ne faut qu'ôter le voile de l'équivoque, et regarder ce qu'est la comédie en soi, pour voir si elle est condamnable. On connoîtra, sans doute, que n'étant autre chose qu'un poème ingénieux, qui, par des leçons agréables, reprend les défauts des hommes, on ne sauroit la censurer sans injustice. Et, si nous voulons ouïr là-dessus le témoignage de l'antiquité, elle nous dira que ses plus célèbres philosophes ont donné des louanges à la comédie, eux qui faisoient profession d'une sagesse si austère, et qui crioient sans cesse après les vices de leur siècle. Elle nous fera voir qu'Aristote a consacré des veilles au théâtre, et s'est donné le soin de réduire en préceptes l'art de faire des comédies. Elle nous apprendra que de ses plus grands hommes, et des premiers en dignité, * ont fait gloire d'en com-

---

* On peut sous-entendre *quelques-uns*, ou *les uns*.

poser eux-mêmes; qu'il y en a eu d'autres qui n'ont pas dédaigné de réciter en public celles qu'ils avoient composées; que la Grèce a fait pour cet art éclater son estime, par les prix glorieux et par les superbes théâtres dont elle a voulu l'honorer; et que, dans Rome enfin, ce même art a reçu aussi des honneurs extraordinaires; je ne dis pas dans Rome débauchée, et sous la licence des empereurs, mais dans Rome disciplinée, sous la sagesse des consuls, et dans le temps de la vigueur de la vertu romaine.

J'avoue qu'il y a eu des temps où la comédie s'est corrompue. Et qu'est-ce que dans le monde on ne corrompt point tous les jours? il n'y a chose si innocente où les hommes ne puissent porter du crime, point d'art si salutaire dont ils ne soient capables de renverser les intentions, rien de si bon en soi qu'ils ne puissent tourner à de mauvais usages. La médecine est un art profitable, et chacun la révère comme une des plus excellentes choses que nous ayons; et cependant il y a eu des temps où elle s'est rendue odieuse, et souvent on en a fait un art d'empoisonner les hommes. La philosophie est un présent du ciel; elle nous a été donnée pour porter nos esprits à la connoissance d'un Dieu par la contemplation des merveilles de la nature : et pourtant on n'ignore pas que souvent on l'a détournée de son emploi, et qu'on l'a occupée publiquement à soutenir l'impiété. Les

choses même les plus saintes ne sont point à couvert
de la corruption des hommes ; et nous voyons des
scélérats qui, tous les jours, abusent de la piété, et
la font servir méchamment aux crimes les plus grands.
Mais on ne laisse pas pour cela de faire les distinctions qu'il est besoin de faire : on n'enveloppe point
dans une fausse conséquence la bonté des choses que
l'on corrompt avec la malice des corrupteurs : on sépare toujours le mauvais usage d'avec l'intention de
l'art ; et, comme on ne s'avise point de défendre la
médecine pour avoir été bannie de Rome, ni la philosophie pour avoir été condamnée publiquement
dans Athènes, on ne doit point aussi vouloir interdire la comédie pour avoir été censurée en de certains temps. Cette censure a eu ses raisons, qui ne
subsistent point ici : elle s'est renfermée dans ce
qu'elle a pu voir, et nous ne devons point la tirer des
bornes qu'elle s'est données, l'étendre plus loin qu'il
ne faut, et lui faire embrasser l'innocent avec le coupable. La comédie qu'elle a eu dessein d'attaquer
n'est point du tout la comédie que nous voulons défendre : il se faut bien garder de confondre celle-là
avec celle-ci. Ce sont deux personnes de qui les
mœurs sont tout-à-fait opposées. Elles n'ont aucun
rapport l'une avec l'autre que la ressemblance du
nom ; et ce seroit une injustice épouvantable que de
vouloir condamner Olympe qui est femme de bien,

parce qu'il y a une Olympe qui a été une débauchée. De semblables arrêts, sans doute, feroient un grand désordre dans le monde; il n'y auroit rien par-là qui ne fût condamné : et, puisque l'on ne garde point cette rigueur à tant de choses dont on abuse tous les jours, on doit bien faire la même grâce à la comédie, et approuver les pièces de théâtre où l'on verra régner l'instruction et l'honnêteté.

Je sais qu'il y a des esprits dont la délicatesse ne peut souffrir aucune comédie; qui disent que les plus honnêtes sont les plus dangereuses; que les passions que l'on y dépeint sont d'autant plus touchantes qu'elles sont pleines de vertu, et que les ames sont attendries par ces sortes de représentations. Je ne vois pas quel grand crime c'est que de s'attendrir à la vue d'une passion honnête : et c'est un haut étage de vertu que cette pleine insensibilité où ils veulent faire monter notre ame. Je doute qu'une si grande perfection soit dans les forces de la nature humaine; et je ne sais s'il n'est pas mieux de travailler à rectifier et adoucir les passions des hommes que de vouloir les retrancher entièrement. J'avoue qu'il y a des lieux qu'il vaut mieux fréquenter que le théâtre; et, si l'on veut blâmer toutes les choses qui ne regardent pas directement Dieu et notre salut, il est certain que la comédie en doit être, et je ne trouve point mauvais qu'elle soit condamnée avec le reste : mais, supposé, comme il est vrai, que les exercices de la piété souffrent des intervalles, et que les hommes aient besoin de divertissement, je soutiens qu'on ne leur en peut trouver un qui soit plus innocent que la comédie. Je me suis étendu trop loin : finissons par le mot d'un grand prince sur la comédie du *Tartufe*.

Huit jours après qu'elle eut été défendue, on représenta, devant la cour, une pièce intitulée *Scaramouche ermite*; et le roi, en sortant, dit au grand prince que je veux dire : « Je voudrois bien savoir « pourquoi les gens qui se scandalisent si fort de la « comédie de Molière, ne disent mot de celle de Sca- « ramouche. » A quoi le prince répondit : « La raison « de cela, c'est que la comédie de Scaramouche joue « le ciel et la religion, dont ces messieurs-là ne se « soucient point : mais celle de Molière les joue eux- « mêmes; c'est ce qu'ils ne peuvent souffrir. »

PREMIER PLACET

PRÉSENTÉ AU ROI

Sur la comédie du Tartufe, qui n'avoit pas encore été représentée en public.

Sire,

Le devoir de la comédie étant de corriger les hommes en les divertissant, j'ai cru que, dans l'emploi où je me trouve, je n'avois rien de mieux à faire que d'attaquer, par des peintures ridicules, les vices de mon siècle; et comme l'hypocrisie, sans doute, en est un des plus en usage, des plus incommodes et des plus dangereux, j'avois eu, SIRE, la pensée que je ne rendrois pas un petit service à tous les honnêtes gens de votre royaume, si je faisois une comédie qui décriât les hypocrites, et mît en vue, comme il faut, toutes les grimaces étudiées de ces gens de bien à outrance, toutes les friponneries couvertes de ces faux monnoyeurs en dévotion, qui veulent attraper les hommes avec un zèle contrefait et une charité sophistiquée.

Je l'ai faite, SIRE, cette comédie, avec tout le soin, comme je crois, et toutes les circonspections que pouvoit demander la délicatesse de la matière;

et pour mieux conserver l'estime et le respect qu'on doit aux vrais dévots, j'en ai distingué le plus que j'ai pu le caractère que j'avois à toucher. Je n'ai point laissé d'équivoque; j'ai ôté ce qui pouvoit confondre le bien d'avec le mal, et ne me suis servi dans cette peinture que des couleurs expresses et des traits essentiels qui font reconnoître d'abord un véritable et franc hypocrite.

Cependant toutes mes précautions ont été inutiles. On a profité, SIRE, de la délicatesse de votre ame sur les matières de religion; et l'on a su vous prendre par l'endroit seul que vous êtes prenable, je veux dire par le respect des choses saintes. Les tartufes, sous main, ont eu l'adresse de trouver grâce auprès de VOTRE MAJESTÉ; et les originaux enfin ont fait supprimer la copie, quelque innocente qu'elle fût, et quelque ressemblante qu'on la trouvât.

Bien que ce m'ait été un coup sensible que la suppression de cet ouvrage, mon malheur pourtant étoit adouci par la manière dont VOTRE MAJESTÉ s'étoit expliquée sur ce sujet; et j'ai cru, SIRE, qu'elle m'ôtoit tout lieu de me plaindre, ayant eu la bonté de déclarer qu'elle ne trouvoit rien à dire dans cette comédie qu'elle me défendoit de produire en public.

Mais, malgré cette glorieuse déclaration du plus grand roi du monde et du plus éclairé, malgré l'approbation encore de M. le légat, et de la plus grande partie de nos prélats, qui tous, dans les lectures particulières que je leur ai faites de mon ouvrage, se sont trouvés d'accord avec les sentiments de VOTRE MAJESTÉ ; malgré tout cela, dis-je, on voit un livre composé par le curé de......, qui donne hautement un démenti à tous ces augustes témoignages. VOTRE MAJESTÉ a beau dire, et M. le légat et MM. les prélats ont beau donner leur jugement, ma comédie, sans l'avoir vue, est diabolique, et diabolique mon cerveau ; je suis un démon vêtu de chair et habillé en homme, un libertin, un impie digne d'un supplice exemplaire. Ce n'est pas assez que le feu expie en public mon offense, j'en serois quitte à trop bon marché : le zèle charitable de ce galant homme de bien n'a garde de demeurer là ; il ne veut point que j'aie de miséricorde auprès de Dieu, il veut absolument que je sois damné, c'est une affaire résolue.

Ce livre, SIRE, a été présenté à VOTRE MAJESTÉ : et, sans doute, elle juge bien elle-même combien il m'est fâcheux de me voir exposé tous les jours aux insultes de ces messieurs ; quel tort me feront dans le monde de telles calomnies, s'il faut qu'elles soient tolérées ; et quel intérêt j'ai enfin à me purger de son imposture, et à faire voir au public que ma comédie n'est rien moins que ce qu'on veut qu'elle soit. Je ne dirai point, SIRE, ce que j'aurois à demander pour ma réputation, et pour justifier à tout le monde l'innocence de mon ouvrage : les rois éclairés, comme vous, n'ont pas besoin qu'on leur marque ce qu'on souhaite ; ils voient, comme Dieu, ce qu'il nous faut, et savent mieux que nous ce qu'ils nous doivent accorder. Il me suffit de mettre mes intérêts entre les mains de VOTRE MAJESTÉ ; et j'attends d'elle, avec respect, tout ce qu'il lui plaira d'ordonner là-dessus.

SECOND PLACET

Présenté au Roi, dans son camp devant la ville de Lille en Flandre, par les sieurs La Thorillière et La Grange, comédiens de Sa Majesté, et compagnons du sieur Molière, sur la défense qui fut faite le 6 août 1667 de représenter le Tartufe jusqu'à nouvel ordre de Sa Majesté.

SIRE,

C'est une chose bien téméraire à moi que de venir importuner un grand monarque au milieu de ses glorieuses conquêtes; mais, dans l'état où je me vois, où trouver, SIRE, une protection qu'au lieu où je la viens chercher? Et qui puis-je solliciter contre l'autorité de la puissance qui m'accable, que la source de la puissance et de l'autorité, que le juste dispensateur des ordres absolus, que le souverain juge et le maître de toutes choses?

Ma comédie, SIRE, n'a pu jouir ici des bontés de VOTRE MAJESTÉ. En vain je l'ai produite sous le titre de l'*Imposteur*, et déguisé le personnage sous l'ajustement d'un homme du monde; j'ai eu beau lui donner un petit chapeau, de grands cheveux, un grand collet, une épée, et des dentelles sur tout l'habit, mettre en plusieurs endroits des adoucissements, et retrancher avec soin tout ce que j'ai jugé capable de fournir l'ombre d'un prétexte aux célèbres originaux du portrait que je voulois faire : tout cela n'a de rien servi. La cabale s'est réveillée aux simples conjectures qu'ils ont pu avoir de la chose. Ils ont trouvé moyen de surprendre des esprits qui, dans toute autre matière, font une haute profession de ne se point laisser surprendre. Ma comédie n'a pas plus tôt paru, qu'elle s'est vue foudroyée par le coup d'un pouvoir qui doit imposer du respect; et tout ce que j'ai pu faire en cette rencontre pour me sauver moi-même de l'éclat de cette tempête, c'est de dire que VOTRE MAJESTÉ avoit eu la bonté de m'en permettre la représentation, et que je n'avois pas cru qu'il fût besoin de demander cette permission à d'autres, puisqu'il n'y avoit qu'elle seule qui me l'eût défendue.

Je ne doute point, SIRE, que les gens que je peins dans ma comédie, ne remuent bien des ressorts auprès de VOTRE MAJESTÉ, et ne jettent dans leur parti, comme ils l'ont déjà fait, de véritables gens de bien, qui sont d'autant plus prompts à se laisser tromper, qu'ils jugent d'autrui par eux-mêmes. Ils ont l'art de donner de belles couleurs à toutes leurs intentions. Quelque mine qu'ils fassent, ce n'est point du tout l'intérêt de Dieu qui les peut émouvoir; ils l'ont assez montré dans les comédies qu'ils ont souffert qu'on ait jouées tant de fois en public sans en dire le moindre mot. Celles-là n'attaquoient que la piété et la religion, dont ils se soucient fort peu : mais celle-ci les attaque et les joue eux-mêmes; et c'est ce qu'ils ne peuvent souffrir. Ils ne sauroient me pardonner de dévoiler leurs impostures aux yeux de tout le monde; et, sans doute, on ne manquera pas de dire à VOTRE MAJESTÉ que chacun s'est scandalisé de ma comédie. Mais la vérité pure, SIRE, c'est que tout Paris ne s'est scandalisé que de la défense qu'on en a faite; que les plus scrupuleux en ont trouvé la représentation profitable; et qu'on s'est étonné que des personnes d'une probité si connue aient eu une si grande déférence pour des gens qui devroient être l'horreur de tout le monde, et sont si opposés à la véritable piété dont elles font profession.

J'attends, avec respect, l'arrêt que VOTRE MAJESTÉ daignera prononcer sur cette matière; mais il est très-assuré, SIRE, qu'il ne faut plus que je songe à faire des comédies, si les tartufes ont l'avantage; qu'ils prendront droit par-là de me persécuter plus que jamais, et voudront trouver à redire aux choses les plus innocentes qui pourront sortir de ma plume.

Daignent vos bontés, SIRE, me donner une protection contre leur rage envenimée! et puissé-je, au retour d'une campagne si glorieuse, délasser VOTRE

Majesté des fatigues de ses conquêtes, lui donner d'innocents plaisirs après de si nobles travaux, et faire rire le monarque qui fait trembler toute l'Europe!

TROISIÈME PLACET

Présenté au Roi le 5 février 1669.

SIRE,

Un fort honnête médecin, dont j'ai l'honneur d'être le malade, me promet et veut s'obliger par-devant notaires de me faire vivre encore trente années, si je puis lui obtenir une grâce de VOTRE MAJESTÉ. Je lui ai dit, sur sa promesse, que je ne lui demandois pas tant, et que je serois satisfait de lui, pourvu qu'il s'obligeât de ne me point tuer. Cette grâce, SIRE, est un canonicat de votre chapelle royale de Vincennes, vacant par la mort de...

Oserois-je demander encore cette grâce à VOTRE MAJESTÉ le propre jour de la grande résurrection de Tartufe, ressuscité par vos bontés? Je suis, par cette première faveur, réconcilié avec les dévots; et je le serois, par cette seconde, avec les médecins. C'est pour moi, sans doute, trop de grâces à-la-fois; mais peut-être n'en est-ce pas trop pour VOTRE MAJESTÉ : et j'attends avec un peu d'espérance respectueuse la réponse de mon placet.

PERSONNAGES.

Madame PERNELLE, mère d'Orgon.
ORGON, mari d'Elmire.
ELMIRE, femme d'Orgon.
DAMIS, fils d'Orgon.
MARIANE, fille d'Orgon, et amante de Valère.
VALÈRE, amant de Mariane.
CLÉANTE, beau-frère d'Orgon.
TARTUFE, faux dévot.
DORINE, suivante de Mariane.
Monsieur LOYAL, sergent.
Un exempt.
FLIPOTE, servante de madame Pernelle.

La scène est à Paris, dans la maison d'Orgon.

LE TARTUFE,

OU

L'IMPOSTEUR,

COMÉDIE.

ACTE PREMIER.

SCÈNE I.

MADAME PERNELLE, ELMIRE, MARIANE, CLÉANTE, DAMIS, DORINE, FLIPOTE.

MADAME PERNELLE.

Allons, Flipote, allons; que d'eux je me délivre.

ELMIRE.

Vous marchez d'un tel pas, qu'on a peine à vous suivre.

MADAME PERNELLE.

Laissez, ma bru, laissez; ne venez pas plus loin :
Ce sont toutes façons dont je n'ai pas besoin.

ELMIRE.

De ce que l'on vous doit envers vous l'on s'acquitte.
Mais, ma mère, d'où vient que vous sortez si vite?

MADAME PERNELLE.

C'est que je ne puis voir tout ce ménage-ci,
Et que de me complaire on ne prend nul souci.
Oui, je sors de chez vous fort mal édifiée :
Dans toutes mes leçons j'y suis contrariée ;
On n'y respecte rien, chacun y parle haut,
Et c'est tout justement la cour du roi Pétaud.

DORINE.

Si...

MADAME PERNELLE.

Vous êtes, ma mie, une fille suivante,
Un peu trop forte en gueule, et fort impertinente ;
Vous vous mêlez surtout de dire votre avis.

DAMIS.

Mais...

MADAME PERNELLE.

Vous êtes un sot, en trois lettres, mon fils ;
C'est moi qui vous le dis, qui suis votre grand'mère ;
Et j'ai prédit cent fois à mon fils, votre père,
Que vous preniez tout l'air d'un méchant garnement,
Et ne lui donneriez jamais que du tourment.

MARIANE.

Je crois...

MADAME PERNELLE.

Mon dieu ! sa sœur, vous faites la discrète,
Et vous n'y touchez pas, tant vous semblez doucette !
Mais il n'est, comme on dit, pire eau que l'eau qui dort ;
Et vous menez, sous cape, un train que je hais fort.

ELMIRE.

Mais, ma mère...

MADAME PERNELLE.

Ma bru, qu'il ne vous en déplaise,
Votre conduite, en tout, est tout-à-fait mauvaise :
Vous devriez leur mettre un bon exemple aux yeux ;
Et leur défunte mère en usoit beaucoup mieux.
Vous êtes dépensière ; et cet état me blesse,
Que vous alliez vêtue ainsi qu'une princesse.
Quiconque à son mari veut plaire seulement,
Ma bru, n'a pas besoin de tant d'ajustement.

CLÉANTE.

Mais, madame, après tout...

MADAME PERNELLE.

Pour vous, monsieur son frère,
Je vous estime fort, vous aime, et vous révère :
Mais enfin, si j'étois de mon fils son époux,
Je vous prierois bien fort de n'entrer point chez nous.
Sans cesse vous prêchez des maximes de vivre
Qui par d'honnêtes gens ne se doivent point suivre.
Je vous parle un peu franc ; mais c'est-là mon humeur,
Et je ne mâche point ce que j'ai sur le cœur.

DAMIS.

Votre monsieur Tartufe est bien heureux sans doute...

MADAME PERNELLE.

C'est un homme de bien, qu'il faut que l'on écoute ;
Et je ne puis souffrir, sans me mettre en courroux,
De le voir querellé par un fou comme vous.

DAMIS.

Quoi ! je souffrirai, moi, qu'un cagot de critique
Vienne usurper céans un pouvoir tyrannique ;

Et que nous ne puissions à rien nous divertir,
Si ce beau monsieur-là n'y daigne consentir?

DORINE.

S'il le faut écouter, et croire à ses maximes,
On ne peut faire rien qu'on ne fasse des crimes;
Car il contrôle tout, ce critique zélé.

MADAME PERNELLE.

Et tout ce qu'il contrôle est fort bien contrôlé.
C'est au chemin du ciel qu'il prétend vous conduire :
Et mon fils à l'aimer vous devroit tous induire.

DAMIS.

Non, voyez-vous, ma mère, il n'est père, ni rien,
Qui me puisse obliger à lui vouloir du bien :
Je trahirois mon cœur de parler d'autre sorte.
Sur ses façons de faire à tous coups je m'emporte :
J'en prévois une suite, et qu'avec ce pied-plat
Il faudra que j'en vienne à quelque grand éclat.

DORINE.

Certes, c'est une chose aussi qui scandalise,
De voir qu'un inconnu céans s'impatronise;
Qu'un gueux, qui, quand il vint, n'avoit pas de souliers,
Et dont l'habit entier valoit bien six deniers,
En vienne jusque-là que de se méconnoître,
De contrarier tout, et de faire le maître.

MADAME PERNELLE.

Eh! merci de ma vie! il en iroit bien mieux
Si tout se gouvernoit par ses ordres pieux.

DORINE.

Il passe pour un saint dans votre fantaisie :
Tout son fait, croyez-moi, n'est rien qu'hypocrisie.

MADAME PERNELLE.

Voyez la langue!

DORINE.

A lui, non plus qu'à son Laurent,
Je ne me fierois, moi, que sur un bon garant.

MADAME PERNELLE.

J'ignore ce qu'au fond le serviteur peut-être;
Mais pour homme de bien je garantis le maître.
Vous ne lui voulez mal et ne le rebutez
Qu'à cause qu'il vous dit à tous vos vérités.
C'est contre le péché que son cœur se courrouce;
Et l'intérêt du ciel est tout ce qui le pousse.

DORINE.

Oui; mais pourquoi, surtout depuis un certain temps,
Ne sauroit-il souffrir qu'aucun hante céans?
En quoi blesse le ciel une visite honnête,
Pour en faire un vacarme à nous rompre la tête?
Veut-on que là-dessus je m'explique entre nous?...

(*montrant Elmire.*)

Je crois que de madame il est, ma foi, jaloux.

MADAME PERNELLE.

Taisez-vous, et songez aux choses que vous dites.
Ce n'est pas lui tout seul qui blâme ces visites:
Tout ce tracas qui suit les gens que vous hantez,
Ces carrosses sans cesse à la porte plantés,
Et de tant de laquais le bruyant assemblage,
Font un éclat fâcheux dans tout le voisinage.
Je veux croire qu'au fond il ne se passe rien:
Mais enfin on en parle; et cela n'est pas bien.

CLÉANTE.

Hé! voulez-vous, madame, empêcher qu'on ne cause?
Ce seroit dans la vie une fâcheuse chose,
Si, pour les sots discours où l'on peut être mis,
Il falloit renoncer à ses meilleurs amis.
Et, quand même on pourroit se résoudre à le faire,
Croiriez-vous obliger tout le monde à se taire?
Contre la médisance il n'est point de rempart.
A tous les sots caquets n'ayons donc nul égard;
Efforçons-nous de vivre avec toute innocence,
Et laissons aux causeurs une pleine licence.

DORINE.

Daphné, notre voisine, et son petit époux,
Ne seroient-ils point ceux qui parlent mal de nous?
Ceux de qui la conduite offre le plus à rire
Sont toujours sur autrui les premiers à médire :
Ils ne manquent jamais de saisir promptement
L'apparente lueur du moindre attachement,
D'en semer la nouvelle avec beaucoup de joie,
Et d'y donner le tour qu'ils veulent qu'on y croie;
Des actions d'autrui, teintes de leurs couleurs,
Ils pensent dans le monde autoriser les leurs,
Et, sous le faux espoir de quelque ressemblance,
Aux intrigues qu'ils ont donner de l'innocence,
Ou faire ailleurs tomber quelques traits partagés
De ce blâme public dont ils sont trop chargés.

MADAME PERNELLE.

Tous ces raisonnements ne font rien à l'affaire.
On sait qu'Orante mène une vie exemplaire;

Tous ses soins vont au ciel : et j'ai su par des gens
Qu'elle condamne fort le train qui vient céans.

DORINE.

L'exemple est admirable, et cette dame est bonne!
Il est vrai qu'elle vit en austère personne :
Mais l'âge dans son ame a mis ce zèle ardent;
Et l'on sait qu'elle est prude à son corps défendant.
Tant qu'elle a pu des cœurs attirer les hommages,
Elle a fort bien joui de tous ses avantages :
Mais, voyant de ses yeux tous les brillants baisser,
Au monde qui la quitte elle veut renoncer,
Et du voile pompeux d'une haute sagesse
De ses attraits usés déguiser la foiblesse.
Ce sont là les retours des coquettes du temps :
Il leur est dur de voir déserter les galants.
Dans un tel abandon, leur sombre inquiétude
Ne voit d'autre recours que le métier de prude;
Et la sévérité de ces femmes de bien
Censure toute chose, et ne pardonne à rien;
Hautement d'un chacun elles blâment la vie,
Non point par charité, mais par un trait d'envie
Qui ne sauroit souffrir qu'une autre ait les plaisirs
Dont le penchant de l'âge a sevré leurs desirs.

MADAME PERNELLE, *à Elmire.*

Voilà les contes bleus qu'il vous faut pour vous plaire,
Ma bru. L'on est chez vous contrainte de se taire :
Car madame, à jaser, tient le dé tout le jour.
Mais enfin je prétends discourir à mon tour :
Je vous dis que mon fils n'a rien fait de plus sage
Qu'en recueillant chez soi ce dévot personnage;

Que le ciel au besoin l'a céans envoyé
Pour redresser à tous votre esprit fourvoyé;
Que, pour votre salut, vous le devez entendre;
Et qu'il ne reprend rien qui ne soit à reprendre.
Ces visites, ces bals, ces conversations,
Sont du malin esprit toutes inventions.
Là, jamais on n'entend de pieuses paroles;
Ce sont propos oisifs, chansons et fariboles :
Bien souvent le prochain en a sa bonne part,
Et l'on y sait médire et du tiers et du quart.
Enfin les gens sensés ont leurs têtes troublées
De la confusion de telles assemblées :
Mille caquets divers s'y font en moins de rien;
Et, comme l'autre jour un docteur dit fort bien,
C'est véritablement la tour de Babylone,
Car chacun y babille, et tout du long de l'aune :
Et pour conter l'histoire où ce point l'engagea...
(montrant Cléante.)
Voilà-t-il pas monsieur qui ricane déjà!
Allez chercher vos fous qui vous donnent à rire,
(à Elmire.)
Et sans... Adieu, ma bru; je ne veux plus rien dire.
Sachez que pour céans j'en rabats la moitié,
Et qu'il fera beau temps quand j'y mettrai le pied.
(donnant un soufflet à Flipote.)
Allons, vous, vous rêvez, et bayez aux corneilles.
Jour de dieu! je saurai vous frotter les oreilles.
Marchons, gaupe, marchons.

SCÈNE II.

CLÉANTE, DORINE.

CLÉANTE.
      Je n'y veux point aller,
De peur qu'elle ne vînt encor me quereller;
Que cette bonne femme...

DORINE.
      Ah! certes, c'est dommage
Qu'elle ne vous ouït tenir un tel langage :
Elle vous diroit bien qu'elle vous trouve bon,
Et qu'elle n'est point d'âge à lui donner ce nom.

CLÉANTE.
Comme elle s'est pour rien contre nous échauffée!
Et que de son Tartufe elle paroît coiffée!

DORINE.
Oh! vraiment, tout cela n'est rien au prix du fils :
Et, si vous l'aviez vu, vous diriez, c'est bien pis!
Nos troubles l'avoient mis sur le pied d'homme sage,
Et, pour servir son prince, il montra du courage :
Mais il est devenu comme un homme hébété,
Depuis que de Tartufe on le voit entêté;
Il l'appelle son frère, et l'aime dans son ame
Cent fois plus qu'il ne fait, mère, fils, fille, et femme.
C'est de tous ses secrets l'unique confident,
Et de ses actions le directeur prudent;
Il le choie, il l'embrasse; et pour une maîtresse
On ne sauroit, je pense, avoir plus de tendresse :

A table, au plus haut bout il veut qu'il soit assis ;
Avec joie il l'y voit manger autant que six ;
Les bons morceaux de tout, il fait qu'on les lui cède ;
Et, s'il vient à roter, il lui dit, Dieu vous aide !
Enfin il en est fou ; c'est son tout, son héros ;
Il l'admire à tous coups, le cite à tous propos ;
Ses moindres actions lui semblent des miracles,
Et tous les mots qu'il dit sont pour lui des oracles.
Lui, qui connoît sa dupe, et qui veut en jouir,
Par cent dehors fardés a l'art de l'éblouir ;
Son cagotisme en tire, à toute heure, des sommes,
Et prend droit de gloser sur tous tant que nous sommes.
Il n'est pas jusqu'au fat qui lui sert de garçon,
Qui ne se mêle aussi de nous faire leçon ;
Il vient nous sermonner avec des yeux farouches,
Et jeter nos rubans, notre rouge et nos mouches.
Le traître, l'autre jour, nous rompit de ses mains
Un mouchoir qu'il trouva dans une Fleur des saints,
Disant que nous mêlions, par un crime effroyable,
Avec la sainteté les parures du diable.

SCÈNE III.

ELMIRE, MARIANE, DAMIS, CLÉANTE, DORINE.

ELMIRE, *à Cléante.*

Vous êtes bien heureux de n'être point venu
Au discours qu'à la porte elle nous a tenu.
Mais j'ai vu mon mari ; comme il ne m'a point vue,
Je veux aller là-haut attendre sa venue.

CLÉANTE.
Moi, je l'attends ici pour moins d'amusement;
Et je vais lui donner le bonjour seulement.

SCÈNE IV.
CLÉANTE, DAMIS, DORINE.

DAMIS.
De l'hymen de ma sœur touchez-lui quelque chose.
J'ai soupçon que Tartufe à son effet s'oppose,
Qu'il oblige mon père à des détours si grands;
Et vous n'ignorez pas quel intérêt j'y prends.
Si même ardeur enflamme et ma sœur et Valère,
La sœur de cet ami, vous le savez, m'est chère;
Et s'il falloit...

DORINE.
Il entre.

SCÈNE V.
ORGON, CLÉANTE, DORINE.

ORGON.
Ah! mon frère, bonjour.

CLÉANTE.
Je sortois, et j'ai joie à vous voir de retour.
La campagne à présent n'est pas beaucoup fleurie.

ORGON.
(à Cléante.)

Dorine... Mon beau-frère, attendez, je vous prie.
Vous voulez bien souffrir, pour m'ôter de souci,
Que je m'informe un peu des nouvelles d'ici.

(*à Dorine.*)

Tout s'est-il, ces deux jours, passé de bonne sorte?
Qu'est-ce qu'on fait céans? comme est-ce qu'on s'y porte?

DORINE.

Madame eut avant-hier la fièvre jusqu'au soir,
Avec un mal de tête étrange à concevoir.

ORGON.

Et Tartufe?

DORINE.

Tartufe! il se porte à merveille,
Gros et gras, le teint frais, et la bouche vermeille.

ORGON.

Le pauvre homme!

DORINE.

Le soir, elle eut un grand dégoût,
Et ne put, au souper, toucher à rien du tout,
Tant sa douleur de tête étoit encor cruelle!

ORGON.

Et Tartufe?

DORINE.

Il soupa, lui tout seul, devant elle;
Et fort dévotement il mangea deux perdrix,
Avec une moitié de gigot en hachis.

ORGON.

Le pauvre homme!

DORINE.

La nuit se passa tout entière
Sans qu'elle pût fermer un moment la paupière;
Des chaleurs l'empêchoient de pouvoir sommeiller,
Et jusqu'au jour, près d'elle, il nous fallut veiller.

ACTE I, SCÈNE V.

ORGON.

Et Tartufe?

DORINE.

Pressé d'un sommeil agréable,
Il passa dans sa chambre au sortir de la table;
Et dans son lit bien chaud il se mit tout soudain,
Où, sans trouble, il dormit jusques au lendemain.

ORGON.

Le pauvre homme!

DORINE.

A la fin, par nos raisons gagnée,
Elle se résolut à souffrir la saignée;
Et le soulagement suivit tout aussitôt.

ORGON.

Et Tartufe?

DORINE.

Il prit courage comme il faut;
Et, contre tous les maux fortifiant son ame,
Pour réparer le sang qu'avoit perdu madame,
But, à son déjeûné, quatre grands coups de vin.

ORGON.

Le pauvre homme!

DORINE.

Tous deux se portent bien enfin;
Et je vais à madame annoncer, par avance,
La part que vous prenez à sa convalescence.

LE TARTUFE.

SCÈNE VI.

ORGON, CLÉANTE.

CLÉANTE.

A votre nez, mon frère, elle se rit de vous :
Et, sans avoir dessein de vous mettre en courroux,
Je vous dirai tout franc que c'est avec justice.
A-t-on jamais parlé d'un semblable caprice?
Et se peut-il qu'un homme ait un charme aujourd'hui
A vous faire oublier toutes choses pour lui;
Qu'après avoir chez vous réparé sa misère,
Vous en veniez au point...?

ORGON.

Alte là, mon beau-frère;
Vous ne connoissez pas celui dont vous parlez.

CLÉANTE.

Je ne le connois pas, puisque vous le voulez;
Mais enfin, pour savoir quel homme ce peut être...

ORGON.

Mon frère, vous seriez charmé de le connoître,
Et vos ravissements ne prendroient point de fin.
C'est un homme... qui... ah!.. un homme... un homme enfin.
Qui suit bien ses leçons goûte une paix profonde,
Et comme du fumier regarde tout le monde.
Oui, je deviens tout autre avec son entretien;
Il m'enseigne à n'avoir affection pour rien;
De toutes amitiés il détache mon ame;
Et je verrois mourir frère, enfants, mère, et femme,
Que je m'en soucierois autant que de cela.

CLÉANTE.
Les sentiments humains, mon frère, que voilà!
ORGON.
Ah! si vous aviez vu comme j'en fis rencontre,
Vous auriez pris pour lui l'amitié que je montre.
Chaque jour à l'église il venoit, d'un air doux,
Tout vis-à-vis de moi se mettre à deux genoux.
Il attiroit les yeux de l'assemblée entière
Par l'ardeur dont au ciel il poussoit sa prière;
Il faisoit des soupirs, de grands élancements,
Et baisoit humblement la terre à tous moments :
Et, lorsque je sortois, il me devançoit vite
Pour m'aller, à la porte, offrir de l'eau bénite.
Instruit par son garçon, qui dans tout l'imitoit,
Et de son indigence, et de ce qu'il étoit,
Je lui faisois des dons : mais, avec modestie,
Il me vouloit toujours en rendre une partie.
C'est trop, me disoit-il, *c'est trop de la moitié;*
Je ne mérite pas de vous faire pitié.
Et, quand je refusois de le vouloir reprendre,
Aux pauvres, à mes yeux, il alloit le répandre.
Enfin le ciel chez moi me le fit retirer;
Et depuis ce temps-là tout semble y prospérer.
Je vois qu'il reprend tout, et qu'à ma femme même
Il prend, pour mon honneur, un intérêt extrême;
Il m'avertit des gens qui lui font les yeux doux,
Et plus que moi six fois il s'en montre jaloux.
Mais vous ne croiriez point jusqu'où monte son zèle :
Il s'impute à péché la moindre bagatelle;
Un rien presque suffit pour le scandaliser;

Jusque-là qu'il se vint, l'autre jour, accuser
D'avoir pris une puce en faisant sa prière,
Et de l'avoir tuée avec trop de colère.

CLÉANTE.

Parbleu! vous êtes fou, mon frère, que je croi.
Avec de tels discours vous moquez-vous de moi?
Et que prétendez-vous? Que tout ce badinage...

ORGON.

Mon frère, ce discours sent le libertinage :
Vous en êtes un peu dans votre ame entiché;
Et, comme je vous l'ai plus de dix fois prêché,
Vous vous attirerez quelque méchante affaire.

CLÉANTE.

Voilà de vos pareils le discours ordinaire :
Ils veulent que chacun soit aveugle comme eux.
C'est être libertin que d'avoir de bons yeux;
Et qui n'adore pas de vaines simagrées
N'a ni respect ni foi pour les choses sacrées.
Allez, tous vos discours ne me font point de peur :
Je sais comme je parle, et le ciel voit mon cœur.
De tous vos façonniers on n'est point les esclaves.
Il est de faux dévots ainsi que de faux braves :
Et, comme on ne voit pas qu'où l'honneur les conduit
Les vrais braves soient ceux qui font beaucoup de bruit,
Les bons et vrais dévots, qu'on doit suivre à la trace,
Ne sont pas ceux aussi qui font tant de grimace.
Hé quoi! vous ne ferez nulle distinction
Entre l'hypocrisie et la dévotion?
Vous les voulez traiter d'un semblable langage,
Et rendre même honneur au masque qu'au visage;

Egaler l'artifice à la sincérité,
Confondre l'apparence avec la vérité,
Estimer le fantôme autant que la personne,
Et la fausse monnoie à l'égal de la bonne ?
Les hommes la plupart sont étrangement faits ;
Dans la juste nature on ne les voit jamais ;
La raison a pour eux des bornes trop petites,
En chaque caractère ils passent ses limites ;
Et la plus noble chose, ils la gâtent souvent
Pour la vouloir outrer et pousser trop avant.
Que cela vous soit dit en passant, mon beau-frère.

ORGON.

Oui, vous êtes sans doute un docteur qu'on révère ;
Tout le savoir du monde est chez vous retiré ;
Vous êtes le seul sage et le seul éclairé,
Un oracle, un Caton dans le siècle où nous sommes ;
Et près de vous ce sont des sots que tous les hommes.

CLÉANTE.

Je ne suis point, mon frère, un docteur révéré ;
Et le savoir chez moi n'est pas tout retiré.
Mais, en un mot, je sais, pour toute ma science,
Du faux avec le vrai faire la différence.
Et comme je ne vois nul genre de héros
Qui soient plus à priser que les parfaits dévots,
Aucune chose au monde et plus noble et plus belle
Que la sainte ferveur d'un véritable zèle ;
Aussi ne vois-je rien qui soit plus odieux
Que le dehors plâtré d'un zèle spécieux,
Que ces francs charlatans, que ces dévots de place,
De qui la sacrilége et trompeuse grimace

Abuse impunément, et se joue, à leur gré,
De ce qu'ont les mortels de plus saint et sacré;
Ces gens qui, par une ame à l'intérêt soumise,
Font de dévotion métier et marchandise,
Et veulent acheter crédit et dignités
A prix de faux clins d'yeux et d'élans affectés;
Ces gens, dis-je, qu'on voit d'une ardeur non commune
Par le chemin du ciel courir à leur fortune;
Qui, brûlants et priants, demandent chaque jour,
Et prêchent la retraite au milieu de la cour;
Qui savent ajuster leur zèle avec leurs vices,
Sont prompts, vindicatifs, sans foi, pleins d'artifices,
Et, pour perdre quelqu'un, couvrent insolemment
De l'intérêt du ciel leur fier ressentiment,
D'autant plus dangereux dans leur âpre colère,
Qu'ils prennent contre nous des armes qu'on révère,
Et que leur passion, dont on leur sait bon gré,
Veut nous assassiner avec un fer sacré :
De ce faux caractère on en voit trop paroître.
Mais les dévots de cœur sont aisés à connoître.
Notre siècle, mon frère, en expose à nos yeux
Qui peuvent nous servir d'exemples glorieux.
Regardez Ariston, regardez Périandre,
Oronte, Alcidamas, Polydore, Clitandre;
Ce titre par aucun ne leur est débattu;
Ce ne sont point du tout fanfarons de vertu;
On ne voit point en eux ce faste insupportable,
Et leur dévotion est humaine, est traitable :
Ils ne censurent point toutes nos actions,
Ils trouvent trop d'orgueil dans ces corrections;

ACTE I, SCÈNE VI.

Et, laissant la fierté des paroles aux autres,
C'est par leurs actions qu'ils reprennent les nôtres.
L'apparence du mal a chez eux peu d'appui,
Et leur ame est portée à juger bien d'autrui.
Point de cabale en eux, point d'intrigues à suivre ;
On les voit, pour tous soins, se mêler de bien vivre.
Jamais contre un pécheur ils n'ont d'acharnement,
Ils attachent leur haine au péché seulement,
Et ne veulent point prendre, avec un zèle extrême,
Les intérêts du ciel plus qu'il ne veut lui-même.
Voilà mes gens ; voilà comme il en faut user,
Voilà l'exemple enfin qu'il se faut proposer.
Votre homme, à dire vrai, n'est pas de ce modèle :
C'est de fort bonne-foi que vous vantez son zèle ;
Mais par un faux éclat je vous crois ébloui.

ORGON.

Monsieur mon cher beau-frère, avez-vous tout dit ?

CLÉANTE.

Oui.

ORGON, *s'en allant.*

Je suis votre valet.

CLÉANTE.

De grâce, un mot, mon frère.
Laissons là ce discours. Vous savez que Valère,
Pour être votre gendre, a parole de vous.

ORGON.

Oui.

CLÉANTE.

Vous aviez pris jour pour un lien si doux.

ORGON.

Il est vrai.

CLÉANTE.

Pourquoi donc en différer la fête?

ORGON.

Je ne sais.

CLÉANTE.

Auriez-vous autre pensée en tête?

ORGON.

Peut-être.

CLÉANTE.

Vous voulez manquer à votre foi?

ORGON.

Je ne dis pas cela.

CLÉANTE.

Nul obstacle, je croi,
Ne vous peut empêcher d'accomplir vos promesses.

ORGON.

Selon.

CLÉANTE.

Pour dire un mot faut-il tant de finesses?
Valère, sur ce point, me fait vous visiter.

ORGON.

Le ciel en soit loué!

CLÉANTE.

Mais que lui reporter?

ORGON.

Tout ce qu'il vous plaira.

ACTE I, SCÈNE VI.

CLÉANTE.

Mais il est nécessaire
De savoir vos desseins. Quels sont-ils donc?

ORGON.

De faire
Ce que le ciel voudra.

CLÉANTE.

Mais parlons tout de bon.
Valère a votre foi; la tiendrez-vous, ou non?

ORGON.

Adieu.

CLÉANTE, *seul.*

Pour son amour je crains une disgrace,
Et je dois l'avertir de tout ce qui se passe.

FIN DU PREMIER ACTE.

ACTE SECOND.

SCÈNE I.

ORGON, MARIANE.

ORGON.

Mariane.

MARIANE.

Mon père?

ORGON.

Approchez, j'ai de quoi
Vous parler en secret.

MARIANE, *à Orgon qui regarde dans un cabinet.*

Que cherchez-vous?

ORGON.

Je voi
Si quelqu'un n'est point là qui pourroit nous entendre;
Car ce petit endroit est propre pour surprendre.
Or sus, nous voilà bien. J'ai, Mariane, en vous,
Reconnu de tout temps un esprit assez doux,
Et de tout temps aussi vous m'avez été chère.

MARIANE.

Je suis fort redevable à cet amour de père.

ORGON.

C'est fort bien dit, ma fille; et, pour le mériter,
Vous devez n'avoir soin que de me contenter.

MARIANE.
C'est où je mets aussi ma gloire la plus haute.
ORGON.
Fort bien. Que dites-vous de Tartufe notre hôte?
MARIANE.
Qui, moi?
ORGON.
Vous. Voyez bien comme vous répondrez.
MARIANE.
Hélas! j'en dirai, moi, tout ce que vous voudrez.

SCÈNE II.

ORGON, MARIANE; DORINE, *entrant doucement, et se tenant derrière Orgon, sans être vue.*

ORGON.
C'est parler sagement. Dites-moi donc, ma fille,
Qu'en toute sa personne un haut mérite brille,
Qu'il touche votre cœur, et qu'il vous seroit doux
De le voir, par mon choix, devenir votre époux.
Hé?
MARIANE.
Hé?
ORGON.
Qu'est-ce?
MARIANE.
Plaît-il?
ORGON.
Quoi?

MARIANE.

       Me suis-je méprise?

ORGON.

Comment?

MARIANE.

  Qui voulez-vous, mon père, que je dise
Qui me touche le cœur, et qu'il me seroit doux
De voir, par votre choix, devenir mon époux?

ORGON.

Tartufe.

MARIANE.

  Il n'en est rien, mon père, je vous jure.
Pourquoi me faire dire une telle imposture?

ORGON.

Mais je veux que cela soit une vérité;
Et c'est assez pour vous que je l'aie arrêté.

MARIANE.

Quoi! vous voulez, mon père...?

ORGON.

       Oui, je prétends, ma fille,
Unir, par votre hymen, Tartufe à ma famille.
Il sera votre époux, j'ai résolu cela;

      (*apercevant Dorine.*)

Et comme sur vos vœux je... Que faites-vous là?
La curiosité qui vous presse est bien forte,
Ma mie, à nous venir écouter de la sorte.

DORINE.

Vraiment, je ne sais pas si c'est un bruit qui part
De quelque conjecture, ou d'un coup de hasard;

ACTE II, SCÈNE II.

Mais de ce mariage on m'a dit la nouvelle,
Et j'ai traité cela de pure bagatelle.

ORGON.

Quoi donc! la chose est-elle incroyable?

DORINE.

A tel point
Que vous-même, monsieur, je ne vous en crois point.

ORGON.

Je sais bien le moyen de vous le faire croire.

DORINE.

Oui! oui, vous nous contez une plaisante histoire!

ORGON.

Je conte justement ce qu'on verra dans peu.

DORINE.

Chansons!

ORGON.

Ce que je dis, ma fille, n'est point jeu.

DORINE.

Allez, ne croyez point à monsieur votre père;
Il raille.

ORGON.

Je vous dis...

DORINE.

Non, vous avez beau faire,
On ne vous croira point.

ORGON.

A la fin, mon courroux...

DORINE.

Hé bien! on vous croit donc; et c'est tant pis pour vous.
Quoi! se peut-il, monsieur, qu'avec l'air d'homme sage,

Et cette large barbe au milieu du visage,
Vous soyez assez fou pour vouloir... ?

ORGON.

Ecoutez :
Vous avez pris céans certaines privautés
Qui ne me plaisent point; je vous le dis, ma mie.

DORINE.

Parlons sans nous fâcher, monsieur, je vous supplie.
Vous moquez-vous des gens d'avoir fait ce complot?
Votre fille n'est point l'affaire d'un bigot :
Il a d'autres emplois auxquels il faut qu'il pense.
Et puis, que vous apporte une telle alliance?
A quel sujet aller, avec tout votre bien,
Choisir un gendre gueux... ?

ORGON.

Taisez-vous. S'il n'a rien,
Sachez que c'est par-là qu'il faut qu'on le révère.
Sa misère est sans doute une honnête misère;
Au-dessus des grandeurs elle doit l'élever,
Puisqu'enfin de son bien il s'est laissé priver
Par son trop peu de soin des choses temporelles,
Et sa puissante attache aux choses éternelles.
Mais mon secours pourra lui donner les moyens
De sortir d'embarras, et rentrer dans ses biens :
Ce sont fiefs qu'à bon titre au pays on renomme;
Et, tel que l'on le voit, il est bien gentilhomme.

DORINE.

Oui, c'est lui qui le dit; et cette vanité,
Monsieur, ne sied pas bien avec la piété.
Qui d'une sainte vie embrasse l'innocence

Ne doit point tant prôner son nom et sa naissance :
Et l'humble procédé de la dévotion
Souffre mal les éclats de cette ambition.
A quoi bon cet orgueil?... Mais ce discours vous blesse :
Parlons de sa personne, et laissons sa noblesse.
Ferez-vous possesseur, sans quelque peu d'ennui,
D'une fille comme elle un homme comme lui?
Et ne devez-vous pas songer aux bienséances,
Et de cette union prévoir les conséquences?
Sachez que d'une fille on risque la vertu,
Lorsque dans son hymen son goût est combattu ;
Que le dessein d'y vivre en honnête personne
Dépend des qualités du mari qu'on lui donne ;
Et que ceux dont partout on montre au doigt le front
Font leurs femmes souvent ce qu'on voit qu'elles sont.
Il est bien difficile enfin d'être fidèle
A de certains maris, faits de certain modèle ;
Et qui donne à sa fille un homme qu'elle hait,
Est responsable au ciel des fautes qu'elle fait.
Songez à quels périls votre dessein vous livre.

ORGON.

Je vous dis qu'il me faut apprendre d'elle à vivre !

DORINE.

Vous n'en feriez que mieux de suivre mes leçons.

ORGON.

Ne nous amusons point, ma fille, à ces chansons ;
Je sais ce qu'il vous faut, et je suis votre père.
J'avois donné pour vous ma parole à Valère :
Mais, outre qu'à jouer on dit qu'il est enclin,
Je le soupçonne encor d'être un peu libertin ;

Je ne remarque point qu'il hante les églises.

DORINE.

Voulez-vous qu'il y coure à vos heures précises,
Comme ceux qui n'y vont que pour être aperçus?

ORGON.

Je ne demande pas votre avis là-dessus.
Enfin avec le ciel l'autre est le mieux du monde;
Et c'est une richesse à nulle autre seconde.
Cet hymen de tous biens comblera vos desirs;
Il sera tout confit en douceurs et plaisirs.
Ensemble vous vivrez, dans vos ardeurs fidèles,
Comme deux vrais enfants, comme deux tourterelles:
A nul fâcheux débat jamais vous n'en viendrez;
Et vous ferez de lui tout ce que vous voudrez.

DORINE.

Elle! elle n'en fera qu'un sot, je vous assure.

ORGON.

Ouais! quels discours!

DORINE.

Je dis qu'il en a l'encolure,
Et que son ascendant, monsieur, l'emportera
Sur toute la vertu que votre fille aura.

ORGON.

Cessez de m'interrompre, et songez à vous taire,
Sans mettre votre nez où vous n'avez que faire.

DORINE.

Je n'en parle, monsieur, que pour votre intérêt.

ORGON.

C'est prendre trop de soin; taisez-vous, s'il vous plaît.

DORINE.

Si l'on ne vous aimoit...

ORGON.

Je ne veux pas qu'on m'aime.

DORINE.

Et je veux vous aimer, monsieur, malgré vous-même.

ORGON.

Ah!

DORINE.

Votre honneur m'est cher, et je ne puis souffrir
Qu'aux brocards d'un chacun vous alliez vous offrir.

ORGON.

Vous ne vous tairez point!

DORINE.

C'est une conscience
Que de vous laisser faire une telle alliance.

ORGON.

Te tairas-tu, serpent, dont les traits effrontés...?

DORINE.

Ah! vous êtes dévot, et vous vous emportez!

ORGON.

Oui, ma bile s'échauffe à toutes ces fadaises,
Et tout résolument je veux que tu te taises.

DORINE.

Soit. Mais, ne disant mot, je n'en pense pas moins.

ORGON.

Pense, si tu le veux; mais applique tes soins

(*à sa fille.*)

A ne m'en point parler, ou... Suffit... Comme sage,
J'ai pesé mûrement toutes choses.

DORINE, *à part.*

J'enrage.

De ne pouvoir parler.

ORGON.

Sans être damoiseau,
Tartufe est fait de sorte...

DORINE, *à part.*

Oui, c'est un beau museau.

ORGON.

Que quand tu n'aurois même aucune sympathie
Pour tous les autres dons...

DORINE, *à part.*

La voilà bien lotie!

(*Orgon se tourne du côté de Dorine, et, les bras croisés, l'écoute, et la regarde en face.*)

Si j'étois en sa place, un homme assurément
Ne m'épouseroit pas de force impunément;
Et je lui ferois voir, bientôt après la fête,
Qu'une femme a toujours une vengeance prête.

ORGON, *à Dorine.*

Donc de ce que je dis on ne fera nul cas?

DORINE.

De quoi vous plaignez-vous? Je ne vous parle pas.

ORGON.

Qu'est-ce que tu fais donc?

DORINE.

Je me parle à moi-même.

ORGON, *à part.*

Fort bien. Pour châtier son insolence extrême,

ACTE II, SCÈNE II.

Il faut que je lui donne un revers de ma main.
> (*Il se met en posture de donner un soufflet à Dorine; et, à chaque mot qu'il dit à sa fille, il se tourne pour regarder Dorine, qui se tient droite sans parler.*)

Ma fille, vous devez approuver mon dessein...
Croire que le mari... que j'ai su vous élire...
> (*à Dorine.*)

Que ne te parles-tu?

DORINE.
Je n'ai rien à me dire.

ORGON.
Encore un petit mot.

DORINE.
Il ne me plaît pas, moi.

ORGON.
Certes, je t'y guettois.

DORINE.
Quelque sotte, ma foi!...

ORGON.
Enfin, ma fille, il faut payer d'obéissance,
Et montrer pour mon choix entière déférence.

DORINE, *en s'enfuyant.*
Je me moquerois fort de prendre un tel époux.

ORGON, *après avoir manqué de donner un soufflet à Dorine.*
Vous avez là, ma fille, une peste avec vous,
Avec qui, sans péché, je ne saurois plus vivre.
Je me sens hors d'état maintenant de poursuivre;
Ses discours insolents m'ont mis l'esprit en feu,
Et je vais prendre l'air pour me rasseoir un peu.

SCÈNE III.

MARIANE, DORINE.

DORINE.

Avez-vous donc perdu, dites-moi, la parole?
Et faut-il qu'en ceci je fasse votre rôle?
Souffrir qu'on vous propose un projet insensé,
Sans que du moindre mot vous l'ayez repoussé!

MARIANE.

Contre un père absolu que veux-tu que je fasse?

DORINE.

Ce qu'il faut pour parer une telle menace.

MARIANE.

Quoi?

DORINE.

Lui dire qu'un cœur n'aime point par autrui;
Que vous vous mariez pour vous, non pas pour lui;
Qu'étant celle pour qui se fait toute l'affaire,
C'est à vous, non à lui, que le mari doit plaire;
Et que, si son Tartufe est pour lui si charmant,
Il le peut épouser sans nul empêchement.

MARIANE.

Un père, je l'avoue, a sur nous tant d'empire,
Que je n'ai jamais eu la force de rien dire.

DORINE.

Mais raisonnons. Valère a fait pour vous des pas:
L'aimez-vous, je vous prie, ou ne l'aimez-vous pas?

MARIANE.

Ah! qu'envers mon amour ton injustice est grande,

ACTE II, SCÈNE III.

Dorine! me dois-tu faire cette demande?
T'ai-je pas là-dessus ouvert cent fois mon cœur?
Et sais-tu pas pour lui jusqu'où va mon ardeur?

DORINE.

Que sais-je si le cœur a parlé par la bouche,
Et si c'est tout de bon que cet amant vous touche?

MARIANE.

Tu me fais un grand tort, Dorine, d'en douter;
Et mes vrais sentiments ont su trop éclater.

DORINE.

Enfin, vous l'aimez donc?

MARIANE.

Oui, d'une ardeur extrême.

DORINE.

Et selon l'apparence il vous aime de même?

MARIANE.

Je le crois.

DORINE.

Et tous deux brûlez également
De vous voir mariés ensemble?

MARIANE.

Assurément.

DORINE.

Sur cette autre union quelle est donc votre attente?

MARIANE.

De me donner la mort, si l'on me violente.

DORINE.

Fort bien. C'est un recours où je ne songeois pas.
Vous n'avez qu'à mourir pour sortir d'embarras.

Le remède sans doute est merveilleux. J'enrage
Lorsque j'entends tenir ces sortes de langage.
MARIANE.
Mon Dieu! de quelle humeur, Dorine, tu te rends!
Tu ne compatis point aux déplaisirs des gens.
DORINE.
Je ne compatis point à qui dit des sornettes,
Et dans l'occasion mollit comme vous faites.
MARIANE.
Mais que veux-tu? si j'ai de la timidité...
DORINE.
Mais l'amour dans un cœur veut de la fermeté.
MARIANE.
Mais n'en gardé-je pas pour les feux de Valère?
Et n'est-ce pas à lui de m'obtenir d'un père?
DORINE.
Mais quoi! si votre père est un bourru fieffé,
Qui s'est de son Tartufe entièrement coiffé,
Et manque à l'union qu'il avoit arrêtée,
La faute à votre amant doit-elle être imputée?
MARIANE.
Mais, par un haut refus et d'éclatants mépris,
Ferai-je, dans mon choix, voir un cœur trop épris?
Sortirai-je pour lui, quelque éclat dont il brille,
De la pudeur du sexe, et du devoir de fille?
Et veux-tu que mes feux par le monde étalés...?
DORINE.
Non, non, je ne veux rien. Je vois que vous voulez
Etre à monsieur Tartufe; et j'aurois, quand j'y pense,
Tort de vous détourner d'une telle alliance.

ACTE II, SCÈNE III.

Quelle raison aurois-je à combattre vos vœux?
Le parti de soi-même est fort avantageux.
Monsieur Tartufe! oh! oh! n'est-ce rien qu'on propose?
Certes, monsieur Tartufe, à bien prendre la chose,
N'est pas un homme, non, qui se mouche du pied;
Et ce n'est pas peu d'heur * que d'être sa moitié.
Tout le monde déjà de gloire le couronne;
Il est noble chez lui, bien fait de sa personne;
Il a l'oreille rouge et le teint bien fleuri :
Vous vivrez trop contente avec un tel mari.

MARIANE.

Mon dieu!

DORINE.

Quelle allégresse aurez-vous dans votre ame,
Quand d'un époux si beau vous vous verrez la femme!

MARIANE.

Ah! cesse, je te prie, un semblable discours;
Et contre cet hymen ouvre-moi du secours :
C'en est fait, je me rends, et suis prête à tout faire.

DORINE.

Non, il faut qu'une fille obéisse à son père,
Voulût-il lui donner un singe pour époux.
Votre sort est fort beau : de quoi vous plaignez-vous?
Vous irez par le coche en sa petite ville,
Qu'en oncles et cousins vous trouverez fertile,
Et vous vous plairez fort à les entretenir.
D'abord chez le beau monde on vous fera venir.
Vous irez visiter, pour votre bien-venue,

---

* De bonheur.

LE TARTUFE.

Madame la baillive et madame l'élue,
Qui d'un siége pliant vous feront honorer.
Là, dans le carnaval, vous pourrez espérer
Le bal et la grand'bande, à savoir, deux musettes,
Et parfois Fagotin et les marionnettes;
Si pourtant votre époux...

MARIANE.

Ah! tu me fais mourir.
De tes conseils plutôt songe à me secourir.

DORINE.

Je suis votre servante.

MARIANE.

Eh! Dorine, de grâce...

DORINE.

Il faut pour vous punir que cette affaire passe.

MARIANE.

Ma pauvre fille!

DORINE.

Non.

MARIANE.

Si mes vœux déclarés...

DORINE.

Point. Tartufe est votre homme, et vous en tâterez.

MARIANE.

Tu sais qu'à toi toujours je me suis confiée :
Fais-moi...

DORINE.

Non, vous serez, ma foi, tartufiée.

MARIANE.

Eh bien! puisque mon sort ne sauroit t'émouvoir,

Laisse-moi désormais toute à mon désespoir
C'est de lui que mon cœur empruntera de l'aide ;
Et je sais de mes maux l'infaillible remède.
(*Mariane veut s'en aller.*)

DORINE.

Hé ! là, là, revenez. Je quitte mon courroux.
Il faut nonobstant tout avoir pitié de vous.

MARIANE.

Vois-tu, si l'on m'expose à ce cruel martyre,
Je te le dis, Dorine, il faudra que j'expire.

DORINE.

Ne vous tourmentez point. On peut adroitement
Empêcher... Mais voici Valère, votre amant.

SCÈNE IV.

VALÈRE, MARIANE, DORINE.

VALÈRE.

On vient de débiter, madame, une nouvelle
Que je ne savois pas, et qui sans doute est belle.

MARIANE.

Quoi ?

VALÈRE.

Que vous épousez Tartufe.

MARIANE.

Il est certain
Que mon père s'est mis en tête ce dessein.

VALÈRE.

Votre père, madame !..

MARIANE.
                A changé de visée :
La chose vient par lui de m'être proposée.
VALÈRE.
Quoi ! sérieusement ?
MARIANE.
                Oui, sérieusement.
Il s'est pour cet hymen déclaré hautement.
VALÈRE.
Et quel est le dessein où votre ame s'arrête,
Madame?
MARIANE.
        Je ne sais.
VALÈRE.
                La réponse est honnête.
Vous ne savez ?
MARIANE.
        Non.
VALÈRE.
        Non ?
MARIANE.
                Que me conseillez-vous ?
VALÈRE.
Je vous conseille, moi, de prendre cet époux.
MARIANE.
Vous me le conseillez ?
VALÈRE.
        Oui.
MARIANE.
                Tout de bon?

ACTE II, SCÈNE IV.

VALÈRE.

Sans doute.
Le choix est glorieux, et vaut bien qu'on l'écoute.

MARIANE.

Eh bien! c'est un conseil, monsieur, que je reçois.

VALÈRE.

Vous n'aurez pas grand'peine à le suivre, je crois.

MARIANE.

Pas plus qu'à le donner en a souffert votre ame.

VALÈRE.

Moi, je vous l'ai donné pour vous plaire, madame.

MARIANE.

Et moi, je le suivrai pour vous faire plaisir.

DORINE, *se retirant dans le fond du théâtre.*

Voyons ce qui pourra de ceci réussir.

VALÈRE.

C'est donc ainsi qu'on aime? et c'étoit tromperie
Quand vous...

MARIANE.

Ne parlons point de cela, je vous prie.
Vous m'avez dit tout franc que je dois accepter
Celui que pour époux on me veut présenter :
Et je déclare, moi, que je prétends le faire,
Puisque vous m'en donnez le conseil salutaire.

VALÈRE.

Ne vous excusez point sur mes intentions.
Vous aviez pris déjà vos résolutions;
Et vous vous saisissez d'un prétexte frivole
Pour vous autoriser à manquer de parole.

MARIANE.

Il est vrai, c'est bien dit.

VALÈRE.

Sans doute; et votre cœur
N'a jamais eu pour moi de véritable ardeur.

MARIANE.

Hélas! permis à vous d'avoir cette pensée.

VALÈRE.

Oui, oui, permis à moi : mais mon ame offensée
Vous préviendra peut-être en un pareil dessein;
Et je sais où porter et mes vœux et ma main.

MARIANE.

Ah! je n'en doute point; et les ardeurs qu'excite
Le mérite...

VALÈRE.

Mon dieu! laissons-là le mérite;
J'en ai fort peu, sans doute, et vous en faites foi.
Mais j'espère aux bontés qu'une autre aura pour moi;
Et j'en sais de qui l'ame, à ma retraite ouverte,
Consentira sans honte à réparer ma perte.

MARIANE.

La perte n'est pas grande; et de ce changement
Vous vous consolerez assez facilement.

VALÈRE.

J'y ferai mon possible; et vous le pouvez croire.
Un cœur qui nous oublie engage notre gloire;
Il faut à l'oublier mettre aussi tous nos soins :
Si l'on n'en vient à bout, on le doit feindre au moins;
Et cette lâcheté jamais ne se pardonne,
De montrer de l'amour pour qui nous abandonne.

ACTE II, SCÈNE IV.

MARIANE.

Ce sentiment, sans doute, est noble et relevé.

VALÈRE.

Fort bien; et d'un chacun il doit être approuvé.
Eh quoi! vous voudriez qu'à jamais dans mon ame
Je gardasse pour vous les ardeurs de ma flamme,
Et vous visse, à mes yeux, passer en d'autres bras,
Sans mettre ailleurs un cœur dont vous ne voulez pas?

MARIANE.

Au contraire; pour moi, c'est ce que je souhaite;
Et je voudrois déjà que la chose fût faite.

VALÈRE.

Vous le voudriez?

MARIANE.

Oui.

VALÈRE.

C'est assez m'insulter,
Madame; et, de ce pas, je vais vous contenter.

(*Il fait un pas pour s'en aller.*)

MARIANE.

Fort bien.

VALÈRE, *revenant.*

Souvenez-vous au moins que c'est vous-même
Qui contraignez mon cœur à cet effort extrême...

MARIANE.

Oui.

VALÈRE, *revenant encore.*

Et que le dessein que mon ame conçoit
N'est rien qu'à votre exemple.

MARIANE.

     A mon exemple, soit.

VALÈRE, *en sortant.*

Suffit : vous allez être à point nommé servie.

MARIANE.

Tant mieux.

VALÈRE, *revenant encore.*

   Vous me voyez, c'est pour toute ma vie.

MARIANE.

A la bonne heure.

VALÈRE, *se retournant lorsqu'il est prêt à sortir.*

   Hé?

MARIANE.

   Quoi?

VALÈRE.

     Ne m'appelez-vous pas?

MARIANE.

Moi! Vous rêvez.

VALÈRE.

   Hé bien! je poursuis donc mes pas.
Adieu, madame. *(Il s'en va lentement.)*

MARIANE.

  Adieu, monsieur.

DORINE, *à Mariane.*

     Pour moi, je pense
Que vous perdez l'esprit par cette extravagance;
Et je vous ai laissés tout du long quereller,
Pour voir où tout cela pourroit enfin aller.
Holà, seigneur Valère.

  (Elle arrête Valère par le bras.)

ACTE II, SCÈNE IV.

VALÈRE, *feignant de résister.*

Eh! que veux-tu, Dorine?

DORINE.

Venez ici.

VALÈRE.

Non, non, le dépit me domine.
Ne me détourne point de ce qu'elle a voulu.

DORINE.

Arrêtez.

VALÈRE.

Non, vois-tu, c'est un point résolu.

DORINE.

Ah!

MARIANE, *à part.*

Il souffre à me voir, ma présence le chasse;
Et je ferai bien mieux de lui quitter la place.

DORINE, *quittant Valère, et courant après Mariane.*

A l'autre! Où courez-vous?

MARIANE.

Laisse.

DORINE.

Il faut revenir.

MARIANE.

Non, non, Dorine; en vain tu me veux retenir.

VALÈRE, *à part.*

Je vois bien que ma vue est pour elle un supplice;
Et, sans doute, il vaut mieux que je l'en affranchisse.

DORINE, *quittant Mariane, et courant après Valère.*

Encor! Diantre soit fait de vous! si... je le veux.

Cessez ce badinage; et venez çà tous deux.

(*Elle prend Valère et Mariane par la main, et les ramène.*)

VALÈRE, *à Dorine.*

Mais quel est ton dessein?

MARIANE, *à Dorine.*

Qu'est-ce que tu veux faire?

DORINE.

Vous bien remettre ensemble, et vous tirer d'affaire.

(*à Valère.*)

Etes-vous fou d'avoir un pareil démêlé?

VALÈRE.

N'as-tu pas entendu comme elle m'a parlé?

DORINE, *à Mariane.*

Etes-vous folle, vous, de vous être emportée?

MARIANE.

N'as-tu pas vu la chose, et comme il m'a traitée?

DORINE.

(*à Valère.*)

Sottise des deux parts. Elle n'a d'autre soin
Que de se conserver à vous, j'en suis témoin.

(*à Mariane.*)

Il n'aime que vous seule, et n'a point d'autre envie
Que d'être votre époux; j'en réponds sur ma vie.

MARIANE, *à Valère.*

Pourquoi donc me donner un semblable conseil?

VALÈRE, *à Mariane.*

Pourquoi m'en demander sur un sujet pareil?

DORINE.

Vous êtes fous tous deux. Çà, la main l'un et l'autre.

(*à Valère.*)

Allons, vous.

ACTE II, SCÈNE IV.

VALÈRE, *en donnant sa main à Dorine.*
A quoi bon ma main?
DORINE, *à Mariane.*

Ah çà! la vôtre.
MARIANE, *en donnant aussi sa main.*
De quoi sert tout cela?

DORINE.

Mon dieu! vite, avancez.
Vous vous aimez tous deux plus que vous ne pensez.
(*Valère et Mariane se tiennent quelque temps par la main sans se regarder.*)
VALÈRE, *se tournant vers Mariane.*
Mais ne faites donc point les choses avec peine;
Et regardez un peu les gens sans nulle haine.
(*Mariane se tourne du côté de Valère en lui souriant.*)

DORINE.
A vous dire le vrai, les amants sont bien fous!
VALÈRE, *à Mariane.*
Oh çà! n'ai-je pas lieu de me plaindre de vous?
Et, pour n'en point mentir, n'êtes-vous pas méchante
De vous plaire à me dire une chose affligeante?

MARIANE.
Mais vous, n'êtes-vous pas l'homme le plus ingrat...?

DORINE.
Pour une autre saison laissons tout ce débat,
Et songeons à parer ce fâcheux mariage.

MARIANE.
Dis-nous donc quels ressorts il faut mettre en usage.

DORINE.
Nous en ferons agir de toutes les façons.

(*à Mariane.*)   (*à Valère.*)
Votre père se moque; et ce sont des chansons.
(*à Mariane.*)
Mais, pour vous, il vaut mieux qu'à son extravagance
D'un doux consentement vous prêtiez l'apparence,
Afin qu'en cas d'alarme il vous soit plus aisé
De tirer en longueur cet hymen proposé.
En attrapant du temps, à tout on remédie.
Tantôt vous payerez de quelque maladie,
Qui viendra tout-à-coup, et voudra des délais;
Tantôt vous payerez de présages mauvais;
Vous aurez fait d'un mort la rencontre fâcheuse,
Cassé quelque miroir, ou songé d'eau bourbeuse:
Enfin, le bon de tout, c'est qu'à d'autres qu'à lui
On ne vous peut lier, que vous ne disiez oui.
Mais pour mieux réussir, il est bon, ce me semble,
Qu'on ne vous trouve point tous deux parlant ensemble.
(*à Valère.*)
Sortez; et, sans tarder, employez vos amis
Pour vous faire tenir ce qu'on vous a promis.
(*à Mariane.*)
Nous allons réveiller les efforts de son frère,
Et dans notre parti jeter la belle-mère.
Adieu.

VALÈRE, *à Mariane.*
Quelques efforts que nous préparions tous,
Ma plus grande espérance, à vrai dire, est en vous.
MARIANE, *à Valère.*
Je ne vous réponds pas des volontés d'un père;
Mais je ne serai point à d'autre qu'à Valère.

VALÈRE.
Que vous me comblez d'aise! Et quoi que puisse oser...
DORINE.
Ah! jamais les amants ne sont las de jaser.
Sortez, vous dis-je.
VALÈRE, *revenant sur ses pas.*
Enfin...
DORINE.
Quel caquet est le vôtre,
Tirez de cette part; et vous, tirez de l'autre.

(*Dorine les pousse chacun par l'épaule, et les oblige de se séparer.*)

FIN DU SECOND ACTE.

ACTE TROISIÈME.

SCÈNE I.

DAMIS, DORINE.

DAMIS.

Que la foudre, sur l'heure, achève mes destins,
Qu'on me traite partout du plus grand des faquins,
S'il est aucun respect, ni pouvoir qui m'arrête,
Et si je ne fais pas quelque coup de ma tête!
DORINE.
De grâce, modérez un tel emportement :
Votre père n'a fait qu'en parler simplement.
On n'exécute pas tout ce qui se propose;
Et le chemin est long du projet à la chose.
DAMIS.
Il faut que de ce fat j'arrête les complots,
Et qu'à l'oreille un peu je lui dise deux mots.
DORINE.
Ah! tout doux! envers lui, comme envers votre père,
Laissez agir les soins de votre belle-mère.
Sur l'esprit de Tartufe elle a quelque crédit;
Il se rend complaisant à tout ce qu'elle dit,
Et pourroit bien avoir douceur de cœur pour elle.
Plût à Dieu qu'il fût vrai! la chose seroit belle.
Enfin, votre intérêt l'oblige à le mander :
Sur l'hymen qui vous trouble elle veut le sonder,

Savoir ses sentiments, et lui faire connoître
Quels fâcheux démêlés il pourra faire naître,
S'il faut qu'à ce dessein il prête quelque espoir.
Son valet dit qu'il prie ; et je n'ai pu le voir :
Mais ce valet m'a dit qu'il s'en alloit descendre.
Sortez donc, je vous prie, et me laissez l'attendre.

DAMIS.

Je puis être présent à tout cet entretien.

DORINE.

Point. Il faut qu'ils soient seuls.

DAMIS.

       Je ne lui dirai rien.

DORINE.

Vous vous moquez : on sait vos transports ordinaires ;
Et c'est le vrai moyen de gâter les affaires.
Sortez.

DAMIS.

  Non ; je veux voir, sans me mettre en courroux.

DORINE.

Que vous êtes fâcheux ! Il vient. Retirez-vous.

 (*Damis va se cacher dans un cabinet qui est au fond du théâtre.*)

SCÈNE II.

TARTUFE, DORINE.

TARTUFE, *parlant haut à son valet, qui est dans la maison, dès qu'il aperçoit Dorine.*
Laurent, serrez ma haire avec ma discipline,
Et priez que toujours le ciel vous illumine.

Si l'on vient pour me voir, je vais aux prisonniers
Des aumônes que j'ai partager les deniers.
DORINE, *à part.*
Que d'affectation et de forfanterie!
TARTUFE.
Que voulez-vous?
DORINE.
Vous dire...
TARTUFE, *tirant un mouchoir de sa poche.*
Ah! mon dieu! je vous prie,
Avant que de parler, prenez-moi ce mouchoir.
DORINE.
Comment!
TARTUFE.
Couvrez ce sein que je ne saurois voir.
Par de pareils objets les ames sont blessées,
Et cela fait venir de coupables pensées.
DORINE.
Vous êtes donc bien tendre à la tentation;
Et la chair sur vos sens fait grande impression!
Certes, je ne sais pas quelle chaleur vous monte:
Mais à convoiter, moi, je ne suis pas si prompte;
Et je vous verrois nu, du haut jusques en bas,
Que toute votre peau ne me tenteroit pas.
TARTUFE.
Mettez dans vos discours un peu de modestie,
Ou je vais sur-le-champ vous quitter la partie.
DORINE.
Non, non, c'est moi qui vais vous laisser en repos,
Et je n'ai seulement qu'à vous dire deux mots.

ACTE III, SCÈNE II.

Madame va venir dans cette salle basse,
Et d'un mot d'entretien vous demande la grâce.

TARTUFE.

Hélas! très-volontiers.

DORINE, *à part.*

Comme il se radoucit!
Ma foi, je suis toujours pour ce que j'en ai dit.

TARTUFE.

Viendra-t-elle bientôt?

DORINE.

Je l'entends, ce me semble.
Oui, c'est elle en personne, et je vous laisse ensemble.

SCÈNE III.

ELMIRE, TARTUFE.

TARTUFE.

Que le ciel à jamais, par sa toute bonté,
Et de l'ame et du corps vous donne la santé,
Et bénisse vos jours autant que le desire
Le plus humble de ceux que son amour inspire!

ELMIRE.

Je suis fort obligée à ce souhait pieux.
Mais prenons une chaise, afin d'être un peu mieux.

TARTUFE, *assis.*

Comment de votre mal vous sentez-vous remise?

ELMIRE, *assise.*

Fort bien; et cette fièvre a bientôt quitté prise.

TARTUFE.

Mes prières n'ont pas le mérite qu'il faut

Pour avoir attiré cette grâce d'en haut;
Mais je n'ai fait au ciel nulle dévote instance
Qui n'ait eu pour objet votre convalescence.

ELMIRE.

Votre zèle pour moi s'est trop inquiété.

TARTUFE.

On ne peut trop chérir votre chère santé;
Et, pour la rétablir, j'aurois donné la mienne.

ELMIRE.

C'est pousser bien avant la charité chrétienne;
Et je vous dois beaucoup pour toutes ces bontés.

TARTUFE.

Je fais bien moins pour vous que vous ne méritez.

ELMIRE.

J'ai voulu vous parler en secret d'une affaire,
Et suis bien aise, ici, qu'aucun ne nous éclaire.

TARTUFE.

J'en suis ravi de même; et, sans doute il m'est doux,
Madame, de me voir seul à seul avec vous.
C'est une occasion qu'au ciel j'ai demandée,
Sans que, jusqu'à cette heure, il me l'ait accordée.

ELMIRE.

Pour moi, ce que je veux, c'est un mot d'entretien
Où tout votre cœur s'ouvre, et ne me cache rien.

(Damis, sans se montrer, entr'ouvre la porte du cabinet dans lequel il s'étoit retiré, pour entendre la conversation.)

TARTUFE.

Et je ne veux aussi, pour grâce singulière,
Que montrer à vos yeux mon ame tout entière.

ACTE III, SCÈNE III.

Et vous faire serment que les bruits que j'ai faits
Des visites qu'ici reçoivent vos attraits,
Ne sont pas envers vous l'effet d'aucune haine,
Mais plutôt d'un transport de zèle qui m'entraîne.
Et d'un pur mouvement...

ELMIRE.

Je le prends bien aussi,
Et crois que mon salut vous donne ce souci.

TARTUFE, *prenant la main d'Elmire, et lui serrant les doigts.*

Oui, madame, sans doute; et ma ferveur est telle...

ELMIRE.

Ouf! vous me serrez trop.

TARTUFE.

C'est par excès de zèle.
De vous faire aucun mal je n'eus jamais dessein,
Et j'aurois bien plutôt...

(*Il met la main sur les genoux d'Elmire.*)

ELMIRE.

Que fait là votre main?

TARTUFE.

Je tâte votre habit : l'étoffe en est moelleuse.

ELMIRE.

Ah! de grâce, laissez, je suis fort chatouilleuse.

(*Elmire recule son fauteuil, et Tartufe se rapproche d'elle.*)

TARTUFE, *maniant le fichu d'Elmire.*

Mon dieu! que de ce point l'ouvrage est merveilleux!
On travaille aujourd'hui d'un air miraculeux :
Jamais, en toute chose, on n'a vu si bien faire.

ELMIRE.

Il est vrai. Mais parlons un peu de notre affaire.
On tient que mon mari veut dégager sa foi,
Et vous donner sa fille. Est-il vrai? dites-moi.

TARTUFE.

Il m'en a dit deux mots : mais, madame, à vrai dire,
Ce n'est pas le bonheur après quoi je soupire;
Et je vois autre part les merveilleux attraits
De la félicité qui fait tous mes souhaits.

ELMIRE.

C'est que vous n'aimez rien des choses de la terre.

TARTUFE.

Mon sein n'enferme pas un cœur qui soit de pierre.

ELMIRE.

Pour moi, je crois qu'au ciel tendent tous vos soupirs,
Et que rien ici-bas n'arrête vos desirs.

TARTUFE.

L'amour qui nous attache aux beautés éternelles
N'étouffe pas en nous l'amour des temporelles :
Nos sens facilement peuvent être charmés
Des ouvrages parfaits que le ciel a formés.
Ses attraits réfléchis brillent dans vos pareilles :
Mais il étale en vous ses plus rares merveilles;
Il a sur votre face épanché des beautés
Dont les yeux sont surpris, et les cœurs transportés;
Et je n'ai pu vous voir, parfaite créature,
Sans admirer en vous l'auteur de la nature,
Et d'un ardent amour sentir mon cœur atteint,
Au plus beau des portraits où lui-même s'est peint.
D'abord j'appréhendai que cette ardeur secrète

Ne fût du noir esprit une surprise adroite*;
Et même à fuir vos yeux mon cœur se résolut,
Vous croyant un obstacle à faire mon salut.
Mais enfin je connus, ô beauté tout aimable,
Que cette passion peut n'être point coupable,
Que je puis l'ajuster avecque la pudeur;
Et c'est ce qui m'y fait abandonner mon cœur.
Ce m'est, je le confesse, une audace bien grande
Que d'oser de ce cœur vous adresser l'offrande;
Mais j'attends en mes vœux tout de votre bonté,
Et rien des vains efforts de mon infirmité.
En vous est mon espoir, mon bien, ma quiétude;
De vous dépend ma peine ou ma béatitude;
Et je vais être enfin, par votre seul arrêt,
Heureux, si vous voulez; malheureux, s'il vous plaît.

ELMIRE.

La déclaration est tout-à-fait galante;
Mais elle est, à vrai dire, un peu bien surprenante.
Vous deviez, ce me semble, armer mieux votre sein,
Et raisonner un peu sur un pareil dessein.
Un dévot comme vous, et que partout on nomme...

TARTUFE.

Ah! pour être dévot, je n'en suis pas moins homme :
Et lorsqu'on vient à voir vos célestes appas,
Un cœur se laisse prendre et ne raisonne pas.
Je sais qu'un tel discours de moi paroît étrange :
Mais, madame, après tout, je ne suis pas un ange;
Et, si vous condamnez l'aveu que je vous fais,
Vous devez vous en prendre à vos charmants attraits.

* On prononçoit *adrète*.

Dès que j'en vis briller la splendeur plus qu'humaine,
De mon intérieur vous fûtes souveraine ;
De vos regards divins l'ineffable douceur
Força la résistance où s'obstinoit mon cœur ;
Elle surmonta tout, jeûnes, prières, larmes,
Et tourna tous mes vœux du côté de vos charmes.
Mes yeux et mes soupirs vous l'ont dit mille fois ;
Et, pour mieux m'expliquer, j'emploie ici la voix.
Que si vous contemplez, d'une ame un peu bénigne,
Les tribulations de votre esclave indigne ;
S'il faut que vos bontés veuillent me consoler,
Et jusqu'à mon néant daignent se ravaler,
J'aurai toujours pour vous, ô suave merveille,
Une dévotion à nulle autre pareille.
Votre honneur avec moi ne court point de hasard,
Et n'a nulle disgrace à craindre de ma part.
Tous ces galants de cour, dont les femmes sont folles,
Sont bruyants dans leurs faits, et vains dans leurs paroles ;
De leurs progrès sans cesse on les voit se targuer ;
Ils n'ont point de faveurs qu'ils n'aillent divulguer,
Et leur langue indiscrète, en qui l'on se confie,
Déshonore l'autel où leur cœur sacrifie.
Mais les gens comme nous brûlent d'un feu discret,
Avec qui, pour toujours, on est sûr du secret.
Le soin que nous prenons de notre renommée
Répond de toute chose à la personne aimée ;
Et c'est en nous qu'on trouve, acceptant notre cœur,
De l'amour sans scandale, et du plaisir sans peur.

ELMIRE.

Je vous écoute dire ; et votre rhétorique

ACTE III, SCÈNE III.

En termes assez forts à mon ame s'explique.
N'appréhendez-vous point que je ne sois d'humeur
A dire à mon mari cette galante ardeur,
Et que le prompt avis d'un amour de la sorte
Ne pût bien altérer l'amitié qu'il vous porte?

TARTUFE.

Je sais que vous avez trop de bénignité,
Et que vous ferez grâce à ma témérité;
Que vous m'excuserez, sur l'humaine foiblesse,
Des violents transports d'un amour qui vous blesse,
Et considérerez, en regardant votre air,
Que l'on n'est pas aveugle, et qu'un homme est de chair.

ELMIRE.

D'autres prendroient cela d'autre façon peut-être;
Mais ma discrétion se veut faire paroître.
Je ne redirai point l'affaire à mon époux;
Mais je veux, en revanche, une chose de vous :
C'est de presser tout franc, et sans nulle chicane,
L'union de Valère avecque Mariane,
De renoncer vous-même à l'injuste pouvoir
Qui veut du bien d'un autre enrichir votre espoir;
Et...

SCÈNE IV.

ELMIRE, DAMIS, TARTUFE.

DAMIS, *sortant du cabinet où il s'étoit retiré.*

Non, madame, non; ceci doit se répandre.
J'étois en cet endroit, d'où j'ai pu tout entendre;
Et la bonté du ciel m'y semble avoir conduit
Pour confondre l'orgueil d'un traître qui me nuit,

Pour m'ouvrir une voie à prendre la vengeance
De son hypocrisie et de son insolence,
A détromper mon père, et lui mettre en plein jour
L'ame d'un scélérat qui vous parle d'amour.

ELMIRE.

Non, Damis; il suffit qu'il se rende plus sage,
Et tâche à mériter la grâce où je m'engage.
Puisque je l'ai promis, ne m'en dédisez pas.
Ce n'est point mon humeur de faire des éclats;
Un femme se rit de sottises pareilles,
Et jamais d'un mari n'en trouble les oreilles.

DAMIS.

Vous avez vos raisons pour en user ainsi;
Et pour faire autrement j'ai les miennes aussi.
Le vouloir épargner est une raillerie;
Et l'insolent orgueil de sa cagoterie
N'a triomphé que trop de mon juste courroux,
Et que trop excité de désordre chez nous.
Le fourbe trop long-temps a gouverné mon père,
Et desservi mes feux avec ceux de Valère.
Il faut que du perfide il soit désabusé;
Et le ciel pour cela m'offre un moyen aisé.
De cette occasion je lui suis redevable,
Et, pour la négliger, elle est trop favorable :
Ce seroit mériter qu'il me la vînt ravir
Que de l'avoir en main et ne m'en pas servir.

ELMIRE.

Damis...

DAMIS.

Non, s'il vous plaît, il faut que je me croie.

Mon ame est maintenant au comble de sa joie;
Et vos discours en vain prétendent m'obliger
A quitter le plaisir de me pouvoir venger.
Sans aller plus avant, je vais vider l'affaire;
Et voici justement de quoi me satisfaire.

SCÈNE V.

ORGON, ELMIRE, DAMIS, TARTUFE.

DAMIS.

Nous allons régaler, mon père, votre abord
D'un incident tout frais qui vous surprendra fort.
Vous êtes bien payé de toutes vos caresses,
Et monsieur d'un beau prix reconnoît vos tendresses.
Son grand zèle pour vous vient de se déclarer :
Il ne va pas à moins qu'à vous déshonorer;
Et je l'ai surpris là qui faisoit à madame
L'injurieux aveu d'une coupable flamme.
Elle est d'une humeur douce; et son cœur trop discret
Vouloit à toute force en garder le secret :
Mais je ne puis flatter une telle impudence,
Et crois que vous la taire est vous faire une offense.

ELMIRE.

Oui, je tiens que jamais de tous ces vains propos
On ne doit d'un mari traverser le repos;
Que ce n'est point de là que l'honneur peut dépendre;
Et qu'il suffit pour nous de savoir nous défendre.
Ce sont mes sentiments; et vous n'auriez rien dit,
Damis, si j'avois eu sur vous quelque crédit.

SCÈNE VI.

ORGON, DAMIS, TARTUFE.

ORGON.

Ce que je viens d'entendre, ô ciel! est-il croyable?

TARTUFE.

Oui, mon frère, je suis un méchant, un coupable,
Un malheureux pécheur, tout plein d'iniquité,
Le plus grand scélérat qui jamais ait été.
Chaque instant de ma vie est chargé de souillures;
Elle n'est qu'un amas de crimes et d'ordures;
Et je vois que le ciel, pour ma punition,
Me veut mortifier en cette occasion.
De quelque grand forfait qu'on me puisse reprendre,
Je n'ai garde d'avoir l'orgueil de m'en défendre.
Croyez ce qu'on vous dit, armez votre courroux,
Et comme un criminel chassez-moi de chez vous;
Je ne saurois avoir tant de honte en partage,
Que je n'en aie encor mérité davantage.

ORGON, *à son fils.*

Ah! traître, oses-tu bien, par cette fausseté,
Vouloir de sa vertu ternir la pureté?

DAMIS.

Quoi! la feinte douceur de cette ame hypocrite
Vous fera démentir...

ORGON.

Tais-toi, peste maudite.

TARTUFE.

Ah! laissez-le parler; vous l'accusez à tort,

Et vous ferez bien mieux de croire à son rapport.
Pourquoi sur un tel fait m'être si favorable?
Savez-vous, après tout, de quoi je suis capable?
Vous fiez-vous, mon frère, à mon extérieur?
Et, pour tout ce qu'on voit, me croyez-vous meilleur?
Non, non : vous vous laissez tromper à l'apparence;
Et je ne suis rien moins, hélas! que ce qu'on pense.
Tout le monde me prend pour un homme de bien;
Mais la vérité pure est que je ne vaux rien.

(*s'adressant à Damis.*)

Oui, mon cher fils, parlez; traitez-moi de perfide,
D'infâme, de perdu, de voleur, d'homicide;
Accablez-moi de noms encor plus détestés :
Je n'y contredis point, je les ai mérités;
Et j'en veux à genoux souffrir l'ignominie,
Comme une honte due aux crimes de ma vie.

ORGON.

(*à Tartufe.*)   (*à son fils.*)

Mon frère, c'en est trop. Ton cœur ne se rend point,
Traître!

DAMIS.

Quoi! ses discours vous séduiront au point...

ORGON.

(*relevant Tartufe.*)

Tais-toi, pendard. Mon frère, hé! levez-vous, de grâce!

(*à son fils.*)

Infame!

DAMIS.

Il peut...

ORGON.

Tais-toi.

DAMIS.

J'enrage. Quoi! je passe...

ORGON.

Si tu dis un seul mot, je te romprai les bras.

TARTUFE.

Mon frère, au nom de Dieu, ne vous emportez pas!
J'aimerois mieux souffrir la peine la plus dure,
Qu'il eût reçu pour moi la moindre égratignure.

ORGON, *à son fils.*

Ingrat!

TARTUFE.

Laissez-le en paix. S'il faut, à deux genoux,
Vous demander sa grâce...

ORGON, *se jetant aussi à genoux, et embrassant Tartufe.*

Hélas! vous moquez-vous?

(*à son fils.*)

Coquin, vois sa bonté!

DAMIS.

Donc...

ORGON.

Paix.

DAMIS.

Quoi! je...

ORGON.

Paix, dis-je:
Je sais bien quel motif à l'attaquer t'oblige.
Vous le haïssez tous; et je vois aujourd'hui

Femme, enfants, et valets, déchaînés contre lui.
On met impudemment toute chose en usage
Pour ôter de chez moi ce dévot personnage :
Mais plus on fait d'efforts afin de l'en bannir,
Plus j'en veux employer à l'y mieux retenir;
Et je vais me hâter de lui donner ma fille,
Pour confondre l'orgueil de toute ma famille.

DAMIS.

A recevoir sa main on pense l'obliger?

ORGON.

Oui, traître, et dès ce soir, pour vous faire enrager.
Ah! je vous brave tous, et vous ferai connoître
Qu'il faut qu'on m'obéisse, et que je suis le maître.
Allons, qu'on se rétracte; et qu'à l'instant, fripon,
On se jette à ses pieds pour demander pardon.

DAMIS.

Qui? moi! de ce coquin, qui par ses impostures...

ORGON.

Ah! tu résistes, gueux, et lui dis des injures!

(*à Tartufe.*)

Un bâton! un bâton! Ne me retenez pas.

(*à son fils.*)

Sus; que de ma maison on sorte de ce pas,
Et que d'y revenir on n'ait jamais l'audace.

DAMIS.

Oui, je sortirai; mais...

ORGON.

     Vite, quittons la place.
Je te prive, pendard, de ma succession,
Et te donne, de plus, ma malédiction.

LE TARTUFE.

SCÈNE VII.

ORGON, TARTUFE.

ORGON.

Offenser de la sorte une sainte personne!

TARTUFE.

O Ciel! pardonne-lui comme je lui pardonne *.
(*à Orgon.*)
Si vous pouviez savoir avec quel déplaisir
Je vois qu'envers mon frère on tâche à me noircir.

ORGON.

Hélas!

TARTUFE.

Le seul penser de cette ingratitude
Fait souffrir à mon ame un supplice si rude...
L'horreur que j'en conçois... J'ai le cœur si serré
Que je ne puis parler, et crois que j'en mourrai.

ORGON, *courant tout en larmes à la porte par où il a chassé son fils.*

Coquin, je me repens que ma main t'ait fait grâce,
Et ne t'ait pas d'abord assommé sur la place.
(*à Tartufe.*)
Remettez-vous, mon frère, et ne vous fâchez pas.

TARTUFE.

Rompons, rompons le cours de ces fâcheux débats.

---

* Ce vers, qu'on assure avoir excité des murmures à la première représentation, et qui semble être une parodie des paroles du *Pater*, a été changé ainsi par Molière :

O ciel! pardonne-lui la douleur qu'il me donne.

Je regarde céans quels grands troubles j'apporte,
Et crois qu'il est besoin, mon frère, que j'en sorte.

ORGON.

Comment! vous moquez-vous?

TARTUFE.

On m'y hait, et je voi
Qu'on cherche à vous donner des soupçons de ma foi.

ORGON.

Qu'importe? Voyez-vous que mon cœur les écoute?

TARTUFE.

On ne manquera pas de poursuivre, sans doute;
Et ces mêmes rapports qu'ici vous rejetez,
Peut-être une autre fois seront-ils écoutés.

ORGON.

Non, mon frère, jamais.

TARTUFE.

Ah! mon frère, une femme
Aisément d'un mari peut bien surprendre l'ame.

ORGON.

Non, non.

TARTUFE.

Laissez-moi vite, en m'éloignant d'ici,
Leur ôter tout sujet de m'attaquer ainsi.

ORGON.

Non, vous demeurerez; il y va de ma vie.

TARTUFE.

Eh bien! il faudra donc que je me mortifie.
Pourtant si vous vouliez...

ORGON.

Ah!

TARTUFE.

Soit : n'en parlons plus.
Mais je sais comme il faut en user là-dessus.
L'honneur est délicat, et l'amitié m'engage
A prévenir les bruits et les sujets d'ombrage.
Je fuirai votre épouse, et vous ne me verrez...

ORGON.

Non, en dépit de tous vous la fréquenterez.
Faire enrager le monde est ma plus grande joie ;
Et je veux qu'à toute heure avec elle on vous voie.
Ce n'est pas tout encor : pour les mieux braver tous,
Je ne veux point avoir d'autre héritier que vous ;
Et je vais, de ce pas, en fort bonne manière,
Vous faire de mon bien donation entière.
Un bon et franc ami, que pour gendre je prends,
M'est bien plus cher que fils, que femme, et que parents.
N'accepterez-vous pas ce que je vous propose ?

TARTUFE.

La volonté du ciel soit faite en toute chose !

ORGON.

Le pauvre homme ! Allons vite en dresser un écrit :
Et que puisse l'envie en crever de dépit !

FIN DU TROISIÈME ACTE.

ACTE QUATRIÈME.

SCÈNE I.

CLÉANTE, TARTUFE.

CLÉANTE.

Oui, tout le monde en parle, et vous m'en pouvez croire.
L'éclat que fait ce bruit n'est point à votre gloire ;
Et je vous ai trouvé, monsieur, fort à propos
Pour vous en dire net ma pensée en deux mots.
Je n'examine point à fond ce qu'on expose ;
Je passe là-dessus, et prends au pis la chose.
Supposons que Damis n'en ait pas bien usé,
Et que ce soit à tort qu'on vous ait accusé ;
N'est-il pas d'un chrétien de pardonner l'offense,
Et d'éteindre en son cœur tout desir de vengeance ?
Et devez-vous souffrir, pour votre démêlé,
Que du logis d'un père un fils soit exilé ?
Je vous le dis encore, et parle avec franchise,
Il n'est petit ni grand qui ne s'en scandalise ;
Et, si vous m'en croyez, vous pacifierez tout,
Et ne pousserez point les affaires à bout.
Sacrifiez à Dieu toute votre colère,
Et remettez le fils en grâce avec le père.

TARTUFE.

Hélas ! je le voudrois, quant à moi, de bon cœur ;
Je ne garde pour lui, monsieur, aucune aigreur ;

Je lui pardonne tout; de rien je ne le blâme,
Et voudrois le servir du meilleur de mon ame :
Mais l'intérêt du ciel n'y sauroit consentir ;
Et, s'il rentre céans, c'est à moi d'en sortir.
Après son action, qui n'eut jamais d'égale,
Le commerce entre nous porteroit du scandale :
Dieu sait ce que d'abord tout le monde en croiroit !
A pure politique on me l'imputeroit :
Et l'on diroit partout que, me sentant coupable,
Je feins pour qui m'accuse un zèle charitable ;
Que mon cœur l'appréhende, et veut le ménager
Pour le pouvoir, sous main, au silence engager.

CLÉANTE.

Vous nous payez ici d'excuses colorées;
Et toutes vos raisons, monsieur, sont trop tirées.
Des intérêts du ciel pourquoi vous chargez-vous?
Pour punir le coupable a-t-il besoin de nous?
Laissez-lui, laissez-lui le soin de ses vengeances :
Ne songez qu'au pardon qu'il prescrit des offenses,
Et ne regardez point aux jugements humains,
Quand vous suivez du ciel les ordres souverains.
Quoi ! le foible intérêt de ce qu'on pourra croire
D'une bonne action empêchera la gloire !
Non, non; faisons toujours ce que le ciel prescrit,
Et d'aucun autre soin ne nous brouillons l'esprit.

TARTUFE.

Je vous ai déjà dit que mon cœur lui pardonne;
Et c'est faire, monsieur, ce que le ciel ordonne :
Mais, après le scandale et l'affront d'aujourd'hui,
Le ciel n'ordonne pas que je vive avec lui.

ACTE IV, SCÈNE I.

CLÉANTE.
Et vous ordonne-t-il, monsieur, d'ouvrir l'oreille
A ce qu'un pur caprice à son père conseille,
Et d'accepter le don qui vous est fait d'un bien
Où le droit vous oblige à ne prétendre rien?

TARTUFE.
Ceux qui me connoîtront n'auront pas la pensée
Que ce soit un effet d'une ame intéressée.
Tous les biens de ce monde ont pour moi peu d'appas;
De leur éclat trompeur je ne m'éblouis pas :
Et si je me résous à recevoir du père
Cette donation qu'il a voulu me faire,
Ce n'est, à dire vrai, que parce que je crains
Que tout ce bien ne tombe en de méchantes mains;
Qu'il ne trouve des gens qui, l'ayant en partage,
En fassent dans le monde un criminel usage,
Et ne s'en servent pas, ainsi que j'ai dessein,
Pour la gloire du ciel et le bien du prochain.

CLÉANTE.
Hé! monsieur, n'ayez point ces délicates craintes,
Qui d'un juste héritier peuvent causer les plaintes.
Souffrez, sans vous vouloir embarrasser de rien,
Qu'il soit, à ses périls, possesseur de son bien;
Et songez qu'il vaut mieux encor qu'il en mésuse,
Que si de l'en frustrer il faut qu'on vous accuse.
J'admire seulement que, sans confusion,
Vous en ayez souffert la proposition.
Car enfin le vrai zèle a-t-il quelque maxime
Qui montre à dépouiller l'héritier légitime?
Et, s'il faut que le ciel dans votre cœur ait mis

Un invincible obstacle à vivre avec Damis,
Ne vaudroit-il pas mieux qu'en personne discrète
Vous fissiez de céans une honnête retraite,
Que de souffrir ainsi, contre toute raison,
Qu'on en chasse pour vous le fils de la maison?
Croyez-moi, c'est donner de votre prud'homie,
Monsieur...

TARTUFE.

Il est, monsieur, trois heures et demie :
Certain devoir pieux me demande là-haut,
Et vous m'excuserez de vous quitter si tôt.

CLÉANTE, *seul.*

Ah!

SCÈNE II.

ELMIRE, MARIANE, CLÉANTE, DORINE.

DORINE, *à Cléante.*

De grâce, avec nous employez-vous pour elle,
Monsieur : son ame souffre une douleur mortelle ;
Et l'accord que son père a conclu pour ce soir
La fait à tous moments entrer en désespoir.
Il va venir. Joignons nos efforts, je vous prie,
Et tâchons d'ébranler, de force ou d'industrie,
Ce malheureux dessein qui nous a tous troublés.

SCÈNE III.

ORGON, ELMIRE, MARIANE, CLÉANTE, DORINE.

ORGON.

Ah! je me réjouis de vous voir assemblés.
 (*à Mariane.*)
Je porte en ce contrat de quoi vous faire rire,
Et vous savez déjà ce que cela veut dire.

MARIANE, *aux genoux d'Orgon.*

Mon père, au nom du ciel qui connoît ma douleur,
Et par tout ce qui peut émouvoir votre cœur,
Relâchez-vous un peu des droits de la naissance,
Et dispensez mes vœux de cette obéissance.
Ne me réduisez point, par cette dure loi,
Jusqu'à me plaindre au ciel de ce que je vous doi;
Et cette vie, hélas! que vous m'avez donnée,
Ne me la rendez pas, mon père, infortunée.
Si, contre un doux espoir que j'avois pu former,
Vous me défendez d'être à ce que j'ose aimer,
Au moins, par vos bontés qu'à vos genoux j'implore,
Sauvez-moi du tourment d'être à ce que j'abhorre;
Et ne me portez point à quelque désespoir,
En vous servant sur moi de tout votre pouvoir.

ORGON, *se sentant attendrir.*

Allons, ferme, mon cœur! point de foiblesse humaine!

MARIANE.

Vos tendresses pour lui ne me font point de peine;
Faites-les éclater, donnez-lui votre bien,
Et si ce n'est assez, joignez-y tout le mien;

J'y consens de bon cœur, et je vous l'abandonne :
Mais, au moins, n'allez pas jusques à ma personne ;
Et souffrez qu'un couvent dans les austérités
Use les tristes jours que le ciel m'a comptés.

ORGON.

Ah! voilà justement de mes religieuses,
Lorsqu'un père combat leurs flammes amoureuses!
Debout. Plus votre cœur répugne à l'accepter,
Plus ce sera pour vous matière à mériter.
Mortifiez vos sens avec ce mariage,
Et ne me rompez pas la tête davantage.

DORINE.

Mais quoi!...

ORGON.

Taisez-vous, vous. Parlez à votre écot.
Je vous défends, tout net, d'oser dire un seul mot.

CLÉANTE.

Si par quelque conseil vous souffrez qu'on réponde...

ORGON.

Mon frère, vos conseils sont les meilleurs du monde ;
Ils sont bien raisonnés, et j'en fais un grand cas :
Mais vous trouverez bon que je n'en use pas.

ELMIRE, *à Orgon.*

A voir ce que je vois, je ne sais plus que dire ;
Et votre aveuglement fait que je vous admire.
C'est être bien coiffé, bien prévenu de lui,
Que de nous démentir sur le fait d'aujourd'hui!

ORGON.

Je suis votre valet, et crois les apparences.
Pour mon fripon de fils je sais vos complaisances ;

ACTE IV, SCÈNE III.

Et vous avez eu peur de le désavouer
Du trait qu'à ce pauvre homme il a voulu jouer.
Vous étiez trop tranquille, enfin, pour être crue;
Et vous auriez paru d'autre manière émue.

ELMIRE.

Est-ce qu'au simple aveu d'un amoureux transport
Il faut que notre honneur se gendarme si fort?
Et ne peut-on répondre à tout ce qui le touche,
Que le feu dans les yeux, et l'injure à la bouche?
Pour moi, de tels propos je me ris simplement;
Et l'éclat, là-dessus, ne me plaît nullement.
J'aime qu'avec douceur nous nous montrions sages;
Et ne suis point du tout pour ces prudes sauvages
Dont l'honneur est armé de griffes et de dents,
Et veut, au moindre mot, dévisager les gens.
Me préserve le ciel d'une telle sagesse!
Je veux une vertu qui ne soit point diablesse,
Et crois que d'un refus la discrète froideur
N'en est pas moins puissante à rebuter un cœur.

ORGON.

Enfin, je sais l'affaire, et ne prends point le change.

ELMIRE.

J'admire, encore un coup, cette foiblesse étrange:
Mais que me répondroit votre incrédulité
Si je vous faisois voir qu'on vous dit vérité?

ORGON.

Voir!

ELMIRE.

Oui.

ORGON.
Chansons.
ELMIRE.
Mais quoi! si je trouvois manière
De vous le faire voir avec pleine lumière...?
ORGON.
Contes en l'air.
ELMIRE.
Quel homme! Au moins, répondez-moi.
Je ne vous parle pas de nous ajouter foi;
Mais supposons ici que, d'un lieu qu'on peut prendre,
On vous fit clairement tout voir et tout entendre;
Que diriez-vous alors de votre homme de bien?
ORGON.
En ce cas, je dirois que... Je ne dirois rien,
Car cela ne se peut.
ELMIRE.
L'erreur trop long-temps dure,
Et c'est trop condamner ma bouche d'imposture.
Il faut que, par plaisir, et sans aller plus loin,
De tout ce qu'on vous dit je vous fasse témoin.
ORGON.
Soit. Je vous prends au mot. Nous verrons votre adresse,
Et comment vous pourrez remplir cette promesse.
ELMIRE, à *Dorine*.
Faites-le-moi venir.
DORINE, à *Elmire*.
Son esprit est rusé,
Et peut-être à surprendre il sera malaisé.

ELMIRE, *à Dorine.*

Non; on est aisément dupé par ce qu'on aime;
Et l'amour-propre engage à se tromper soi-même.
      (*à Cléante et à Mariane.*)
Faites-le-moi descendre. Et vous, retirez-vous.

SCÈNE IV.

ELMIRE, ORGON.

ELMIRE.

Approchons cette table, et vous mettez dessous.
ORGON.

Comment !
ELMIRE.

    Vous bien cacher est un point nécessaire.
ORGON.

Pourquoi sous cette table ?
ELMIRE.

      Ah ! mon dieu ! laissez faire ;
J'ai mon dessein en tête, et vous en jugerez.
Mettez-vous là, vous dis-je ; et, quand vous y serez,
Gardez qu'on ne vous voie et qu'on ne vous entende.
ORGON.

Je confesse qu'ici ma complaisance est grande :
Mais de votre entreprise il vous faut voir sortir.
ELMIRE.

Vous n'aurez, que je crois, rien à me repartir.
 (*à Orgon, qui est sous la table.*)
Au moins, je vais toucher une étrange matière ;
Ne vous scandalisez en aucune manière.

Quoi que je puisse dire, il doit m'être permis;
Et c'est pour vous convaincre, ainsi que j'ai promis.
Je vais par des douceurs, puisque j'y suis réduite,
Faire poser le masque à cette ame hypocrite,
Flatter de son amour les desirs effrontés,
Et donner un champ libre à ses témérités.
Comme c'est pour vous seul, et pour mieux le confondre,
Que mon ame à ses vœux va feindre de répondre,
J'aurai lieu de cesser dès que vous vous rendrez,
Et les choses n'iront que jusqu'où vous voudrez.
C'est à vous d'arrêter son ardeur insensée,
Quand vous croirez l'affaire assez avant poussée,
D'épargner votre femme, et de ne m'exposer
Qu'à ce qu'il vous faudra pour vous désabuser.
Ce sont vos intérêts, vous en serez le maître,
Et... L'on vient. Tenez-vous, et gardez de paroître.

SCÈNE V.

TARTUFE, ELMIRE; ORGON, *sous la table.*

TARTUFE.
On m'a dit qu'en ce lieu vous me vouliez parler.
ELMIRE.
Oui. L'on a des secrets à vous y révéler.
Mais tirez cette porte avant qu'on vous les dise,
Et regardez partout, de crainte de surprise.
(*Tartufe va fermer la porte, et revient.*)
Une affaire pareille à celle de tantôt
N'est pas assurément ici ce qu'il nous faut :

Jamais il ne s'est vu de surprise de même.
Damis m'a fait pour vous une frayeur extrême ;
Et vous avez bien vu que j'ai fait mes efforts
Pour rompre son dessein et calmer ses transports.
Mon trouble, il est bien vrai, m'a si fort possédée,
Que de le démentir je n'ai point eu l'idée :
Mais par-là, grâce au ciel, tout a bien mieux été,
Et les choses en sont en plus de sûreté.
L'estime où l'on vous tient a dissipé l'orage,
Et mon mari de vous ne peut prendre d'ombrage.
Pour mieux braver l'éclat des mauvais jugements,
Il veut que nous soyons ensemble à tous moments ;
Et c'est par où je puis, sans peur d'être blâmée,
Me trouver ici seule avec vous enfermée,
Et ce qui m'autorise à vous ouvrir un cœur
Un peu trop prompt peut-être à souffrir votre ardeur.

TARTUFE.

Ce langage à comprendre est assez difficile,
Madame ; et vous parliez tantôt d'un autre style.

ELMIRE.

Ah ! si d'un tel refus vous êtes en courroux,
Que le cœur d'une femme est mal connu de vous !
Et que vous savez peu ce qu'il veut faire entendre
Lorsque si foiblement on le voit se défendre !
Toujours notre pudeur combat, dans ces moments,
Ce qu'on peut nous donner de tendres sentiments.
Quelque raison qu'on trouve à l'amour qui nous dompte,
On trouve à l'avouer toujours un peu de honte.
On s'en défend d'abord : mais de l'air qu'on s'y prend
On fait connoître assez que notre cœur se rend ;

Qu'à nos vœux, par honneur, notre bouche s'oppose,
Et que de tels refus promettent toute chose.
C'est vous faire, sans doute, un assez libre aveu,
Et sur notre pudeur me ménager bien peu.
Mais, puisque la parole enfin en est lâchée,
A retenir Damis me serois-je attachée,
Aurois-je, je vous prie, avec tant de douceur
Ecouté tout au long l'offre de votre cœur;
Aurois-je pris la chose ainsi qu'on m'a vu faire,
Si l'offre de ce cœur n'eût eu de quoi me plaire?
Et, lorsque j'ai voulu moi-même vous forcer
A refuser l'hymen qu'on venoit d'annoncer,
Qu'est-ce que cette instance a dû vous faire entendre,
Que l'intérêt qu'en vous on s'avise de prendre,
Et l'ennui qu'on auroit que ce nœud qu'on résout
Vint partager du moins un cœur que l'on veut tout?

TARTUFE.

C'est, sans doute, madame, une douceur extrême
Que d'entendre ces mots d'une bouche qu'on aime;
Leur miel dans tous mes sens fait couler à longs traits
Une suavité qu'on ne goûta jamais.
Le bonheur de vous plaire est ma suprême étude,
Et mon cœur de vos vœux fait sa béatitude;
Mais ce cœur vous demande ici la liberté
D'oser douter un peu de sa félicité.
Je puis croire ces mots un artifice honnête
Pour m'obliger à rompre un hymen qui s'apprête;
Et, s'il faut librement m'expliquer avec vous,
Je ne me fierai point à des propos si doux,
Qu'un peu de vos faveurs, après quoi je soupire,

ACTE IV, SCÈNE V.

Ne vienne m'assurer tout ce qu'ils m'ont pu dire,
Et planter dans mon ame une constante foi
Des charmantes bontés que vous avez pour moi.

ELMIRE, *après avoir toussé pour avertir son mari.*

Quoi! vous voulez aller avec cette vitesse,
Et d'un cœur tout d'abord épuiser la tendresse?
On se tue à vous faire un aveu des plus doux;
Cependant ce n'est pas encore assez pour vous?
Et l'on ne peut aller jusqu'à vous satisfaire,
Qu'aux dernières faveurs on ne pousse l'affaire?

TARTUFE.

Moins on mérite un bien, moins on l'ose espérer.
Nos vœux sur des discours ont peine à s'assurer.
On soupçonne aisément un sort tout plein de gloire,
Et l'on veut en jouir avant que de le croire.
Pour moi, qui crois si peu mériter vos bontés,
Je doute du bonheur de mes témérités;
Et je ne croirai rien, que vous n'ayez, madame,
Par des réalités, su convaincre ma flamme.

ELMIRE.

Mon dieu! que votre amour en vrai tyran agit!
Et qu'en un trouble étrange il me jette l'esprit!
Que sur les cœurs il prend un furieux empire!
Et qu'avec violence il veut ce qu'il desire!
Quoi! de votre poursuite on ne peut se parer,
Et vous ne donnez pas le temps de respirer?
Sied-il bien de tenir une rigueur si grande,
De vouloir sans quartier les choses qu'on demande,
Et d'abuser ainsi, par vos efforts pressants,
Du foible que pour vous vous voyez qu'ont les gens?

TARTUFE.

Mais si d'un œil bénin vous voyez mes hommages,
Pourquoi m'en refuser d'assurés témoignages?

ELMIRE.

Mais comment consentir à ce que vous voulez,
Sans offenser le ciel, dont toujours vous parlez?

TARTUFE.

Si ce n'est que le ciel qu'à mes vœux on oppose,
Lever un tel obstacle est à moi peu de chose;
Et cela ne doit pas retenir votre cœur.

ELMIRE.

Mais des arrêts du ciel on nous fait tant de peur!

TARTUFE.

Je puis vous dissiper ces craintes ridicules,
Madame; et je sais l'art de lever les scrupules.
Le ciel défend, de vrai, certains contentements;
Mais on trouve avec lui des accommodements.
Selon divers besoins, il est une science
D'étendre les liens de notre conscience,
Et de rectifier le mal de l'action
Avec la pureté de notre intention.
De ces secrets, madame, on saura vous instruire;
Vous n'avez seulement qu'à vous laisser conduire.
Contentez mon desir, et n'ayez point d'effroi;
Je vous reponds de tout, et prends le mal sur moi.

(Elmire tousse plus fort.)

Vous toussez fort, madame.

ELMIRE.

Oui, je suis au supplice.

ACTE IV, SCÈNE V.

TARTUFE.

Vous plaît-il un morceau de ce jus de réglisse?

ELMIRE.

C'est un rhume obstiné, sans doute; et je vois bien
Que tous les jus du monde ici ne feront rien.

TARTUFE.

Cela, certe, est fâcheux.

ELMIRE.

Oui, plus qu'on ne peut dire.

TARTUFE.

Enfin, votre scrupule est facile à détruire.
Vous êtes assurée ici d'un plein secret;
Et le mal n'est jamais que dans l'éclat qu'on fait.
Le scandale du monde est ce qui fait l'offense,
Et ce n'est pas pécher que pécher en silence.

ELMIRE, *après avoir encore toussé et frappé sur la table.*

Enfin je vois qu'il faut se résoudre à céder;
Qu'il faut que je consente à vous tout accorder;
Et qu'à moins de cela je ne dois pas prétendre
Qu'on puisse être content, et qu'on veuille se rendre.
Sans doute il est fâcheux d'en venir jusque-là,
Et c'est bien malgré moi que je franchis cela;
Mais, puisque l'on s'obstine à m'y vouloir réduire,
Puisqu'on ne veut point croire à tout ce qu'on peut dire,
Et qu'on veut des témoins qui soient plus convaincants,
Il faut bien s'y résoudre, et contenter les gens.
Si ce contentement porte en soi quelque offense,
Tant pis pour qui me force à cette violence;
La faute assurément n'en doit point être à moi.

TARTUFE.
Oui, madame, on s'en charge; et la chose de soi...
ELMIRE.
Ouvrez un peu la porte, et voyez, je vous prie,
Si mon mari n'est point dans cette galerie.
TARTUFE.
Qu'est-il besoin pour lui du soin que vous prenez?
C'est un homme, entre nous, à mener par le nez.
De tous nos entretiens il est pour faire gloire;
Et je l'ai mis au point de voir tout sans rien croire.
ELMIRE.
Il n'importe. Sortez, je vous prie, un moment;
Et partout là dehors voyez exactement.

SCÈNE VI.

ORGON, ELMIRE.

ORGON, *sortant de dessous la table.*
Voilà, je vous l'avoue, un abominable homme!
Je n'en puis revenir, et tout ceci m'assomme.
ELMIRE.
Quoi! vous sortez si tôt! Vous vous moquez des gens.
Rentrez sous le tapis, il n'est pas encor temps;
Attendez jusqu'au bout pour voir les choses sûres,
Et ne vous fiez point aux simples conjectures.
ORGON.
Non, rien de plus méchant n'est sorti de l'enfer.
ELMIRE.
Mon dieu! l'on ne doit point croire trop de léger.

Laissez-vous bien convaincre avant que de vous rendre ;
Et ne vous hâtez point de peur de vous méprendre.
(Elmire fait mettre Orgon derrière elle.)

SCÈNE VII.

TARTUFE, ELMIRE, ORGON.

TARTUFE, *sans voir Orgon.*
Tout conspire, madame, à mon contentement.
J'ai visité de l'œil tout cet appartement ;
Personne ne s'y trouve ; et mon ame ravie...
(Dans le temps que Tartufe s'avance, les bras ouverts, pour embrasser Elmire, elle se retire, et Tartufe aperçoit Orgon.)

ORGON, *arrêtant Tartufe.*
Tout doux ! vous suivez trop votre amoureuse envie,
Et vous ne devez pas vous tant passionner.
Ah ! ah ! l'homme de bien, vous m'en vouliez donner !
Comme aux tentations s'abandonne votre ame !
Vous épousiez ma fille, et convoitiez ma femme !
J'ai douté fort long-temps que ce fût tout de bon,
Et je croyois toujours qu'on changeroit de ton :
Mais c'est assez avant pousser le témoignage ;
Je m'y tiens, et n'en veux, pour moi, pas davantage.

ELMIRE, *à Tartufe.*
C'est contre mon humeur que j'ai fait tout ceci ;
Mais on m'a mise au point de vous traiter ainsi.

TARTUFE, *à Orgon.*
Quoi ! vous croyez...?

ORGON.

Allons, point de bruit, je vous prie.
Dénichons de céans, et sans cérémonie.

TARTUFE.

Mon dessein...

ORGON.

Ces discours ne sont plus de saison.
Il faut, tout sur-le-champ, sortir de la maison.

TARTUFE.

C'est à vous d'en sortir, vous qui parlez en maître :
La maison m'appartient, je le ferai connoître,
Et vous montrerai bien qu'en vain on a recours,
Pour me chercher querelle, à ces lâches détours;
Qu'on n'est pas où l'on pense en me faisant injure;
Que j'ai de quoi confondre et punir l'imposture,
Venger le ciel qu'on blesse, et faire repentir
Ceux qui parlent ici de me faire sortir.

SCÈNE VIII.

ELMIRE, ORGON.

ELMIRE.

Quel est donc ce langage? et qu'est-ce qu'il veut dire?

ORGON.

Ma foi, je suis confus, et n'ai pas lieu de rire.

ELMIRE.

Comment?

ORGON.

Je vois ma faute, aux choses qu'il me dit;
Et la donation m'embarrasse l'esprit.

ACTE IV, SCÈNE VIII.

ELMIRE.

La donation!

ORGON.

Oui. C'est une affaire faite.
Mais j'ai quelque autre chose encor qui m'inquiète.

ELMIRE.

Et quoi!

ORGON.

Vous saurez tout. Mais voyons au plus tôt
Si certaine cassette est encore là-haut.

FIN DU QUATRIÈME ACTE.

ACTE CINQUIÈME.

SCÈNE I.

ORGON, CLÉANTE.

CLÉANTE.

Où voulez-vous courir ?

ORGON.

Las ! que sais-je ?

CLÉANTE.

Il me semble
Que l'on doit commencer par consulter ensemble
Les choses qu'on peut faire en cet événement.

ORGON.

Cette cassette-là me trouble entièrement.
Plus que le reste encore, elle me désespère.

CLÉANTE.

Cette cassette est donc un important mystère ?

ORGON.

C'est un dépôt qu'Argas, cet ami que je plains,
Lui-même en grand secret m'a mis entre les mains.
Pour cela, dans sa fuite, il me voulut élire ;
Et ce sont des papiers, à ce qu'il m'a pu dire,
Où sa vie et ses biens se trouvent attachés.

CLÉANTE.

Pourquoi donc les avoir en d'autres mains lâchés ?

ORGON.

Ce fut par un motif de cas de conscience.
J'allai droit à mon traître en faire confidence ;
Et son raisonnement me vint persuader
De lui donner plutôt la cassette à garder,
Afin que pour nier, en cas de quelque enquête,
J'eusse d'un faux-fuyant la faveur toute prête,
Par où ma conscience eût pleine sûreté
A faire des serments contre la vérité.

CLÉANTE.

Vous voilà mal, au moins si j'en crois l'apparence ;
Et la donation, et cette confidence,
Sont, à vous en parler selon mon sentiment,
Des démarches par vous faites légèrement.
On peut vous mener loin avec de pareils gages :
Et cet homme sur vous ayant ces avantages,
Le pousser est encor grande imprudence à vous ;
Et vous deviez chercher quelque biais plus doux.

ORGON.

Quoi ! sous un beau semblant de ferveur si touchante
Cacher un cœur si double, une ame si méchante !
Et moi qui l'ai reçu gueusant et n'ayant rien...
C'en est fait, je renonce à tous les gens de bien ;
J'en aurai désormais une horreur effroyable,
Et m'en vais devenir pour eux pire qu'un diable.

CLÉANTE.

Hé bien ! ne voilà pas de vos emportements !
Vous ne gardez en rien les doux tempéraments.
Dans la droite raison jamais n'entre la vôtre ;
Et toujours d'un excès vous vous jetez dans l'autre.

Vous voyez votre erreur, et vous avez connu
Que par un zèle feint vous étiez prévenu;
Mais, pour vous corriger, quelle raison demande
Que vous alliez passer dans une erreur plus grande,
Et qu'avecque le cœur d'un perfide vaurien
Vous confondiez les cœurs de tous les gens de bien?
Quoi! parce qu'un fripon vous dupe avec audace
Sous le pompeux éclat d'une austère grimace,
Vous voulez que partout on soit fait comme lui,
Et qu'aucun vrai dévot ne se trouve aujourd'hui?
Laissez aux libertins ces sottes conséquences :
Démêlez la vertu d'avec ses apparences;
Ne hasardez jamais votre estime trop tôt,
Et soyez pour cela dans le milieu qu'il faut.
Gardez-vous, s'il se peut, d'honorer l'imposture :
Mais au vrai zèle aussi n'allez pas faire injure;
Et s'il vous faut tomber dans une extrémité,
Péchez plutôt encor de cet autre côté.

SCÈNE II.

ORGON, CLÉANTE, DAMIS.

DAMIS.

Quoi! mon père, est-il vrai qu'un coquin vous menace;
Qu'il n'est point de bienfait qu'en son ame il n'efface;
Et que son lâche orgueil, trop digne de courroux,
Se fait de vos bontés des armes contre vous?

ORGON.

Oui, mon fils, et j'en sens des douleurs nonpareilles.

DAMIS.
Laissez-moi, je lui veux couper les deux oreilles.
Contre son insolence on ne doit point gauchir :
C'est à moi, tout d'un coup, de vous en affranchir ;
Et pour sortir d'affaire il faut que je l'assomme.
CLÉANTE.
Voilà tout justement parler en vrai jeune homme.
Modérez, s'il vous plaît, ces transports éclatants.
Nous vivons sous un règne et sommes dans un temps
Où par la violence on fait mal ses affaires.

SCÈNE III.

MADAME PERNELLE, ORGON, ELMIRE, CLÉANTE, MARIANE, DAMIS, DORINE.

MADAME PERNELLE.
Qu'est-ce ? J'apprends ici de terribles mystères !
ORGON.
Ce sont des nouveautés dont mes yeux sont témoins,
Et vous voyez le prix dont sont payés mes soins.
Je recueille avec zèle un homme en sa misère,
Je le loge, et le tiens comme mon propre frère ;
De bienfaits chaque jour il est par moi chargé ;
Je lui donne ma fille et tout le bien que j'ai :
Et, dans le même temps, le perfide, l'infame,
Tente le noir dessein de suborner ma femme ;
Et, non content encor de ses lâches essais,
Il m'ose menacer de mes propres bienfaits,
Et veut, à ma ruine, user des avantages
Dont le viennent d'armer mes bontés trop peu sages,

Me chasser de mes biens où je l'ai transféré,
Et me réduire au point d'où je l'ai retiré!

DORINE.

Le pauvre homme!

MADAME PERNELLE.

Mon fils, je ne puis du tout croire
Qu'il ait voulu commettre une action si noire.

ORGON.

Comment!

MADAME PERNELLE.

Les gens de bien sont enviés toujours.

ORGON.

Que voulez-vous donc dire avec votre discours,
Ma mère?

MADAME PERNELLE.

Que chez vous on vit d'étrange sorte,
Et qu'on ne sait que trop la haine qu'on lui porte.

ORGON.

Qu'a cette haine à faire avec ce qu'on vous dit?

MADAME PERNELLE.

Je vous l'ai dit cent fois quand vous étiez petit :
La vertu dans le monde est toujours poursuivie;
Les envieux mourront, mais non jamais l'envie.

ORGON.

Mais que fait ce discours aux choses d'aujourd'hui?

MADAME PERNELLE.

On vous aura forgé cent sots contes de lui.

ORGON.

Je vous ai déjà dit que j'ai vu tout moi-même.

ACTE V, SCÈNE III.

MADAME PERNELLE.

Des esprits médisants la malice est extrême.

ORGON.

Vous me feriez damner, ma mère. Je vous di
Que j'ai vu de mes yeux un crime si hardi.

MADAME PERNELLE.

Les langues ont toujours du venin à répandre;
Et rien n'est ici-bas qui s'en puisse défendre.

ORGON.

C'est tenir un propos de sens bien dépourvu.
Je l'ai vu, dis-je, vu, de mes propres yeux vu,
Ce qu'on appelle vu. Faut-il vous le rebattre
Aux oreilles cent fois, et crier comme quatre?

MADAME PERNELLE.

Mon dieu! le plus souvent l'apparence déçoit :
Il ne faut pas toujours juger sur ce qu'on voit.

ORGON.

J'enrage!

MADAME PERNELLE.

   Aux faux soupçons la nature est sujette,
Et c'est souvent à mal que le bien s'interprète.

ORGON.

Je dois interpréter à charitable soin
Le desir d'embrasser ma femme!

MADAME PERNELLE.

      Il est besoin,
Pour accuser les gens, d'avoir de justes causes;
Et vous deviez attendre à vous voir sûr des choses.

ORGON.

Hé! diantre! le moyen de m'en assurer mieux?

Je devois donc, ma mère, attendre qu'à mes yeux
Il eût... Vous me feriez dire quelque sottise.
MADAME PERNELLE.
Enfin d'un trop pur zèle on voit son ame éprise;
Et je ne puis du tout me mettre dans l'esprit
Qu'il ait voulu tenter les choses que l'on dit.
ORGON.
Allez, je ne sais pas, si vous n'étiez ma mère,
Ce que je vous dirois, tant je suis en colère.
DORINE, à Orgon.
Juste retour, monsieur, des choses d'ici-bas :
Vous ne vouliez point croire, et l'on ne vous croit pas.
CLÉANTE.
Nous perdons des moments en bagatelles pures,
Qu'il faudroit employer à prendre des mesures.
Aux menaces du fourbe on doit ne dormir point.
DAMIS.
Quoi! son effronterie iroit jusqu'à ce point?
ELMIRE.
Pour moi, je ne crois pas cette instance possible;
Et son ingratitude est ici trop visible.
CLÉANTE, à Orgon.
Ne vous y fiez pas; il aura des ressorts
Pour donner contre vous raison à ses efforts;
Et, sur moins que cela, le poids d'une cabale
Embarrasse les gens dans un fâcheux dédale.
Je vous le dis encore : armé de ce qu'il a,
Vous ne deviez jamais le pousser jusque-là.
ORGON.
Il est vrai; mais qu'y faire? A l'orgueil de ce traître,
De mes ressentiments je n'ai pas été maître.

ACTE V, SCÈNE III.

CLÉANTE.

Je voudrois de bon cœur qu'on pût entre vous deux
De quelque ombre de paix raccommoder les nœuds.

ELMIRE.

Si j'avais su qu'en main il a de telles armes,
Je n'aurois pas donné matière à tant d'alarmes !
Et mes...

ORGON, *à Dorine, voyant entrer M. Loyal.*

Que veut cet homme ? Allez tôt le savoir.
Je suis bien en état que l'on me vienne voir !

SCÈNE IV.

ORGON, MADAME PERNELLE, ELMIRE, MARIANE, CLÉANTE, DAMIS, DORINE, M. LOYAL.

M. LOYAL, *à Dorine, dans le fond du théâtre.*

Bonjour, ma chère sœur ; faites, je vous supplie,
Que je parle à monsieur.

DORINE.

Il est en compagnie ;
Et je doute qu'il puisse à présent voir quelqu'un.

M. LOYAL.

Je ne suis pas pour être en ces lieux importun.
Mon abord n'aura rien, je crois, qui lui déplaise ;
Et je viens pour un fait dont il sera bien aise.

DORINE.

Votre nom ?

M. LOYAL.

Dites-lui seulement que je vien,
De la part de monsieur Tartufe, pour son bien.

DORINE, *à Orgon.*

C'est un homme qui vient, avec douce manière,
De la part de monsieur Tartufe, pour affaire
Dont vous serez, dit-il, bien aise.

CLÉANTE, *à Orgon.*

Il vous faut voir
Ce que c'est que cet homme, et ce qu'il peut vouloir.

ORGON, *à Cléante.*

Pour nous raccommoder il vient ici peut-être :
Quels sentiments aurai-je à lui faire paroître?

CLÉANTE.

Votre ressentiment ne doit point éclater;
Et, s'il parle d'accord, il le faut écouter.

M. LOYAL, *à Orgon.*

Salut, monsieur. Le ciel perde qui vous veut nuire,
Et vous soit favorable autant que je desire!

ORGON, *bas, à Cléante.*

Ce doux début s'accorde avec mon jugement;
Et présage déjà quelque accommodement.

M. LOYAL.

Toute votre maison m'a toujours été chère
Et j'étois serviteur de monsieur votre père.

ORGON.

Monsieur, j'ai grande honte et demande pardon
D'être sans vous connoître ou savoir votre nom.

M. LOYAL.

Je m'appelle Loyal, natif de Normandie,
Et suis huissier à verge en dépit de l'envie.
J'ai, depuis quarante ans, grâce au ciel, le bonheur
D'en exercer la charge avec beaucoup d'honneur,

ACTE V, SCÈNE IV.

Et je vous viens, monsieur, avec votre licence,
Signifier l'exploit de certaine ordonnance...

ORGON.

Quoi! vous êtes ici...

M. LOYAL.

Monsieur, sans passion.
Ce n'est rien seulement qu'une sommation,
Un ordre de vider d'ici, vous et les vôtres,
Mettre vos meubles hors, et faire place à d'autres,
Sans délai ni remise, ainsi que besoin est.

ORGON.

Moi! sortir de céans?

M. LOYAL.

Oui, monsieur, s'il vous plaît.
La maison à présent, comme savez de reste,
Au bon monsieur Tartufe appartient sans conteste.
De vos biens désormais il est maître et seigneur,
En vertu d'un contrat duquel je suis porteur.
Il est en bonne forme, et l'on n'y peut rien dire.

DAMIS, *à M. Loyal.*

Certes, cette impudence est grande, et je l'admire!

M. LOYAL, *à Damis.*

Monsieur, je ne dois point avoir affaire à vous,
   (*montrant Orgon.*)
C'est à monsieur; il est et raisonnable et doux,
Et d'un homme de bien il sait trop bien l'office
Pour se vouloir du tout opposer à justice.

ORGON.

Mais...

LE TARTUFE.

M. LOYAL.

Oui, monsieur, je sais que pour un million
Vous ne voudriez pas faire rebellion,
Et que vous souffrirez en honnête personne
Que j'exécute ici les ordres qu'on me donne.

DAMIS.

Vous pourriez bien ici sur votre noir jupon,
Monsieur l'huissier à verge, attirer le bâton.

M. LOYAL, *à Orgon.*

Faites que votre fils se taise ou se retire,
Monsieur. J'aurois regret d'être obligé d'écrire,
Et de vous voir couché dans mon procès-verbal.

DORINE, *à part.*

Ce monsieur Loyal porte un air bien déloyal.

M. LOYAL.

Pour tous les gens de bien j'ai de grandes tendresses,
Et ne me suis voulu, monsieur, charger des pièces
Que pour vous obliger et vous faire plaisir ;
Que pour ôter par-là le moyen d'en choisir
Qui, n'ayant pas pour vous le zèle qui me pousse,
Auroient pu procéder d'une façon moins douce.

ORGON.

Et que peut-on de pis que d'ordonner aux gens
De sortir de chez eux ?

M. LOYAL.

On vous donne du temps.
Et jusques à demain je ferai surséance
A l'exécution, monsieur, de l'ordonnance.
Je viendrai seulement passer ici la nuit,

ACTE V, SCÈNE IV.

Avec dix de mes gens, sans scandale et sans bruit.
Pour la forme il faudra, s'il vous plaît, qu'on m'apporte,
Avant que se coucher, les clefs de votre porte.
J'aurai soin de ne pas troubler votre repos,
Et de ne rien souffrir qui ne soit à propos.
Mais demain, du matin, il vous faut être habile
A vider de céans jusqu'au moindre ustensile ;
Mes gens vous aideront, et je les ai pris forts
Pour vous faire service à tout mettre dehors.
On n'en peut pas user mieux que je fais, je pense ;
Et, comme je vous traite avec grande indulgence,
Je vous conjure aussi, monsieur, d'en user bien,
Et qu'au dû de ma charge on ne me trouble en rien.

ORGON, *à part*.

Du meilleur de mon cœur je donnerois sur l'heure
Les cent plus beaux louis de ce qui me demeure,
Et pouvoir, à plaisir, sur ce mufle assener
Le plus grand coup de poing qui se puisse donner.

CLÉANTE, *bas, à Orgon*.

Laissez, ne gâtons rien.

DAMIS.

A cette audace étrange
J'ai peine à me tenir, et la main me démange.

DORINE.

Avec un si bon dos, ma foi, monsieur Loyal,
Quelques coups de bâton ne vous siéroient pas mal.

M. LOYAL.

On pourroit bien punir ces paroles infames,
Ma mie ; et l'on décrète aussi contre les femmes.

CLÉANTE, *à M. Loyal.*

Finissons tout cela, monsieur; c'en est assez.
Donnez tôt ce papier, de grâce, et nous laissez.

M. LOYAL.

Jusqu'au revoir. Le ciel vous tienne tous en joie!

ORGON.

Puisse-t-il te confondre, et celui qui t'envoie!

SCÈNE V.

ORGON, MADAME PERNELLE, ELMIRE, CLÉANTE,
MARIANE, DAMIS, DORINE.

ORGON.

Hé bien! vous le voyez, ma mère, si j'ai droit;
Et vous pouvez juger du reste par l'exploit.
Ses trahisons enfin vous sont-elles connues?

MADAME PERNELLE.

Je suis toute ébaubie, et je tombe des nues!

DORINE, *à Orgon.*

Vous vous plaignez à tort, à tort vous le blâmez,
Et ses pieux desseins par-là sont confirmés.
Dans l'amour du prochain sa vertu se consomme:
Il sait que très-souvent les biens corrompent l'homme,
Et par charité pure il veut vous enlever
Tout ce qui vous peut faire obstacle à vous sauver.

ORGON.

Taisez-vous. C'est le mot qu'il vous faut toujours dire.

CLÉANTE, *à Orgon.*

Allons voir quel conseil on doit vous faire élire.

ELMIRE.

Allez faire éclater l'audace de l'ingrat.
Ce procédé détruit la vertu du contrat ;
Et sa déloyauté va paroître trop noire
Pour souffrir qu'il en ait le succès qu'on veut croire.

SCÈNE VI.

VALÈRE, ORGON, MADAME PERNELLE, ELMIRE,
CLÉANTE, MARIANE, DAMIS, DORINE.

VALÈRE.

Avec regret, monsieur, je viens vous affliger ;
Mais je m'y vois contraint par le pressant danger.
Un ami, qui m'est joint d'une amitié fort tendre,
Et qui sait l'intérêt qu'en vous j'ai lieu de prendre,
A violé pour moi, par un pas délicat,
Le secret que l'on doit aux affaires d'état,
Et me vient d'envoyer un avis dont la suite
Vous réduit au parti d'une soudaine fuite.
Le fourbe qui long-temps a pu vous imposer,
Depuis une heure au prince a su vous accuser.
Et remettre en ses mains, dans les traits qu'il vous jette,
D'un criminel d'état l'importante cassette,
Dont, au mépris, dit-il, du devoir d'un sujet,
Vous avez conservé le coupable secret.
J'ignore le détail du crime qu'on vous donne :
Mais un ordre est donné contre votre personne ;
Et lui-même est chargé, pour mieux l'exécuter,
D'accompagner celui qui vous doit arrêter.

CLÉANTE.

Voilà ses droits armés ; et c'est par où le traître
De vos biens qu'il prétend cherche à se rendre maître.

ORGON.

L'homme est, je vous l'avoue, un méchant animal !

VALÈRE.

Le moindre amusement vous peut être fatal.
J'ai, pour vous emmener, mon carrosse à la porte,
Avec mille louis qu'ici je vous apporte.
Ne perdons point de temps : le trait est foudroyant ;
Et ce sont de ces coups que l'on pare en fuyant.
A vous mettre en lieu sûr je m'offre pour conduite,
Et veux accompagner jusqu'au bout votre fuite.

ORGON.

Las ! que ne dois-je point à vos soins obligeants !
Pour vous en rendre grâce, il faut un autre temps ;
Et je demande au ciel de m'être assez propice
Pour reconnoître un jour ce généreux service.
Adieu : prenez le soin, vous autres...

CLÉANTE.

Allez tôt ;
Nous songerons, mon frère, à faire ce qu'il faut.

SCÈNE VII.

TARTUFE, UN EXEMPT, MADAME PERNELLE, ORGON, ELMIRE, CLÉANTE, MARIANE, VALÈRE, DAMIS, DORINE.

TARTUFE, *arrêtant Orgon.*

Tout beau, monsieur, tout beau, ne courez point si vite :
Vous n'irez pas fort loin pour trouver votre gîte ;

ACTE V, SCÈNE VII.

Et de la part du prince on vous fait prisonnier.

ORGON.

Traître, tu me gardois ce trait pour le dernier :
C'est le coup, scélérat, par où tu m'expédies ;
Et voilà couronner toutes tes perfidies.

TARTUFE.

Vos injures n'ont rien à me pouvoir aigrir ;
Et je suis, pour le ciel, appris à tout souffrir.

CLÉANTE.

La modération est grande, je l'avoue.

DAMIS.

Comme du ciel l'infame impudemment se joue !

TARTUFE.

Tous vos emportements ne sauroient m'émouvoir ;
Et je ne songe à rien qu'à faire mon devoir.

MARIANE.

Vous avez de ceci grande gloire à prétendre ;
Et cet emploi pour vous est fort honnête à prendre.

TARTUFE.

Un emploi ne sauroit être que glorieux
Quand il part du pouvoir qui m'envoie en ces lieux.

ORGON.

Mais t'es-tu souvenu que ma main charitable,
Ingrat, t'a retiré d'un état misérable ?

TARTUFE.

Oui, je sais quels secours j'en ai pu recevoir ;
Mais l'intérêt du prince est mon premier devoir.
De ce devoir sacré la juste violence
Etouffe dans mon cœur toute reconnoissance ;

Et je sacrifierois à de si puissants nœuds
Ami, femme, parents, et moi-même avec eux.

ELMIRE.
L'imposteur !

DORINE.
Comme il sait, de traîtresse manière,
Se faire un beau manteau de tout ce qu'on révère.

CLÉANTE.
Mais s'il est si parfait que vous le déclarez,
Ce zèle qui vous pousse et dont vous vous parez,
D'où vient que, pour paroitre, il s'avise d'attendre
Qu'à poursuivre sa femme il ait su vous surprendre,
Et que vous ne songez à l'aller dénoncer
Que lorsque son honneur l'oblige à vous chasser ?
Je ne vous parle point, pour devoir en distraire,
Du don de tout son bien qu'il venoit de vous faire ;
Mais, le voulant traiter en coupable aujourd'hui,
Pourquoi consentiez-vous à rien prendre de lui ?

TARTUFE, *à l'exempt.*
Délivrez-moi, monsieur, de la criaillerie ;
Et daignez accomplir votre ordre, je vous prie.

L'EXEMPT.
Oui, c'est trop demeurer, sans doute, à l'accomplir ;
Votre bouche à propos m'invite à le remplir :
Et, pour l'exécuter, suivez-moi tout-à-l'heure
Dans la prison qu'on doit vous donner pour demeure.

TARTUFE.
Qui? moi, monsieur ?

L'EXEMPT.
Oui, vous.

TARTUFE.

                Pourquoi donc la prison?

L'EXEMPT.

Ce n'est pas vous à qui j'en veux rendre raison.
    (*à Orgon.*)
Remettez-vous, monsieur, d'une alarme si chaude.
Nous vivons sous un prince ennemi de la fraude,
Un prince dont les yeux se font jour dans les cœurs,
Et que ne peut tromper tout l'art des imposteurs.
D'un fin discernement sa grande ame pourvue
Sur les choses toujours jette une droite vue;
Chez elle jamais rien ne surprend trop d'accès,
Et sa ferme raison ne tombe en nul excès.
Il donne aux gens de bien une gloire immortelle;
Mais sans aveuglement il fait briller ce zèle,
Et l'amour pour les vrais ne ferme point son cœur
A tout ce que les faux doivent donner d'horreur.
Celui-ci n'étoit pas pour le pouvoir surprendre,
Et de piéges plus fins on le voit se défendre.
D'abord il a percé, par ses vives clartés,
Des replis de son cœur toutes les lâchetés.
Venant vous accuser, il s'est trahi lui-même,
Et, par un juste trait de l'équité suprême,
S'est découvert au prince un fourbe renommé,
Dont sous un autre nom il étoit informé;
Et c'est un long détail d'actions toutes noires
Dont on pourroit former des volumes d'histoires.
Ce monarque, en un mot, a vers vous détesté
Sa lâche ingratitude et sa déloyauté;
A ses autres horreurs il a joint cette suite,

Et ne m'a jusqu'ici soumis à sa conduite
Que pour voir l'impudence aller jusques au bout,
Et vous faire, par lui, faire raison de tout.
Oui, de tous vos papiers, dont il se dit le maître,
Il veut qu'entre vos mains je dépouille le traître.
D'un souverain pouvoir, il brise les liens
Du contrat qui lui fait un don de tous vos biens,
Et vous pardonne enfin cette offense secrète
Où vous a d'un ami fait tomber la retraite;
Et c'est le prix qu'il donne au zèle qu'autrefois
On vous vit témoigner en appuyant ses droits,
Pour montrer que son cœur sait, quand moins on y pense,
D'une bonne action verser la récompense;
Que jamais le mérite avec lui ne perd rien;
Et que, mieux que du mal, il se souvient du bien.

DORINE.

Que le ciel soit loué!

MADAME PERNELLE.

Maintenant je respire.

ELMIRE.

Favorable succès!

MARIANE.

Qui l'auroit osé dire?

ORGON, *à Tartufe, que l'exempt emmène.*

Eh bien! te voilà, traître!...

SCÈNE VIII.

MADAME PERNELLE, ORGON, ELMIRE, MARIANE,
CLÉANTE, VALÈRE, DAMIS, DORINE.

CLÉANTE.

Ah! mon frère, arrêtez,
Et ne descendez point à des indignités.
A son mauvais destin laissez un misérable,
Et ne vous joignez point au remords qui l'accable.
Souhaitez bien plutôt que son cœur, en ce jour,
Au sein de la vertu fasse un heureux retour;
Qu'il corrige sa vie en détestant son vice,
Et puisse du grand prince adoucir la justice;
Tandis qu'à sa bonté vous irez, à genoux,
Rendre ce que demande un traitement si doux.

ORGON.

Oui, c'est bien dit. Allons à ses pieds avec joie
Nous louer des bontés que son cœur nous déploie :
Puis, acquittés un peu de ce premier devoir,
Aux justes soins d'un autre il nous faudra pourvoir,
Et par un doux hymen couronner en Valère
La flamme d'un amant généreux et sincère.

FIN DU TARTUFE.

TABLE DES PIÈCES

CONTENUES

DANS CE VOLUME.

Le Misanthrope.......................... Pag. 1
Le Médecin malgré lui.................... 95
Mélicerte................................ 167
Pastorale comique........................ 203
Le Sicilien ou l'Amour peintre........... 217
Le Tartufe ou l'Imposteur................ 257
    Préface............................. 259
    Premier Placet présenté au roi...... 269
    Second Placet....................... 273
    Troisième Placet.................... 277

FIN DE LA TABLE.

L.-É. HERHAN, IMPRIMEUR-STÉRÉOTYPE,
RUE TRAÎNÉE, N°. 15, PRÈS DE SAINT-EUSTACHE.

www.ingramcontent.com/pod-product-compliance
Lightning Source LLC
Chambersburg PA
CBHW060603170426
43201CB00009B/876